Thomas Merton

# Diario de un ermitaño

## Un voto de conversación

### Diarios 1964-1965

Compilación y prefacio de
Naomi Burton Stone

**Editorial LUMEN**
Viamonte 1674
1055 Buenos Aires
☎ 373-1414 (líneas rotativas) Fax (54-1) 375-0453
E-mail: magisterio@commet.com.ar
República Argentina

Colección **Biblioteca Thomas Merton**

Título original:
*A Vow of Conversation.*
*Journals 1964-1965.*

Publicado por Farrar-Straus-Giroux, Nueva York.

Traducción: Miguel Grinberg
Supervisión: S. Díaz Terán y Pablo Valle

ISBN 950-724-763-7



LIBRO DE EDICIÓN ARGENTINA
PRINTED IN ARGENTINA

# Prefacio

por Naomi Burton Stone

Al principio, parecía como si todo lo que se precisaba para presentar los antecedentes de *Diario de un ermitaño. Un voto de conversación* fuesen algunas citas de mi correspondencia con Thomas Merton en 1968. Pero, cuanto más observaba los pasajes relevantes de nuestras cartas de aquel año, más me convencía de que los fragmentos, fuera del contexto de las cartas, no contaban realmente la historia entera. Tuve que recordarme a mí misma sin cesar, que mientras *Un voto...* es un Diario (1964-65) del escritor, compilado por su autor, nuestra correspondencia sobre ello y el trabajo real de compilarlo tuvieron lugar tres años más tarde, en 1968, cuando Tom ya vivía completamente como ermitaño. Por entonces yo residía en Maine, trabajando como correctora de estilo de media jornada, en Doubleday, con una breve visita mensual a la ciudad de Nueva York. También me desempeñaba como consejera literaria extraoficial de Tom, con el conocimiento y la aprobación del abad de Getsemaní y de mis empleadores.

Tuve la primera noticia sobre *Un voto...* en una carta, fechada el 13 de febrero de 1968, en la que Tom escribía: "Dentro de un par de meses espero enviarte el texto del diario que he estado llevando últimamente, para ser exacto, años 1964 y 1965. Título: *Un voto de conversación*. Pero no quiero apurarme para publicarlo. Si fuese posible, otros antes que éste."

Había muchísimos otros manuscritos suyos para elegir; de hecho, un número de colecciones, proyectos y sugerencias sin precedentes. Estaba la novela premonástica *Diario de mi fuga de los nazis*, llamada finalmente *Mi disputa con la Gestapo*, que yo admiraba pero que ningún editor quiso publicar a comienzos de los años cuarenta. Estaba ansiosa por verla editada, y Doubleday la publicó en 1969. También se mencionaban otros cuatro asuntos: una colección de ensayos literarios; un largo y fascinante escrito sobre el movimiento Cargo, que Tom veía como parte de una colección de artículos similares o compatibles, tal vez titulable *Profetas y primitivos*, pero que Doubleday vio como parte de un libro dedicado por completo al tema, lo cual no tenía nada que ver con las ideas de Tom; ensayos sobre el monaquismo en los años sesenta, que fueron publicados póstumamente por Doubleday bajo el título *La contemplación en un mundo de acción*, editado por el hermano Patrick Hart, OCSO; y los "ensayos sobre el amor", que luego serían el libro *Amar y vivir* publicado por Farrar, Straus y Giroux.

A esa altura, en nuestra correspondencia había bastantes referencias a este nuevo libro del diario como para que me diese cuenta de su importancia, si bien *Mi disputa con la Gestapo* pasó a ser el asunto central de nuestras cartas porque había desatado una pesada oposición editorial en Doubleday, que llevó tiempo resolver.

El 28 de febrero de 1968, Tom escribió: "*Voto de conversación* estará listo en dos meses (contando el tiempo que toma volverlo a tipear...)." Parecía haber desechado el "Un" del título, tal vez víctima del frecuente uso de la compresión y la abreviación en sus cartas; de todos modos, no parezco haber mencionado su ausencia. El título original, según lo expuesto en su carta inicial, es mantenido aquí.

El 3 de marzo de 1968, Tom escribió: "Cuando más pienso en el otro, *Voto de conversación*, más veo que deberá ser retenido, porque da demasiados detalles sobre la ermita y cosas así. El problema es que viene aquí mucha gente y encuentra la manera de llegar a ella. Y viene más y más gente. La he estado ahuyentando. Hace poco, también, apareció en escena una mística (?) dama. Una chica que parecía cuerda, pero con una nueva y completa relectura del Apocalipsis, y un programa enteramente nuevo para *mí,* si te parece. Puede ser que se convierta en un problema, si bien gracias a Dios no llegó todavía hasta aquí. Sólo hasta el portón. Si me hace falta un refugio, ¿podría ir a Maine y quedarme contigo y con Ned?"

El 20 de julio de 1968, el manuscrito de *Voto...* me llegó por correo a Maine, acompañado por una carta de Tom que decía: "Lo leí todo y se sostiene bien, aunque me impresiona como algo liviano. Sin embargo, encajará como una secuela de los otros (diarios) de igual naturaleza, y habrá gente a la que le gustará. El único problema que veo es el de la programación. Por cierto que no quiero verlo impreso antes de 1971. En cuanto a las correcciones, por supuesto necesitará muchas. Hay pasajes sobre Dom James donde falta perspectiva y quizás caridad, si bien yo digo sólo la verdad. No obstante... Bueno, tú tienes el lápiz azul. Todo calza en un pequeño tipo de historia. Pero soy rotundo en eso de demorar el libro durante un tiempo."

El 24 de julio le escribí, entre otras cosas, para acusar recibo de *Voto*: "Gracias también por el diario. Lo leeré lo más pronto que pueda. El verano viene completamente salvaje. No se trata sólo de los queridos nietos y cosas así; sucede que todos los autores concluyen sus libros en esta estación y esperan respuestas inmediatas. Estoy rodeada de altas pilas, y como nos referimos a una publicación de 1971..."

El 19 de agosto de 1968, en una carta sobre *Mi disputa...*, Tom agrega: "En cuanto a *Voto de conversación*, sólo quería verlo tipeado. No estoy desesperado por verlo impreso, ni siquiera por que lo lea el editor." El 27 de agosto, al anunciarme la inminente llegada de una colección de ensayos literarios, cuya lectura me agradecía, dice: "Pienso que *Voto de conversación* es más liviano que *Conjeturas* [*de un espectador culpable*], pero resulta pasable ... en 1971. ¿Ya pudiste verlo?"

El 2 de septiembre de 1968, finalmente le escribí una carta ómnibus de dos páginas donde le decía: "Comencé a leer *Voto de silencio* [sic] y estoy loca por él. No lo estoy engullendo más de lo que puedo, pero resulta difícil parar de leerlo. Me parece el escrito más maduro que hayas hecho. Creo que has aprendido a quejarte sin amargura, y siento una comprensión mucho mayor de las cosas que te han estado carcomiendo. También, me parece que este tipo de escritura tiene un mensaje mayor para la gente común, y es un festival de ideas y percepciones del pensamiento y los escritos contemporáneos y no contemporáneos. Espléndido. Supongo que aquí y allá hay algunas cuchilladas a tus hermanos, pero no me parecen fuera de lugar y debían ser dichas. En verdad, se siente que te estás conteniendo. Odio esperar hasta 1971, pero así será."

Mi carta concluía: "Habrá más, cuando haya terminado *Voto de silencio* [sic]. Pero ten la certeza de que pienso que es grandioso y no coincido para nada en que se trata de algo menor que *Conjeturas.*" Tom sabía que *Conjeturas* era mi libro favorito.

Resulta doloroso leer de nuevo esas cartas, que vinieron a ser las últimas que recibí de Tom. Que nunca me haya reprobado es una medida de su bondad, pese a que hice caso omiso de todos los cánones de la buena práctica editorial cuando finalmente me disponía a escribirle. No se supone que los agentes literarios y los editores *tengan nietos* o cualquier otra excusa para ser corresponsales horribles. Mucho peor que eso, *jamás* deben referirse a otros autores o a sus manuscritos. El autor al que se le escribe o habla debe ser el único. Finalmente, hice lo imperdonable: cité mal el título, no una vez sino dos. Sin embargo, la respuesta de Tom jamás mencionó esto. Todo el que busque santidad heroica en su vida debería colocar esa discreción bien al tope de la lista.

La carta de Tom del 6 de septiembre es larga, mucho de ella está centrado en las excitantes y gozosas noticias de su partida días después, hacia una reunión de abades de órdenes monásticas católicas en Asia. También habría un encuentro interreligioso en India y visitas a otros monasterios trapenses de Asia. Decía:

> Me alegra mucho que *Voto de conversación* te guste. Me hace sentir mejor con respecto a él. Todavía, lleva adjunto un gran problema. La vida donde estoy ahora en la ermita será difícilmente vivible cuando se publique. Ya la gente la está encontrando y se filtra por aquí, y si leen tantos de-

talles sobre ella podrán aparecer de pronto como parte de las Giras Cook de turismo. Otra cosa, también, es que resulta horrible lo que la multitud nueva-ola llama subjetivo, introspectivo, etc. Sé que no hay nada malo en ello, pero este libro particular, lo sé, recibirá tundas espantosas de la prensa católica. Lo cual me recuerda que lo que doy a entender sobre la conferencia litúrgica no es sólo misas con guitarra o cosas así. No pareces advertir que todo terminó en una especie de fiesta salvaje, con curas y monjas abrazados en algún Sheraton, un baile de máscaras con sacerdotes vestidos como payasos (y bien que lo parecían). Al menos, ésa es la impresión que tuve. Tal vez las crónicas fueron un poco parciales. La cuestión es que, ahora, ese punto de vista es tan vociferante y tan intolerante que uno debe ser un poco cauteloso. No quiero ver un libro tan personal como éste simplemente ridiculizado por esos asnos estridentes. ¿Falta de humildad?

Debo detenerme ahora. Siento que tal vez el libro posterior a *Gestapo* debería ser *Ensayos monásticos*, que son controvertidos, pero todavía pienso que se sostienen por méritos propios contra la visión extremista, y por ello no presentan problemas. También pueden parecer anticuados si esperamos cuatro o cinco años. Naturalmente, deberé trabajar un poco en ellos cuando regrese. Entonces consideraremos si *Ensayos lit.* [*erarios*] o *Voto de conversación* deberán ser lo que siga, pero en cualquier caso eso nos llevará a 1971 (*Gestapo* '69, *Ensayos mon.* '70).

Por favor, reza para que este viaje signifique todo lo que espero que signifique, y más. Sé que puede parecer algo desorbitado, corriendo de esta manera, pero pienso que resulta absolutamente importante para mí, para la Iglesia, y para las religiones asiáticas que no están todavía en la crisis donde estamos, pero que llegarán allí.

Todo lo mejor. Bendiciones, plegarias, afecto, paz en el Señor,

Tom

En su carta del 20 de julio de 1968, Tom decía que este libro necesitaría muchas correcciones, e indicaba que yo debería hacerlas. Pero corregir siempre me ha parecido una cuestión de sugestión antes que el uso arbitrario de un lápiz azul. Es cierto que este libro contiene algunas observaciones "no caritativas", pero en 1968 no me parecían muy graves y hoy lo parecen mucho menos. Si el texto de este libro hubiese sido tomado de un diario llevado corrientemente, con poco tiempo de revisión por parte del autor, y sacado caliente del horno de la frustración, se habrían justificado recortes muy severos. Pero fue preparado y compilado por Thomas Merton mismo, de material escrito tres años antes. En 1968, él mismo reconocía una posible falta de perspectiva y de caridad, pero dejó en pie ciertas observaciones. Si bien el libro ha sido revisado profesionalmente, mis correcciones se ajustaron solamente a ser leales al original y a dejar el texto en su lugar.

Una razón por la cual estoy cómoda por no haber borrado algunas consideraciones "carentes de perspectiva" es ésta: en la mayor parte se refieren a Dom James, el abad de Getsemaní durante muchos años, que murió el Viernes Santo de 1987 a la edad de noventa y un años. Desde que nos conocimos en 1949, cuando visité Getsemaní por primera vez, Dom James y yo fuimos buenos amigos. Estoy segura de que, por muchas charlas que mantuve con Tom y por las cartas que intercambiamos, nada de este libro fue para Dom James una sorpresa, o algo indebidamente doloroso. Él conocía a Tom, lo amaba y admiraba. Hace años yo promovía la publicación de este libro, porque había existido demasiada especulación sobre por qué no había sido publicado mucho antes. Me parecía claro que, por su referencia a 1971, el tipo de dilación que Tom tenía en mente era de dos o tres años, no quince o veinte. Por eso ofrecí llevarle el tema a Dom James, pero perdí ese *round*. En cambio, el manuscrito original fue puesto a disposición de algunos eruditos y escritores seleccionados, para que lo leyeran sin tomar notas. Esto desembocó en apuntes menos que exactos y, al final, le causaron a Dom James considerable dolor. Pero no, dicho sea de paso, animosidad alguna contra Tom.

Mirando hacia atrás, a la carta escrita por Tom el 20 de julio de 1968, se me ocurre que la mención de "falta de perspectiva y quizás de caridad" podría ser un mecanismo de defensa en funcionamiento. Tom no apreciaba enteramente mi amistad con Dom James, y a menudo discutíamos sobre ello. Si él admitía por adelantado que el libro requería podas, entonces tal vez pensaba que yo no estaría tan alterada y molesta, como a menudo sucedía. Cuando, finalmente, le escribí sobre el libro con entusiasmo, él desechó la sugerencia de la poda caritativa. Estoy segura de que Tom tenía sentimientos muy reales sobre hacerle cambios al libro, de tal modo que nadie que llegara hasta Getsemaní se sintiera libre para presentarse a charlar en la ermita. Pero creo que los sentimientos que expresó sobre la recepción de su libro por parte de la vanguardia de la Iglesia romana de los sesenta fueron la razón real de su pedido sobre demorar un poco su aparición.

Es necesario recordar los años sesenta, un período de mucha turbulencia, con el péndulo oscilando desde Trento hacia el Vaticano II y, en algunos casos, mucho más lejos (y por cierto muy pero muy atrás) que el sentido y la importancia de los documentos del Concilio. Durante años, Tom había estado en la vanguardia del movimiento pacifista, había apoyado la justicia racial con su corazón y con su pluma, había sido un líder de la renovación monástica, de modo que parecería extraño que se refiriera críticamente a la conferencia litúrgica como payasada, por ejemplo. Realmente, no es extraño. Él estaba tanto más adelantado a nosotros en la vida real de la oración y el silencio, que comprensiblemente no quería que *Un voto de conversación* fuese pisoteado debido a un juicio superficial, y se lo viera como deseoso de una era y una atmósfera de excesos violentos que él reconocía como pasajeras. Al mismo tiempo, no pienso que él visualizara alguna dilación muy prolongada.

Una palabra sobre el título *Un voto...* No cabe duda de que el título de este libro es un juego de palabras. Los monjes cistercienses hacen cinco votos: pobreza, castidad, obediencia, estabilidad y conversión de costumbres (*conversatio morum*). En *El signo de Jonás*, Merton escribe sobre una discusión que tuvo en 1947 con Dom Dominique, el abad general de los cistercienses: "Dom Dominique dijo que la santidad, para un cisterciense, consistía en dejarse formar a través de la obediencia. También dijo que nuestro voto de conversión de costumbres implicaba, en la práctica, el voto de hacer siempre lo que es más perfecto. No resulta del todo fácil."

En el período cubierto por este libro, 1964-65, mientras él era todavía maestro de novicios en la abadía, a Tom se le permitía vivir parcialmente en su ermita, pasando allí no sólo los días sino también las noches. Se le permitió recibir a grupos de visitantes, y hasta hacer un viaje a la ciudad de Nueva York para reunirse con el doctor D. T. Suzuki. Se estaba moviendo firmemente hacia la vida de un ermitaño de jornada completa, lo cual, creo, veía como "lo que es más perfecto". El ermitaño que permanece en su morada y recibe visitantes se encuentra definitivamente en la tradición; y, dado también este don ermitaño particular para la comunicación, *Un voto de conversación* me parece como un irónico resumen de este período de la vida de Tom.

1964

## 1 de enero

Ayer, el año desembocó en un calmo y curioso final con un eclipse de Luna. Los novicios y yo salimos al intenso frío de cero grados y permanecimos de pie en la oscuridad del jardín mientras un último copo de luz resistió largo tiempo el engullidor globo de oscuridad. Después, regresé a la lectura del libro de Karl Jaspers sobre Platón.

Tenemos una cometa japonesa con forma de pez, hecha de papel rojo, y el hermano Dunstan clavó unos postes de bambú en el jardín zen. Haremos volar la cometa y gallardetes para celebrar el Año Nuevo.

El año del dragón llegó con crepitación de granizo en todas las tranquilas ventanas. El año de la liebre se fue ayer con nuestra roja cometa de pez girando y aleteando en el viento sobre el jardín zen. Hoy, una tarde fría y gris. Mucha nieve. Los bosques, brillantes de nieve, relucen en la oscuridad. Una visión totalmente nueva del viñedo Knob. Oscuro, como un aguafuerte de nieve, erguido en la penumbra y con una especie de extraña espacialidad que nunca había observado antes.

La amplia comba de nieve en el campo de san Benito. Ascendí hasta el lago Knob. Espléndidos bosques. Me deslicé por la nieve de la empinada ladera. Me rasgué el pantalón con un alambre de púas. Regresé a través de los vastos campos y las dunas de nieve. ¡Paz!

La idea de Bultmann sobre Dios. Escribo esto al anochecer, antes de la vigilia nocturna. Bultmann dice que nuestro cuidado encuentra a Dios al final de su capacidad cuando Él limita nuestro cuidado y lo interrumpe. Nuestro amor por la belleza, nuestra necesidad de amor, nuestro deseo de trabajar; el Dios de Bultmann es el poder que limita todo eso, que pone término a todo esto. De los ensayos de Bultmann: "Es Dios quien vuelve finito al hombre, quien convierte en comedia el cuidado humano, quien permite el descarrilamiento de sus ansiedades, quien lo proyecta a la soledad, quien pone término a su conocimiento... No obstante, al mismo tiempo, es Dios quien fuerza al hombre a la vida y lo conduce al cuidado."

¿Curioso? Pero es una noción bíblica de Dios y muy real.

Otra cita de Bultmann: "La creencia real en Dios siempre crece a partir de la verificación de que el ser es una proporción desconocida que no puede ser aprendida y retenida en la forma de una proposición, pero de la que uno está siempre volviéndose consciente en el momento de vivir."

Por lo tanto, permítanme inscribir esto en la frente de un Año Nuevo, no del dragón sino del Señor:

> Si en el credo cristiano en Dios entendemos los reclamos del momento como provenientes del Tú y de la demanda de amor, entonces resulta claro que su crisis se encuentra en la constante batalla del odio contra el amor y que esta crisis se agudiza en cada encuentro con el Tú que desatendemos irreflexiva o egoístamente, manteniendo nuestros propios derechos, nuestro propio interés, mediante el menosprecio o el odio disfrazado
>
> (Bultmann).

## 3 de enero

Viento cálido. Sol brillante. Nieve derritiéndose. Agua que baja del techo y rocía todos los baldes en torno de la ermita. Hoy llegó una buena carta de Ernesto Cardenal. Estuvo con los indios cuna de las islas San Blas de Panamá y los pondera bastante, los ama mucho. Dice que son pacifistas desde hace cientos de años. Es sorprendente que todavía sobrevivan.

Heidegger tenía la noción de que advertir y aceptar la muerte es garantía de autenticidad en la vida y la existencia. Esto se aproxima a Rancé y es probablemente una formulación mejor de lo que el abad de La Grande Trappe vio por sí mismo y quiso decir. Es, en resumen, una intuición muy monástica, y en los existencialistas descubro mucho que es monástico.

De todos modos, Heidegger es también netamente socrático. Por ejemplo, en su idea de "la nada". "En su mismísima validez, el conocimiento es una forma de falsedad porque oculta la ignorancia que no suprime" (Blackhman, *Seis pensadores existencialistas*).

## 4 de enero

Esta mañana recibí una carta de Jean Héring. Todavía está en Estrasburgo, jubilado, viviendo en la ciudad vieja. Era una carta muy buena y remitía algunas referencias bibliográficas. (Es un profesor protestante de teología con quien permanecí en Estrasburgo cuando fui estudiante en los años treinta.)

Un cazador, un Robin Hood de trasero gordo y ropas verdes, estuvo disparando hacia las copas de los árboles al final de mi campo, hacia el este de la ermita, muy lejos para un grito edificante; pero se fue por su cuenta.

La disuasión nuclear francesa muestra algo de la ridiculez de esta teoría de la guerra.

Uno: jamás puede proteger a Francia contra la seria determinación de un enemigo para destruirla. Sólo puede hacer que el enemigo "pague por ello" y, en consecuencia, lo piense dos veces antes de aniquilar a Francia.

Dos: ¿el pago? Ciudades, solamente ciudades. No existe intención alguna de una estrategia de contrafuerza, ni siquiera la pretensión. Tal estrategia sería totalmente inservible. No es que la destrucción de ciudades resulte útil. Ésta es la táctica de "la hija mayor de la Iglesia" en la tierra de san Luis. Es posible que san Bernardo lo hubiese aprobado. Nuestro finado abad general lo hizo, por cierto.

Tres: si se usan los misiles, el país dispondría de una advertencia de cinco minutos. Es decir, los misiles del enemigo demorarían cinco minutos en llegar. Nada se dice sobre cuánto demoraría el computador en discernir si se trata o no de misiles.

Cuatro: los aviones demorarán quince minutos desde Rusia, ¿pero cómo identificarlos?

Quinto: la decisión será tomada por computadores. Las máquinas decidirán si la Francia cristiana está amenazada y si deben borrarse del mapa algunas ciudades rusas.

Se toma como artículo de fe cristiana que la amenaza provendrá de Rusia. Esto no parece cuestionarse ni por un momento siquiera.

Cinco minutos para formular preguntas. ¿Quién pensará alguna buena? De todos modos, sólo la máquina puede responder, y probablemente sólo la máquina puede hacer la pregunta.

## 6 de enero, Epifanía

Los ensayos de Bultmann son muy reveladores. Cada frase parece detenerme y creo que no voy a parte alguna. Quedo obstruido por ello. Posee una extraordinaria comprensión del pensamiento griego y siempre lo trasciende para desembocar en una libertad bíblica y escatológica. Influencia seminal de Heidegger, de quien se apropia y desarrolla de un modo plenamente neotestamentario y kerigmático. Es fantásticamente bueno. ¡Cuántas de mis antiguas ideas puedo ahora abandonar o revisar!

Me ha aclarado las totales limitaciones de mis primeros trabajos, que son demasiado ingenuos e insuficientes, excepto en lo concerniente a mi propia experiencia. Dice: "La gracia jamás puede poseerse, sino que sólo puede recibirse renovada una y otra vez." "El hombre alcanza su situación actual algo así como bajo presión, así que la libertad real sólo se recibe como un don."

Una de las grandes tentaciones de una religión sobreinstitucionalizada es precisamente ésta: mantener al hombre bajo la compulsión de su pasado y de su sociedad, para que esta seguridad parezca ser la libertad. Es "libre" para volver a la compulsión familiar, pero esto interfiere su libertad para responder al nuevo don de la gracia en Cristo. Esto plantea todo el problema de las formas externas de culto, etc., y pienso que, en su concepto de la Iglesia, Bultmann es demasiado débil. Pero, sin embargo, se trata de una gran verdad que debe ser incorporada a nuestra visión de la Iglesia. Si no, ¿dónde está el Espíritu Santo? ¿Dónde está el alma de este cuerpo?

El pavor a ser uno mismo es el gran obstáculo de la libertad, pues la libertad equivale a ser uno mismo y proceder de acuerdo con ello. Fuga hacia una autoridad externa para la aprobación. Opuesto a ello: la capacidad de tomar decisiones como si no estuvieran sujetas al comentario de otros hombres. ¡Soledad verdadera! Soledad del poeta en sus decisiones. Bultmann tiene una noción muy real de la tradición. No es un pasado en el que se busca refugio. "La verdadera lealtad a la tradición no consiste en la canonización de un período particular de la historia... siempre una crítica del presente ante el tribunal de la tradición, pero también crítica de la tradición ante el tribunal del día presente. *La lealtad real no involucra la repetición sino el llevar las cosas un paso más adelante*", y "la liberación del pasado no surge de la negación del pasado sino de la apreciación positiva de él".

## 7 de enero

Bruma helada espesa, curiosa. Tiempo pésimo para un resfrío, que ya tengo. La niebla convirtió la masa de estiércol del pastoreo nocturno en un maravilloso pigmento abstracto. Los pastos secos también se blanquean con ella.

El papa Pablo visitó Palestina. Muchos sucesos simbólicos, curiosos, mientras visitaba los santos lugares. Tras aterrizar en Jordania e ir en auto a Jerusalén, trató de hacer el viacrucis. Primero, fue recibido por gente con ramos de palmera, "recordando la triunfal entrada de Cristo a Jerusalén", dijo el hombre de la United Press. Luego, hubo mujeres con velos negros, sobre los tejados, que aplaudían rítmicamente. Después, una multitud de cien mil fuera de control. Ni hostiles, ni amigables, apenas descontrolados. Todos corriendo hacia el Papa. Algunos con razones, otros sin ellas, algunos clamando en árabe: "El padre, el padre."

Luego, dice la prensa, la muchedumbre se puso "histérica".

El Papa fue apurado a través de las primeras estaciones de la cruz sin poderlas ver, y no digamos detenerse y orar. En la estación del velo de Verónica, se refugió en el portal de un convento con el "rostro ceniciento".

Finalmente llegó a la basílica del Santo Sepulcro. Un cable de TV se incendió sobre su cabeza mientras trataba de oficiar la misa. Durante la mayor parte de esta misa, las luces se apagaron.

La narración entera de este primer día, o algo así era sobre el Papa hostigado por grandes multitudes, llevado a través de hordas de policías árabes o por senderos que eran abiertos a bastonazos.

Cuando yo abandonaba temprano el refectorio, escuché que leían algo sobre su plan de ir en auto a Nazaret, y reunirse con altos funcionarios israelíes en Meguiddó, "el Harmaguedón bíblico".

Toda esa historia emitía un extraño y siniestro sonido. Parecía cargada con una seriedad simbólica que yo no podía interpretar o penetrar de modo alguno. Como si se estuviera anunciando algo urgente y alguna otra cosa todavía más extraña. Tal vez la momentánea desaparición de la Iglesia en un inmenso remolino de confusión causado por masas de gente remolineando alrededor. Avanzando al tope del trauma masivo que siguió al asesinato de Kennedy, con el presentimiento explícito de que el Papa mismo podría ser asesinado, este asunto noticioso da la impresión de que, despacio, el mundo se está volviendo completamente loco. Y ninguna solemnidad, ningún gesto de servidumbre, afabilidad o buena voluntad puede impedir la furia desconocida que irrumpe sin explicación.

Recibí una buena nota del padre Placide desde Bellefontaine, agradeciéndome la tarjeta con que lo felicité por su borrador sobre la nueva guía para la vida monástica. Dijo que hubo bastantes objeciones de los abades holandeses, que la hallaron bastante tradicional, y de los abades estadounidenses, que la ven muy favorable a la vida de ermitaño. El libro nunca ha sido publicado. Es uno de los mejores libros producidos por alguien de nuestra orden monástica en mucho tiempo. Resulta significativo que no logre su publicación.

## 10 de enero

Ad Reinhardt envió todo tipo de papel fino, especialmente unas delgadas —casi transparentes— hojas japonesas sobre las que encontré una manera de imprimir crudamente caligrafías abstractas que en algunos casos son excitantes, al menos para mí.

Una linda tarde después de la lluvia de ayer. La nieve fue diluida. Las montañas se ven purpúreas y frías, nítidamente delineadas.

Dom James partió hoy hacia Roma. Tres de nosotros le hemos dicho, cada uno por separado, que podría ser el próximo abad general. Yo, el padre superior (Flavian) y el padre Eudes. Aparentemente, eso lo preocupó lo suficiente como para mantenerlo despierto toda la noche pasada.

La mitad de la comunidad parece estar haciendo nuevos oficios litúrgicos, reorganizando la liturgia, planeando nuevos estilos de plegaria. Después de mil años de inercia, ahora cada cual va por su lado.

La breve visita del Papa a Palestina y su conversación con el patriarca Atenágoras, después de todo, parecen haber sido algo bastante magnífico. Una gran cosa. Una señal de vida real llena de esperanza y significado; y no obstante, prevalecen ciertas ambigüedades.

El padre H. A. Reinhold le entregó mi manuscrito sobre "Paz en la era poscristiana" al obispo Wright, que aparentemente lo está leyendo con interés y parece gustarle. ¿Qué tal si lo lleva consigo a la próxima sesión del Concilio? No lo sé.

## 11 de enero

Me conmueven los apuntes del padre David Kirk sobre el patriarca Maximos de Antioquía. Obviamente, uno de los más grandes hombres de la Iglesia de hoy. Está haciendo muchísimo por la vida monástica.

Pese a lo mucho que disiento con algunas de las afirmaciones de Bultmann sobre la religión no cristiana, no puedo evitar el ser influido y conmovido por su argumento básico, que es completamente convincente y de lo más saludable. "La gracia de Dios incide en la gracia del hombre en un sentido tan cabal que sostiene la existencia íntegra del hombre, y sólo puede ser concebida como gracia por quienes renuncian a su entera existencia y se dejan caer en las insondables y vertiginosas profundidades sin buscar algo a lo que aferrarse."

La gran esperanza de nuestro tiempo es, me parece, no que la Iglesia se vuelva de nuevo un poder mundial, una institución dominante, sino, por el contrario, que el poder de la fe y el espíritu sacudan el mundo cuando los cristianos hayan perdido lo que aferraban y hayan ingresado al reino escatológico. De hecho, es ahí donde ya estamos. Pero ellos no saben cómo soltarse y caer en las profundidades donde no hay en qué apoyarse. Ellos no confían en que Dios sacuda el mundo: prefieren sacudirlo ellos mismos. Esto significa su propia ruina. ¡De todos modos, Él lo sacude!

Desde cierto punto de vista, mi vida monástica me lleva "cerca de Dios", pero esta proximidad es una ilusión a menos que la vea también en algún sentido como un conflicto con Dios y, por lo tanto, como un temor.

¿Paz monástica o temor monástico? Ambos. La vida monástica como "una cosa segura", como una respuesta a cada problema, puede convertirse en una gran ilusión y un embuste, casi la negación de la esencia del cristianismo.

Bultmann, de nuevo. "No es sólo lo transitorio del hombre lo que se abandona en la muerte, no lo que está sujeto al destino, de modo que ahora triunfa su voluntad de vivir y su antiguo ego se perpetúa en su indomable voluntad de vida. Por el contrario, el hombre se abandona por completo en la muerte, de modo que en un sentido radical se vuelve un hombre nuevo. Pero eso significa que su voluntad se ha vuelto una nueva voluntad y que, en la seguridad de su posesión de la inmortalidad, él no queda libre de reclamos y no puede disfrutar su nueva vida con una mente puesta a descansar."

Blackhman, al escribir sobre Sartre, dice sabiamente que la sabiduría popular acepta las visiones *extremas* pero no las *perturbadoras*. La visión extrema de que vivir bien es imposible o, el otro extremo, de que vivir bien es fácil: esto lo aceptará de buena gana. Pero la proclama de Sartre de que vivir bien es difícil y posible, eso lo rechaza como desesperación.

El coraje de Sartre es loable. Su estoicismo es insuficiente. Su seriedad es del tipo que posibilita el conflicto y el contacto descrito por Bultmann. En esto lo alabo.

Pero su humanismo dogmático no se sustenta, salvo como una útil ilusión.

## 13 de enero

Ayer nevó y hubo aguanieve, viento y frío. Una clara superficie helada sobre la nueva nieve. Aguanieve como el maná del Éxodo, pero inservible; y, después que hice un surco entre los pinos durante una caminata antes de vísperas, con la nieve volando hacia mis ojos, el cuello comenzó a dolerme.

El sábado fue un día brillante, hasta cálido. Victor y Carolyn Hammer vinieron desde Lexington.

El sábado por la tarde, recibí un llamado de monseñor McCormack desde Nueva York. Estuvo aquí hace un mes para hacerme escribir un breve guión para una película sobre el pabellón vaticano de la Feria Mundial de Nueva York. Lo hice, y trataba mayormente sobre caridad, paz, justicia racial, etc. Ahora llama y, evidentemente, en el ínterin el texto se remitió al cardenal Spellman y volvió. Las instrucciones son que todo ello debe ser reemplazado por una pieza de texto apologético sobre la Iglesia como la única Iglesia verdadera. Lo que tenemos es diferente de los protestantes y ortodoxos. ¡Para despejar cualquier confusión que pueda haber creado todo este asunto ecuménico!

Supongo que es lo que debía esperarse. Le pedí que me envíe apuntes sobre lo que quiere y trataré de escribirlo. Tengo mis dudas sobre poder extraer de eso algo que valga la pena. Tal vez unas pocas líneas que posean significado para alguien fuera de la Iglesia. ¿El resto logrará sostener las conviciones de los católicos o serán otros cuatro minutos de jerga familiar?

Jaspers habla sobre la antinomia agustiniana. En un momento, Agustín dice: "Que ninguno de nosotros diga que ya encontró la verdad, procurémosla como si ya no la conociéramos desde todos sus ángulos." Y luego preconiza el uso de la fuerza contra quienes no acepten nuestra fe, ¡aparentemente sin sentir que exista allí algún problema o contradicción! Como los más grandes doctores católicos romanos, él ha legado esta mentalidad a la Iglesia católica íntegra y, asimismo, a los protestantes, porque es tanto padre de ellos como de nosotros. Entonces, esta antinomia está enclavada hondo en la mente del cristianismo occidental.

Si, en mi guión fílmico sobre el pabellón vaticano, doy la impresión de apertura y persuasión, ¿no será eso una impostura? ¿No está simplemente actuando como fachada de quienes quieren usar la fuerza o la presión moral sobre los no católicos? La tentación es escribir deliberadamente una serie de declaraciones cerradas, impasibles e inadvertidas, ¡y dejar que los paganos saquen sus propias conclusiones de mi impávido abordaje! Pero no se puede contar plenamente con que la gente lea entre líneas.

## 14 de enero

Supe esta mañana que murió Paul Hindemith. Pasaron diez años desde su visita. Recuerdo que él, su esposa y yo dimos una larga caminata por los bosques al pie del viñedo Knob y conversamos sobre muchas cosas. Acababa de dirigir la primera presentación de *La armonía del mundo* en Minneapolis. Hablaba sobre su colaboración con Brecht, que era muy divertida, y sobre "Ite angeli veloces" de Claudel. Era una gran persona. No he oído la mitad de lo que compuso.

Cero grados. El termómetro del noviciado, que es bastante conservador, registraba diez positivos, pero los otros clamaban que sus termómetros estaban diez por debajo. La nieve es profunda. Brilla al sol bajo los árboles.

Escribí las páginas finales para *Art and Worship* sobre la constitución del Concilio y también un prefacio.

## 16 de enero

5.10 de la mañana. En Cîteaux es mediodía. Podría ser que ya tengamos un nuevo abad general y que conozcamos su nombre inclusive antes de la misa conventual del Espíritu Santo que se canta para dar gracias por la elección.

Algunas anotaciones que vienen a la mente en conexión con Merleau-Ponty: cuando los hombres hablan, presumimos que tienen algo para decir y que saben lo que es. ¿Cuán a menudo son bien fundadas estas presunciones?

Ambigüedad del hombre, que trata de emerger de su propia oscuridad y que, sin embargo, no quiere emerger.

¿Cuán a menudo el discurso es una excusa para permanecer incomunicado sobre la base de que uno ha "comunicado", uno ha cumplido su deber?

El artista que reconoce y ama su propio estilo para gran perjuicio de su obra, el estilo imaginado como si fuese él mismo. En este punto, él comienza a conocer y anhelar su estilo, por decirlo así, sin contacto con el mundo externo, mientras que, en realidad, el estilo es sólo un subproducto de tal contacto. Por eso, se logra un estilo sin contacto, un estilo sin comunicación que, sin embargo, es aceptado como comunicación.

En tal situación, se vuelve necesario escribir antipoesía. Porque lo que luce como poesía y aparenta ser comunicación es, por cierto, una conspiración para repudiar la poesía y rehusar la comunicación. Esa simulación tiene que ser atacada con el antipoema. El antipoema es una comunicación positiva de resistencia contra los falsos rituales de comunicación convencional.

Emblemas: equivalencias. Hallar mi propio sistema de emblemas. Un cuadro de la cabeza blanca de Braque, rodeado por sus propios emblemas de pájaros. Te mira sentado con una chaqueta de *corderoy*. (Braque está muerto.)

Hallar figuras del ser, o aparentes, cuando el pintor ya no parece encontrarlas él mismo. Está muerto. O sea, no encuentra el mundo, pues la figura es su encuentro.

Respuesta al pasado. La propia obra de uno, la obra de otros, renovar la vida que había en ellos.

Tengo una obligación con Paul Klee que va más hondo, hasta el orden de la teología. Una obligación sobre la cual nada he hecho. Saber que está en algunos museos o en los libros Skira [de arte] no es suficiente. Ni es mimetismo. Mi obligación es cuestionarlo seriamente y dar respuesta a la pregunta que me plantea, justificar en algún sentido la fe en mí que él nunca supo que tenía (o ¿como podría *conocerme*?). Pero sin embargo él me pintó, quisiera o no hacerlo.

No se demuestra que un artista es un fracaso porque sus recuerdos aparecen en su obra. Puede haber tenido éxito en utilizar todas sus experiencias, hasta su enfermedad, para interpretar el mundo.

## 17 de enero

Fiesta de san Antonio. Ayer, al comienzo del trabajo de la tarde, mientras estaba poniéndome a cambiar la cinta de la máquina de escribir y rehacer el guión sobre el pabellón vaticano, vino el hermano Dennis y me dijo que Dom Ignace Gillet, abad de Aiguebelle, era el nuevo abad general. Más tarde, el hermano Dennis quiso saber si yo pensaba que el nuevo abad era un hombre del "retorno a las fuentes", y le dije que no lo sabía.

Para Merleau-Ponty, nuestro cuerpo no es un aparato que, dirigido por el espíritu, hace uso de signos preexistentes para expresar un significado que se encuentra allí. Por el contrario, es un instrumento viviente de su sola vida, tiene *sentido* con todos sus actos, tiene sentido del mundo en el que es. El cuerpo entero es arte y está lleno de arte. La corporeidad es estilo. Concepto espiritual (religioso) muy profundo. La corporeidad: sentido y foco de convergencias inteligentes. "Le propre du geste humain... *d'imaginer un sens*" (*Signes*, p. 85).

Todos los gestos, parte de una sintaxis universal, proyección de monogramas e intropaisajes. La historia como "trascendencia horizontal" se vuelve una vaca sagrada. Es decir, un poder externo que nos postra inexorablemente y exige la inmolación del presente, el reconocimiento de nuestra nada en el presente de lo que "el hombre será algún día" (pues todavía no es).

Merleau-Ponty ve, más acertadamente que muchos cristianos, que de hecho el cristianismo abolió la subordinación y reveló un nuevo misterio en la relación del hombre con Dios, que *no es* vertical sino sólo horizontal, pues Cristo da testimonio de que Dios no sería plenamente Dios si no abrazara la condición humana. "En Cristo hallamos a Dios como nuestro otro yo que reside en nuestra oscuridad y lo vuelve auténtico", como dice Merleau-Ponty.

Aquí está el misterio íntegro de la Ascensión. ¿Por qué te yergues mirando hacia el cielo? "La trascendencia no se inclina sobre el hombre y lo domina. El hombre se vuelve extrañamente un portador privilegiado de la trascendencia".

La historia estalinista y marxista se vuelve una neurosis del futuro. Una no filosofía. La historia: juicio no sólo de intenciones, no sólo de consecuencias, sino de la medida en que los valores se convirtieron en hechos por virtud de la libre acción (Hegel). De ahí la maduración del futuro en el presente, no el sacrificio del presente en aras del futuro. Éste es un brillante diagnóstico del error de nuestro tiempo: la dialéctica entre el pesimismo del neomarxista y la pereza del no marxista, en complicidad con el otro para producir el poder de las mentiras y la frustración *—le puissance de mensonge et d'échec—* que asfixia al mundo entero en el autoengaño y transforma todo en futilidad porque nos vuelve ciegos a la "gracia del evento" y estrangula la expresión y, por lo tanto, la historia. Pues la historia es lenguaje, o sea, diálogo en que los interlocutores (el artista, el político y todos los demás) se encaminan hacia nuevos valores que puedan reconocer como propios. "La conversación perpetua que se persigue en y a través de todas las palabras y todas las acciones."

## 18 de enero

Me pregunto si alguien lee todavía las cartas monásticas de Abelardo. Están colmadas de bello material tradicional a la manera de Jerónimo. Claras, precisas y entre los mejores escritos monásticos del siglo XII. Las estoy leyendo ahora y las uso en el curso que doy sobre san Bernardo, en conexión con *De Conversione* de Bernardo. Tendría que hacer un artículo sobre las cartas monásticas de Abelardo, pero no tengo tiempo. No pude comprar la edición que Schmitt hizo de Anselmo. Tengo dos volúmenes como préstamo interbibliotecas de West Baden. Lo tendré hasta las Pascuas y quiero trabajar también en algunas cartas de Anselmo.

El gran impacto de la novela de Walker Percy, *The Moviegoer*, es que el libro entero dice en realidad lo que el héroe no es, y expresa su conciencia existencial de lo que no es. Su sentido de la alienación, su relativo rechazo (sin éxito) a estar alienado como todos los demás, su aceptación relativa a aceptar esta ambigüedad y fracaso. Éste es un libro lleno de emblemas y pautas de luz (el lugar brumoso donde pescan o, más bien, donde su madre pesca, es también como una vaga película).

Merleau-Ponty dice: "El novelista conversa con su lector con un *lenguaje de iniciados*: gente iniciada en el universo de posibilidades contenido por el cuerpo humano" (*Signes*, p. 95). Esto describe exactamente la conciencia que vive tan consistentemente en el libro de Walker Percy. Vean la escena con el niño discapacitado. "*Lo que queremos decir* no está enfrente de nosotros fuera de cada palabra como significado puro. Es sólo el exceso de lo que vivimos sobre lo que ya ha sido dicho" (Merleau-Ponty, *Signes*, p. 104).

La expresión auténtica equivale a la dilucidación de lo que todavía no advertimos, antes que una declaración final de lo que hemos adquirido como conocimiento. Pero tendemos a mirarlo desde la otra punta. Simulamos decir "lo que sabemos". Nuestro "excedente" genuino es lo que no sabemos, y que se dará a conocer cuando se lo digamos a alguien que responderá. Por ejemplo, no estoy diciendo algo que sólo yo sé, sino lo que no he comprendido del todo en Merleau-Ponty y que él no sabía porque es mi respuesta y que será (o no) dilucidado en la respuesta de algún otro. (Sin embargo, el autor no necesita ser consciente del lector cuya respuesta colma su significado.) Si esta respuesta ulterior es meramente "objetiva", todavía se encuentra en la nada y es como si yo tampoco hubiera dicho algo. Pero no se preocupen. Algún otro puede oír lo que hay aquí. No me concierne determinar *quién* responderá y *cómo*. Digo mi propia palabra y la paso.

## 19 de enero

Anoche soñé que le hablaba a un bondadoso y amigable benedictino y le decía, con confiada felicidad y abandono, que yo *merecía* castigo por mis pecados, que lo merecía y lo aceptaba contento. Aparentemente, él desaprobaba esto como si fuera una espiritualidad "demasiado extrema"; y, sin embargo, era como si al mismo tiempo admitiera a medias que yo tenía razón. Luego, esta mañana, en las meditaciones de san Alselmo, encontré su segunda meditación sobre el valor de hacer penitencia. *¡Digne, certes, digne!*

Las meditaciones y plegarias de Anselmo son composiciones musicales. Puede utilizar sus temas sin inhibición, temas en los que los demás ahora están condenados a ser inarticulados. Porque, si tratamos de decir lo que él dice, hoy no seríamos auténticos. Esas formas fueron desgastadas por monjes cansados. Ellos ya no dicen lo que Anselmo quería que dijeran. No obstante, cuánto se aproxima a la náusea existencialista. Por ejemplo, en la plegaria 8 sobre san Juan Bautista. Con todo, siempre está la esperanza, la presencia del Cristo compasivo que no le está permitida al existencialista. Amo a Anselmo. Amo estas plegarias, aunque jamás osaría utilizar yo mismo tal lenguaje.

## 20 de enero

Importancia de aquella soledad que es solitaria, espiritual, material, rehabilitación de lo sensible. Lo sensible a mi alrededor que se vuelve consciente de sí mismo en y a través de mí. Una soledad en la cual uno le permite a la naturaleza este silencio virginal, esta secreta, pura, incomunicable conciencia en uno mismo. La realidad, "anterior a toda tesis", anterior al comienzo de la dialéctica y el En-Soi. La singular e intemporal (no parte de serie alguna) exploración mutua de silencios y significados con que mi conciencia nunca trata de ser demasiado simultánea, pero en la que mi cuerpo se halla presente. La captación personal del gran presente en que mi cuerpo se encuentra plena y únicamente situado. ¿"Mi" cuerpo? ¡No como "tenido" por mí!

## 23 de enero

El retiro (en marcha ahora) plantea de nuevo el problema de mis resentimientos, mis frustraciones, mi sensación de ser injustamente tratado, de hecho engañado, hasta cierto punto explotado. Puede haber, desde cierto punto de vista, alguna verdad en esto. Pero, si procuro tratar a los otros como culpables o ver en ellos algunas indicaciones de perversidad y fracaso de las que sólo pueden ser inconscientes, eso no le hace bien a nadie. No tengo necesidad de juzgar, ni capacidad de hacerlo.

Lo que importa es la lucha para efectuar el ajuste adecuado en mi propia vida, y esto me turba porque no existe para mí una pauta para seguir y tampoco poseo el coraje o la introvisión para seguir al Espíritu Santo con toda libertad. De ahí mi miedo y mi culpa, mi indecisión, mis vacilaciones, mis marcha atrás, mis intentos de esconderme cuando me equivoco, etc. Por cierto, es el asunto de decidir qué perspectiva limitada y concreta tomar para cumplir mi genuino deber con Dios y mi comunidad, y ser así el monje que se supone que debo ser. No necesito sólo procurar la verdad, como en mi situación soy convocado a hacer. Si yo fuese más un hombre de amor y de espíritu, más un hombre de Dios, no tendría problemas. Así que mi tarea es avanzar con la dificultad de quien carece de amor y, no obstante, lo busca, dándome cuenta de que no se supone que resolveré mis problemas por mí mismo. Ni se supone que sea un hombre de Dios en el sentido de "no tener problema alguno". Una de las fuentes de la batalla fútil en la vida espiritual es la presunción de que uno tiene que volverse una persona sin problemas, lo cual, por supuesto, es imposible. Y, si un hombre lucha para no tener problemas en su vida, está pegando su cabeza contra un muro de ladrillos.

Una buena, fructífera, aunque levemente angustiada meditación en el bosque del campo de san Malaquías. El aroma a paraíso bajo los pinos. El sol caliente. El asiento de ramas.

Preciso encontrar el camino de salida de una soledad construida que, en realidad, es el obstáculo principal para la realización de una verdadera soledad en la apertura y la subjetividad interna. La falsa soledad se construye sobre una conciencia artificialmente inducida de posibilidades no realizadas de relación con otros. Uno prefiere mantener no realizadas esas posibilidades. (De ahí, que la falsa soledad es un cortocircuito del amor.)

## 25 de enero

El año del dragón, por ahora, se ha distinguido con vientos fuertes, vigorosos. Una inmensa tormenta la otra noche. Algunos árboles cayeron en el bosque cerca de la ermita, incluido uno sobre el sendero de ascenso. Piñas y trozos de ramas están esparcidas por todo el prado, y anoche también hubo fuertes vientos pegándole al costado del edificio del monasterio. Todavía los escucho refunfuñando afuera y alrededor como bestias amistosas.

A las 3.30 de la mañana, la Luna sobre el frío jardín colmado de viento.

"El mayor truco o fraude usado por el poder es persuadir a los hombres de que están ganando cuando están perdiendo." Esto dice Merleau-Ponty al comentar a Maquiavelo. Ensalza la honestidad de Maquiavelo, por admitir que el conflicto social es la base de todo poder. También que el príncipe (líder) no debe volverse prisionero de una imagen virtuosa de sí mismo que obstruiría la acción hecha necesaria por un repentino aspecto nuevo de la lucha por el poder. "Por cierto, es necesaria la fortaleza del alma, puesto que, entre la voluntad de agradar y desafiar, es preciso concebir una empresa histórica a la que todos puedan adherir."

Sobre esta magnanimidad y altruismo históricos (todo el mundo se embarca en el proyecto de poder), Merleau-Ponty basa su defensa de Maquiavelo como moralista realista. Alega que él establece una relación genuina mientras que el político moralizante permanece realmente a distancia. Por otra parte, el realista, como el príncipe de Maquiavelo, es quien acepta la distancia pero hace mediaciones con ella y crea una relación con sus súbditos. No sé si coincido con este análisis que Merleau-Ponty hace de Maquiavelo, pero por cierto es interesante y novedoso. Parece indicar un rumbo peligroso en el que tal vez estamos yendo todos: el rumbo de la aceptación del poder, la lucha por el poder y el conflicto, como *única* base para las relaciones políticas plenamente realistas, hasta en el sentido cristiano. Así plantea el interrogante: ¿puede haber una política cristiana?

Me doy cuenta de la necesidad de una revisión personal y un crecimiento constantes, dejando atrás las renuncias de ayer y, no obstante, en continuidad con todos mis ayeres. Porque aferrarse al pasado es perder la propia continuidad del pasado, dado que eso significa aferrarse a algo que ya no está allí.

Mis ideas están siempre cambiando, siempre se mueven en torno de un centro, y siempre veo ese centro desde alguna otra parte.

De ahí que siempre seré acusado de inconsistencia. Pero no estaré allí para escuchar la acusación.

## 26 de enero

"Lo que nos intimida es nuestra inmensa libertad ante la vaciedad que todavía debe ser colmada" (Karl Jaspers).

Y de nuevo, estas conclusiones de su impresionante folleto sobre el espíritu europeo: "El europeo filosóficamente serio se enfrenta hoy con la opción entre posibilidades filosóficas opuestas. ¿Entrará al campo limitado de la verdad fijada que, al final, sólo puede ser obedecida, o irá hacia la libertad abierta e ilimitada?... Ganará esta riesgosa independencia en la peligrosa independencia así como en la filosofía existencial, la filosofía de la comunicación en la que lo individual viene a él a condición de que los otros sean ellos mismos, donde no hay paz solitaria sino *insatisfacción constante* y donde el hombre expone su alma al sufrimiento."

Ésta es una intuición muy válida también para la vida en comunidad monástica. Advertir ambas cosas, que cada monje individual, o cada miembro individual de cualquier comunidad cristiana, se convierte en él mismo a condición de que funcione con otros para ayudarlos a que sean ellos mismos. En esta interacción no hay refugio en la tranquilidad solitaria. Uno queda expuesto a la insatisfacción constante y sufre por el hecho de que este proceso es frustrante y *siempre incompleto.*

## 2 de febrero

Otra vez la cuestión del cuerpo a cuerpo con mi realidad, coordinar, incorporar en una secuencia viviente todo lo que pueda alcanzar para hacer relevante mi presencia en la Tierra, una presencia que es fortuita y pronto acabará.

La profundidad religiosa de Ammonas, la perspicacia de Merleau-Ponty, hasta la tediosa astucia de Sartre, y siempre la Biblia. Encuentros de opuestos, no exclusiones cuidadosamente planeadas, no mera aceptación de lo familiar. Una vida de colisiones y descubrimientos, no una vida de repeticiones. Profundo temor ante Dios, y ninguna excitación trivial.

Una de las peores cosas que hice fue esa absurda empresa de escribir un texto para el filme sobre el pabellón vaticano. No tiene nada que ver con la realidad de las "películas". No hice nada para "realizar una (real) película". Debo aprender a rehusar estos cebos; y, no obstante, qué maravilloso sería hacer real y competentemente una auténtica película.

Pienso que el ensayo de Merleau-Ponty sobre el cine tenía implicancias importantes para la nueva liturgia. ¿La liturgia como conducta o comportamiento? Suponer que se tradujo el lenguaje del cine a la liturgia. Uno podría tomar un texto de Merleau-Ponty donde habla sobre el cine y reemplazar la palabra "películas" con la palabra "liturgia". Donde dice que el cine apunta a nuestro poder de descifrar el mundo, y cosas así.

Leamos un texto: "La liturgia apunta a nuestro poder de descifrar el mundo de los hombres y coexistir con ellos." O esto es correcto o está tan completamente errado como para ser estúpido. Para mí, es obviamente *correcto*. La liturgia es algo para experimentar, así como una película. Tanto la liturgia como el filme tienen que *experimentarse* antes que *pensarse* o *desearse*. Experimentarse por la "presentación de conductas". "No cada conciencia y la otra conciencia... sino la conciencia arrojada al mundo, sometida a la vista de otros y aprendiendo de los otros lo que ella es." Esto requiere interpretación porque existe el peligro de una aplicación fascista o soviética de ello. Pero, en el sentido apropiado, ¿puede ser liturgia, lo es?

Tanto el cine como la liturgia: "Compromiso de una conciencia en un cuerpo."

## 7 de febrero

Viento frío, cielo oscuro y aguanieve.

Emerjo desde el final de la extensa y complicada meditación de Sartre sobre Baudelaire como alguien que sale de la oscuridad subterránea a la luz del día, con esta última frase: "La libre elección que un hombre hace de sí mismo está absolutamente identificada con lo que se llama destino."

Para el observador superficial, ésta podría parecer sólo la libertad que Sartre no da a entender. A quienes piensan que esta libertad es arbitraria y no está sujeta a restricción o límite alguno, el retrato que Sartre hace de Baudelaire es la condenación más clínica y exacta de una libertad mal utilizada, inauténtica e impregnada por la mala fe.

De hecho, para Sartre, Baudelaire es culpable del pecado primordial de forzar la confluencia del En-Sí y el Para-Sí, y anhelar su unificación imposible. Es un pecado original en el sentido más puro, aunque Sartre jamás utiliza el término. Pues, en la filosofía de Sartre, si el En-Sí y el Para-Sí pudiesen fusionarse, su unión sería Dios, y para Sartre, la razón por la cual sostiene que no hay Dios es que ambos no pueden integrarse. Buscar la integración del En-Sí y el Para-Sí en uno mismo es tratar de ser Dios, es decir, lo que Sartre llamaría esencia estática, naturaleza pura o sujeto como objeto de eternidad. (Puro narcisismo, o consumar el truco metafísico final de comerse la torta y poseerla.)

Lo que Sartre considera como la esterilidad de la vida de Baudelaire ("ir hacia el futuro marcha atrás") jamás es justificado por un momento mediante la belleza de su poesía. Pienso que Sartre tiene razón al ver la puerilidad y la irrealidad del supuesto catolicismo de Baudelaire. Éste es un libro muy sólido, honesto y objetivo. A uno le resulta difícil no coincidir con él y generalmente lo hago, cuando lo entiendo. No obstante, es cansador en su sostenida e insolente intensidad dogmática, ni siquiera quebrada en capítulos, solamente en párrafos. Párrafos que abarcan páginas enteras.

El existencialismo y el zen se unifican aquí para condenar la pura subjetividad y la autocontemplación, y estoy con ellos también. Lo que queda por verse es cuánto de sí mismo Sartre estaba analizando en Baudelaire. Un reciente trabajo autobiográfico de Sartre podría dar la respuesta a ello (*Las palabras*). ¿Qué respuesta? Que en cierta medida todos nos parecemos en nuestro fracaso en ser libres, pero algunos comienzan más incapacitados que otros.

Resulta curioso que recibí más reacciones buenas al artículo sobre los Shakers en el número de enero de *Jubilee* que a cualquier otra cosa que haya escrito. También algunas reacciones, al menos tres o cuatro, a la carta sobre "Barroco eclesiástico" en el *Commonweal* de esta semana. Estas reacciones no fueron favorables ni inteligentes. Una mujer pensó que, como me oponía a cubrir a los sacerdotes con encajes, ¡estaba atacando a las mujeres! No siempre se gana.

3.15 de la tarde. Con exactitud, el avión del SAC (Comando Aéreo Estratégico) vuela bajo y lento sobre las colinas azules, voluminoso pero leve como tiburón en el agua, dando su amplia vuelta con relativa calma, simulando que somos sabe Dios cuál ciudad rusa o cualquier otra cosa que ellos simulen. Quizás buscan cosas extrañas en la tarde de nuestro cielo, donde hay apenas unas pocas nubes pálidas, grises y azules (nubes como las que solía haber sobre el canal a la hora del té, cuando el barco de Boulogne ingresaba al muelle de Folkestone).

El hermano A., con su aspecto de ternero asustado, listo para partir, listo para desmembrarse en cualquier campo, decidió probar suerte con los hermanos laicos y así tomó hoy el hábito marrón. Está más contento, un poquito más relajado, vagando sobre la espera de aprobación. Espero que le vaya bien.*

Simone de Beauvoir, en su ética de la ambigüedad, una rigurosa ética donde las culpas jamás se expían, resume así la ética cristiana: "La ley divina es impuesta sobre el creyente desde el momento en que decide salvar su alma."

Esto es exactamente lo opuesto del Nuevo Testamento. Para el hombre justo no existe la ley.

¡Veamos si Pablo no es tan buen existencialista como ella! ¿"Decidimos salvar" alguna cosa? Si lo hacemos, ¡pronto descubrimos cuánto somos capaces de salvar! Salvar la propia alma como objeto es, de hecho, dejar de tenerla como un objeto para salvar. ("Quien quiera salvar su alma debe perderla.") Debe verse que "un alma" no es una "cosa" que uno "tiene", o "salva". Uno "salva su alma" al descubrir que el alma es lo que uno *es*. ¡Nada más! Ver el alma como "objeto" u "otro" es nada, cero.

* No lo consiguió (T. M.)

Encuentro considerable belleza moral en la idea, si la he captado adecuadamente, de que el hombre que busca vanamente *ser* en el sentido más pleno y acepta existir en su existencia, se convierte en una *revelación del ser* para los otros. Ésta es una noción muy pura. La función de la libertad consiste en concretar esta aceptación de la existencia antes que la del ser. En la actitud existencial hay un temple muy cristiano. Podríamos decir que, al sacrificar su deseo de ser absoluto, el hombre revela para sí mismo el mundo como lugar del encuentro del hombre con la gloria de Dios en la libertad. (La gloria de Dios, la Shekinah, no como un objeto sino como la base de toda presencia.)

## 10 de febrero

Espesa nieve húmeda con el trueno ocasional de aviones de propulsión sobre las nubes de nieve. Cuarenta horas. Algunos profesores y alumnos del Colegio de la Biblia estuvieron aquí anoche. Luego, estuve con los novicios para la adoración nocturna: calma pacífica. Un mosquito inoportuno zumbó de persona a persona en la oscura y bien calefaccionada iglesia.

Simone de Beauvoir tiene para decir esto, que corrige muchos de los estereotipos del existencialismo: "No es cierto que el reconocimiento de la libertad de otros limita mi propia libertad. Ser libre no es tener el poder de hacer lo que a uno le plazca. Es ser capaz de sobrepasar lo dado hacia un futuro abierto. La existencia de los demás como libertad define mi propia situación y es inclusive la condición de mi propia libertad" (*Ética de la ambigüedad*).

La cuestión del futuro abierto en la notable crítica de Lutero a los votos religiosos. ¡Tiene razón si los votos no se viven plena y libremente! Encerrarse simplemente en "lo dado" no es gloria para Dios. Es una evasión de la vida y del crecimiento, un ocultar la propia luz debajo de un celemín.

## 11 de febrero

Nieve quebradiza, frías estrellas felices. ¡Estaba leyendo un aviso sobre un café exprés con ron y quedé tentado por el deleite! Mañana es Miércoles de Ceniza. Pensé en el café *poncino —delectatio morosa—* como una indulgencia carnavalesca, ¡deliberada también!

La calidez y la belleza de las primeras cartas de Alselmo me resultan muy útiles y saludables. Cuánto necesito ejemplos así, y no obstante cuán imposible es ser de ese modo nuevamente. Nuestra caridad debe tener un estilo diferente, igualmente cálida pero con menor amplitud, supongo. Una expresión más simple. Su calidez puede venir a nosotros como una efusión cabal.

Mis propias cartas: ¡resultado de esfuerzos fatigosos para responder a todo tipo de extraños de todas partes! Por supuesto, son muchísimos para escribirles o para encontrar a alguien que lo haga. A algunos —amigos, editores y gente de revistas— *debo* escribirles, pero es difícil tener sentido en cada carta, y tipear resulta difícil debido a mi entorpecida mano izquierda y a mi brazo que se adormece. ¡Y la espalda averiada!

Hoy, nieve reluciente, nunca tan enceguecedora. Un pálido cielo azul brillante como algunas veces vi en Inglaterra durante días raros en East Anglia. Todos los árboles están sobrecargados con nieve y las montañas cuelgan del cielo como nubes blancas. Pero se ha derretido mucha nieve de los árboles y hay una leve neblina sobre el valle soleado. Ningún avión, cosa sorprendente, apenas un tren rumbo a Lebanon. Tarde apacible. Paz. ¡Que esta Cuaresma sea bendecida con vaciedad, paz y fe!

Los bosques traen el eco de cornejas distantes. Una gallina canta feliz en el gallinero de Andy Boone y la nieve que cae desde los árboles hace que el bosque suene como si estuviese lleno de gente discurriendo a través de los matorrales.

## 13 de febrero

Uno de mis grandes descubrimientos de este año ha sido el abad Ammonas. Una magnífica espiritualidad primitiva, lo mejor de los antiguos egipcios, junto con Antonio, a quien sucedió como abad de Pispir. Lo tenemos en un fascículo de *Patrología orientalis* impreso en 1913. Nadie hizo nunca algo con él. Ammonas ni siquiera está en los diccionarios, salvo el DHGE. No obstante, Hausherr se refiere a él con frecuencia. Tendría que ser traducido y yo debería escribir un artículo sobre él.

San Alselmo le escribe a un monje para que medite sobre la muerte. Y entonces dice: "Que el impulso de fatiga no te haga abandonar lo que comenzaste; por el contrario, que prosigue con la esperanza de la ayuda del Cielo y con el amor de la recompensa bendita de emprender lo que es bueno para ti, que todavía no has intentado, y así llegues, llevado por Cristo, a la confraternidad con los benditos santos" (Epístola 35).

Ayunar aclara la cabeza y aminora la angustia. También trae orden a la propia vida.

Finalmente, pienso que trataré de trabajar sobre Chuang Tzu, pero todas mis resoluciones sobre el trabajo se van por la ventana. Parece que nunca hago lo que planeo. Ayer, sin embargo, terminé finalmente la revisión del material de *Estaciones de celebración* para tipear. No sé si es bueno o no. Quizás está en el nivel de *El hombre nuevo*.

## 17 de febrero

Después de un fin de semana lluvioso, días más cálidos. Primera semana de Cuaresma. Ayer hubo alondras de los prados en el campo de San Edmundo. (Amplia extensión de hierba y alfalfa con algunos robles contra el cielo nublado sobre la colina distante.) Hoy, canto de gorriones en torno de las colmenas.

Otro libro de Daniel-Rops en el refectorio. Mencionaba las cualidades medicinales de la miel y su papel en la dieta de la Tierra Prometida. (¡Naturalmente!)

## 18 de febrero

A veces, una llamada a la soledad y la libertad espiritual puede venir a nosotros encubierta como una enfermedad o una debilidad humillantes. La propia debilidad o incapacidad puede volverse, en sí misma, aquella libertad en cuanto humille completamente. Pero no tenemos el coraje de verlo o admitirlo, y así nos privamos de ese regocijo. Qué bueno ha sido realmente Dios con nosotros y, no obstante, somos desagradecidos.

## 22 de febrero

¿Es Lortz demasiado severo con Erasmo? Hoy estaba leyendo a Lortz después de la cena y me interrogaba sobre ello. Él persiste en decir que Erasmo "difícilmente era cristiano" y cosas así. ¡Así que Erasmo era un individualista, un erudito! Tal vez no tenía un sentido suficiente de la Iglesia.

No obstante, la piedad de Erasmo es muy limpia, muy simple y muy real. Es un aliento de aire fresco después de las postrimerías de la Edad Media. En cierto modo, hasta me complace más que el moralismo de Tomás Moro. ¿No era esto lo que se precisaba en aquellos tiempos? ¿No es completamente evangélico?

Quizás Erasmo es unilateral, quizás carezca de un pleno espíritu cristiano, y quizás en muchos sentidos constituía un peligro. ¿Pero cómo puede leerse hoy sin júbilo y coincidencia? Es un escritor espléndido y, para mi mente, alguien profundamente pío. ¿Y sus sátiras son, después de todo, demasiado amargas o demasiado extremas?

Uno siente que sus críticos católicos casi envidian su fidelidad a la Iglesia; ¡como si, para satisfacerlos, Erasmo debiera haber caído en la apostasía para darles un caso abierto y cerrado en su contra!

Siempre la misma antigua estrechez: la Iglesia es considerada como "pura" en el sentido de "exclusiva", ¡siempre excluyendo lo que es bueno pero *no suficientemente bueno*! Desafortunadamente, Erasmo es "bastante bueno", inclusive para tales parámetros. ¡Y ellos lo lamentan!

## 25 de febrero

Leo un hasta ahora inédito diálogo monástico griego en el RAM para 1956. Incluye algunas cosas bellas.

En cuanto a la plegaria, la última cuestión, el número 31 dice que, cuando le hemos hecho una injusticia a otro, su agravio se alza entre nuestra oración y Dios, e impide que ella llegue a Dios.

Esto podría aplicarse al mundo de hoy y a la Iglesia de los países ricos. Nuestro semejante clama a Dios contra la injusticia que nuestro sistema le impone. Prosperamos a sus expensas. Nuestra preocupación por él es de buenos propósitos pero resulta ilusoria. No puede ser eficaz. Sólo puede ser un gesto. No obstante, el sistema comunista de poder es en muchos sentidos peor. Contra esto también se clama. Nuestra oración no es válida a menos que estemos dispuestos a trabajar para cambiar el sistema que tenemos ahora, como *Mater et magistra* y *Pacem in terris* han dicho tan claramente.

## 3 de marzo

Esperaba poder republicar algunos artículos sobre la guerra nuclear, que habían sido aprobados por Dom Gabriel, pensando que era suficiente que los hubiera autorizado una vez. No es así. El nuevo general, Dom Ignace, hurgó en los archivos —incitado desde luego por su secretario, el padre Clemente, que era secretario de Dom Gabriel—, convocó una reunión de definidores, y declaró que no habría republicación de tales artículos. De tal modo que no se me permite decir lo que el papa Juan dijo en *Pacem in terris*. Razón: "No es tarea de un monje, es tarea de los obispos." Por cierto, eso se basa en la tradición monástica, que dijo que la labor del monje es penar, y no enseñar. Bueno, con las cosas de aquí, como nuestra venta de quesos y todas las demás funciones sufridas y penosas que hemos emprendido, parece extraño que se le prohíba a un monje que se alce para decir la verdad, particularmente cuando en este caso la verdad es desastrosamente desatendida. Sombría visión hacia el estupor de la Iglesia a pesar de todo lo que ha sido intentado, todos los esfuerzos para despertarla. Todo se ubica en su lugar. Pío XII y los judíos, la Iglesia en Sudamérica, el tratamiento de los negros en Estados Unidos, los católicos de la derecha francesa en el caso de Argelia, los católicos alemanes bajo Hitler. Todo esto encaja en un inmenso cuadro, y nuestra recolección contemplativa no impresiona mucho cuando se la ve sólo como otra pequeña pieza calzada en el rompecabezas. El asunto entero es demasiado triste y demasiado serio para la amargura. Tengo la impresión de que mi educación está comenzando, apenas comenzando, y que tengo para aprender muchas más cosas terribles antes de conocer el significado real de la esperanza. No existe consuelo. Sólo futilidad en la idea de que uno podría ser una especie de mártir por una causa. Me temo que no soy el mártir de nada. Quería proceder como un razonable, civilizado y responsable cristiano de mi época. No se me permite hacerlo. Se me dice que "renuncié a ello". ¡Espléndido! ¿A favor de qué? A favor de un silencio que está profunda y completamente en complicidad con todas las fuerzas que llevan a cabo opresión, injusticia, agresión, explotación, guerra. En otras palabras, la complicidad silenciosa es presentada como un bien mayor que la protesta honesta y consciente. Esto se supone que forma parte de mi vida votiva y se supone que le da gloria a Dios. Por cierto, me niego a la complicidad. En sí, mi silencio es una protesta y quienes me conocen se dan cuenta del hecho. He podido escribir lo suficiente para definir el significado de mi silencio. Aparentemente, no puedo alejarme de aquí a fin de protestar, dado que el significado de cualquier protesta depende de mi permanencia aquí, ¿o no? Se trata de una enorme cuestión. En cualquier caso, he sido definitivamente silenciado sobre el asunto de la guerra nuclear. La carta de Roma también parecía indicar que el libro entero, *Semillas de destrucción*, fue parado; pero eso debe ser un error ya que *La revolución negra* aparece este mes en Francia y, como hecho puntual, el libro fue permitido.

En un sentido, estoy contento. Por cierto, es un paso hacia un menor estado público. Existe cierto bien en secarse y desvanecerse en la arena, aunque no en este tipo de arena, sin embargo. Sé que esto no es siquiera una aventura, y para nada tiene el modo de suceder que corresponde a un aventurero. Nunca tuve seriamente aventuras o experiencias que suceden, que llegan. No tengo la mínima obligación de considerar esta prohibición como un "suceso" que lentamente "llegó" hasta aquí desde Roma, y alcanzó el punto de un acontecimiento, como si se tratara de una bocanada de humo que señala la explosión de un misil no letal en mi inmediata vecindad.

Una de las cosas que me enfermó el otro día, cuando llegó un visitante, fue su dar a entender que "disfrutábamos de tiempos espléndidos", que tenía lugar una especie de acontecimiento que le daba significado a la vida. Lo que en verdad sucedió fue una insignificancia disfrazada de acontecimiento. Uno debe elegir, dice Sartre, entre vivir o narrar.

## 4 de marzo

Narrar: *"raconter"*. Pero éste no es un relato. Éste no es un suceso y tengo la certeza de que necesito escribir a fin de seguir siendo relativamente honesto o, tal vez, para *volverme* relativamente honesto.

No todo lo que se escribe es narración, y uno debe saber cuándo detenerse. Por cierto, algo es verdadero; muchos de mis escritos son inútiles, y la mente del abad general, que de ninguna manera está loca, se halla adecuadamente apuntada contra un tipo de agitación: el activismo intelectual en la Orden.

Sé que a alguna gente le doy una penosa impresión de agitación y estrépito. Creo que es más un problema de ellos que mío. Pero debo ser cauteloso y observar el bien que acompaña toda obediencia y está oculto en ella, y ver que este cuidado, genuinamente, le da honor y gloria a Dios. Al mismo tiempo, debo cuidar los otros aspectos de su voluntad. Que se haga justicia y se defienda la verdad, dejándole a êl la manera en que voy a procurar tales cosas. Ahora, el asunto es cortar proyectos innecesarios y precipitados para revistas. Al repasar los artículos pacifistas, la verdad es que eran efímeros. Ahora no hay necesidad de que se los publique en forma de libro de modo alguno, y un monje no debe escribir simples editoriales. De nuevo, menos escritos para su publicación rápida, menos escritos de debate sobre asuntos inmediatamente controvertidos. Más escritos creativos, profundización del pensamiento, etc.

Viento sureño, truenos y relámpagos. (Había un gato que corría en la ventosa oscuridad a través de la luz emitida por los ventanales de los novicios.)

Anoche, cuando pasé por mi oficina del noviciado antes de ir a la cama, había una copia de una nueva liturgia experimental, en inglés, soñada por uno de los hermanos. Me la dejó para su examinación y aprobación antes de entregársela al abad. ¡Liturgia y política! No anhelo involucrarme en ninguna de ellas.

Presentándose en paz con la línea de la voluntad de Dios, quizás una base bíblica más profunda para tales perspectivas sociales, como las que puedo tener, se halla en un escritor protestante, A. N. Wilder, quien dice: "La actitud del cristiano ante el mundo y sus instituciones se basará en la palabra de la Cruz, en las buenas nuevas de Dios, en la revelación de la justicia de Dios, en la fe posresurreccional de los discípulos... no una ética social basada primariamente en el Sermón de la Montaña, en la ley natural o en la vida íntima del Espíritu Santo. Más bien, la gracia de Dios se nos revela en el mensaje evangélico y nos impulsa a lo que deberíamos hacer para fomentar los propósitos de la redención en el mundo que nos rodea" (*The Background of the New Testament in Its Eschatology*, p. 517).

Por otra parte, Ida Görres escribe en una carta que, con el pretexto de la apertura al mundo, el espíritu monástico y religioso simplemente se está extinguiendo en Alemania y que, el año pasado, un dominico fue coronado como Rey de los Tontos en Mainz, durante un carnaval de TV. Ella les dice a sus amigas, en conventos donde toman seriamente la vida ascética, que son "el último de los mohicanos" (sic).

## 6 de marzo

Recibí una visita de un teólogo protestante checo, Jan Milic Lochman. Debido a un súbito cambio de planes, providencialmente llegó a Louisville en vez de Richmond, e hizo arreglos para venir a verme. Tuvimos una buena conversación, sentados anoche hasta muy tarde.

Hablamos mucho sobre Karl Barth, y sobre el hecho de que Barth está impresionado, sobre todas las cosas, ¡con la joseología católica! Lochman dijo que el libro de Barth sobre Anselmo es uno de los favoritos del propio Barth. Barth, como muchos protestantes, fue muy impresionado por el papa Juan, y dijo de él que debe hacer que los protestantes le den otra mirada al papado.

Por supuesto, Lochman es un admirador de Bonhoeffer. Citó dos veces a Bonhoeffer diciendo que, a fin de reunir cualidades para entonar cantos gregorianos bajo Hitler, uno tenía que identificarse con los judíos. Pero Lochman no acompaña un estusiasmo unilateral por la inmersión de Bonhoeffer en un mundo que olvida la "concentración" de Bonhoeffer. La teología, en Checoslovaquia y Alemania oriental, parece muy animada porque tiene que ser una expresión de la vida vivida en confrontación y en diálogo con la no adoración de Dios. Pero esta confrontación debe tener lugar sin el privilegio de alguna muralla detrás de uno y sin el beneficio de un puente levadizo. De hecho, sin cruzada alguna. Éste es el descubrimiento más importante de la Iglesia en aquellos países. Digo la Iglesia, aunque el catolicismo lo descubre con lentitud.

¡Todavía hay montones de murallas en la Polonia católica!

Fue una conversación muy cristiana y conmovedora en la que coincidimos sobre la palabra de Cristo en el mundo, manifestada en los problemas que nos enfrentan, hallada en los problemas mismos y no en la evasión de los problemas. Habló sobre el modo maravilloso en que un monje de Chevetogne había llegado a su sede y oró; sobre los debates allí de laicos católicos y protestantes, de la gran apertura que se está iniciando, y de "En la confusión del hombre está la providencia de Dios". (¡Pienso que es una cita de Lutero!) En un momento, sentí como si estuviéramos sentados juntos con el Señor oculto, en Emaús; y cuando se fue me entregó una separata de Bonhoeffer, firmada: "En la alegría y la confraternidad de los peregrinos."

## 7 de marzo

El concepto de escatología realizada es muy importante. Significa la transformación de la vida y de las relaciones humanas por Cristo *ahora* (en vez de una escatología enfocada en un futuro cósmico y en eventos religiosos: las figuras poéticas judías que enfatizan la trascendencia del Hijo del Hombre).

La escatología realizada está en el corazón de un genuino humanismo cristiano (encarnacional). De ahí, su tremenda importancia para el esfuerzo cristiano de paz, por ejemplo. La presencia del Espíritu Santo, el llamado al arrepentimiento, el llamado a ver a Cristo en el hombre, la presencia en los sacramentos del poder redentor de la Cruz. Eso pertenece a la "última era" en la que nos encontramos ahora. Pero todo ello no revela su significado si no hay una misión pacificadora cristiana, sin la prédica del evangelio de la unidad, la no violencia y la misericordia: la reconciliación del hombre con el hombre y por lo tanto con Dios. Sin embargo, este deber no significa que no vaya a producirse al mismo tiempo un inmenso alzamiento revolucionario.

La prédica de la paz por parte de un remanente diminuto, en una era de guerra y violencia, es uno de los signos escatológicos de la verdadera vida de la Iglesia. Mediante la actividad de la Iglesia como pacificadora, la obra de Dios será misteriosamente cumplida en el mundo. La falta de un sentido de escatología es lo que hace que muchos cristianos fracasen en ver la importancia de este deber cristiano en el mundo. La escatología, concebida como algo puramente apocalíptico, referido sólo al fin del mundo histórico, ha puesto a los cristianos en estado de antagonismo. En medio de la incomprensión y el miedo le han dado la espalda, no conscientes de la verdadera arremetida de la escatología, que se produce aquí y ahora.

## 10 de marzo

Lluvia densa y persistente con fuertes vientos durante dos días enteros, y mucha lluvia antes de eso. El valle de Ohio probablemente está inundado. Aquí, hay agua por todas partes. Surgen arroyos de cualquier lugar, y toda la noche el aire está colmado con el correteo del agua y del viento. Sobre los bosques, penden magníficos cielos negros y existe una inmensa y fuerte expectativa de primavera en todos los árboles negros mojados. Hay una catarata amarilla que pasa sobre el nuevo dique de la instalación de abastecimiento.

Anoche soñé que una distinguida latinista venía a darles una conferencia sobre san Bernardo a los novicios. En vez de una charla, canta en latín con métrica, giros y puntuaciones. Algo que sonaba como el sermón del santo, aunque yo no podía reconocerlo. Los novicios estaban inquietos y se reían a escondidas. Esto me puso triste. En medio de la actuación, entró solemnemente el finado abad, Dom Frederic. Nos pusimos todos de pie. El canto cesó. Le expliqué en voz baja que acababa de darme cuenta de que la presencia de esta mujer constituía una violación del claustro, y que remediaría la situación lo antes posible. De dónde vino, preguntó él. "Harvard", dije con un cuchicheo que ella debe haber escuchado. Después, los novicios estaban todos en un grupo enorme, atestando el ascensor, no sé como, para descender desde lo alto del edificio. En vez de que la latinista bajara por el ascensor, dejé a los novicios y la escolté con seguridad escaleras abajo; pero sus ropas estaban manchadas y rasgadas. Se la veía confundida y triste. Ya no tenía latín ni mucho para decir.

Me pregunto qué significa este sueño. ¿Es sobre la Iglesia? ¿Se trata del resurgimiento litúrgico, anglicano quizás? ¿Se refiere a alguna ánima anglicana secreta, mía tal vez?

Tuve una buena charla con Dom Aelred Graham, que estuvo aquí el domingo. Es muy abierto y simpático, y una de las personas más agradables y comprensivas que haya conocido. Un montón de agua corrió bajo los puentes desde su artículo, en *Atlantic* años atrás, donde me criticaba severamente y en lo que, sin duda, él no estaba demasiado equivocado. Agradezco que ahora seamos amigos. Ésta es una manifestación real de la vida de la Iglesia.

Miguel Grinberg, poeta de Argentina, estuvo aquí también. Debido a las fuertes lluvias, no pudimos salir demasiado, así que estuvimos mayormente sentados en un cuarto de la casa de huéspedes intercambiando ideas y direcciones de gente que deberíamos conocer. Me habló sobre hombres como Julio Cortázar y otros escritores latinoamericanos así como sobre todas las nuevas revistas de poesía en Sudamérica. Los jóvenes poetas latinoamericanos evidencian una maravillosa iniciativa y coraje. No temen publicar libros por su cuenta y los distribuyen más o menos gratuitamente. Editar es barato. La gente lee poesía: me refiero a *gente*, no a los mandarines. Pienso que esta *nueva solidaridad** es uno de los más esperanzados signos de vida en este hemisferio.

Anoche, cuando terminaba mi turno en la vigilia nocturna, sonó la alarma de incendio, y la señal indicaba el establo de los becerros, pero allí no había otra cosa que becerros perplejos y mucho heno. Todo el mundo apareció en medio de la lluvia. El hermano a cargo del establo llegó a velocidad extraordinaria, y la autobomba atravesó concienzudamente unos sesenta metros para estar de lleno en la escena. No había otra cosa que lluvia.

Hay inundaciones en Louisville y Cincinatti. Dan Walsh dice dice que en Louisville el agua llega hasta la calle Market.

Terminé las cartas de Anselmo esta mañana y enviaré de regreso los volúmenes de Schmitt a West Baden.

Miguel Grinberg partió después que caminamos un poco por la fría ladera oscura al sur de la casa Farrowing, sacando fotos y hablando sobre más poetas latinoamericanos (por ejemplo, Huidobro).

* En castellano en el original (N. del T.)

## 14 de marzo

El otro día, vi las inundaciones en Shepherdsville. Un monótono pueblo oscuro, casi un no-pueblo. Casas pequeñas y árboles oscuros erguidos sobre el agua del río Salt. El camino de acceso no estaba cubierto y todos los autos y camiones del pueblo estaban estacionados en las banquinas y los cruces que el agua no podía alcanzar. Ausencia total de gente. Parecían haberse desvanecido. No estaban en parte alguna, salvo en los periódicos.

## 15 de marzo, Domingo de Pasión

Todavía sigue nublado y lluvioso. Ayer dos perros estaban mordiendo una marmota muerta en el campo, y me perturbaron mientras escribía la reseña de un libro sobre monaquismo protestante. Finalmente salí y los ahuyenté con piedras.

El almanaque del refectorio de la enfermería nos muestra ahora el templo del Buda de esmeralda en Bangkok, una "atracción turística máxima". También Buda está en el negocio turístico a pesar de él, junto con san Pedro, el Cristo del Corcovado, las cataratas del Niágara, las islas del Sol, la Viena antigua, el Monte Blanco y todo lo demás bajo el sol.

Insistir en vivir por la Ley es anular y rechazar el don de Dios en Cristo (cf. Gálatas, 3, 15-21). Es rehusarse a vivir en y por Cristo. Más que eso, es negarse a ser Cristo en la desnudez y la simplicidad ante el Padre.

La "muerte" está en el vivir por la Ley, que me constituye como algo separado, me aísla en mi propio juicio y justificación, y consolida mi aislamiento dándome un "parámetro" para juzgar y rechazar a los demás.

## 19 de marzo

Me alegra haber aprendido, al menos, un poco de alemán en la escuela y lamento haberlo dejado escurrirse durante tanto tiempo. Es un rico idioma, el lenguaje perfecto para la teología existencial.

El lenguaje tiene mucho que ver con la expresión de facetas particulares de la realidad. En alemán, pueden *descubrirse* cosas que sólo después pueden reproducirse en otros idiomas. Por ejemplo, me conmueve profundamente el espléndido artículo de Schlier sobre la *Eleutheria* (libertad) en Kittel. Es una espléndida investigación sobre la relación del pecado, la muerte y las obras. Por citar una, explica mi propia desilusión y exasperación con las pruebas de mi nuevo libro (otra vez *La revolución negra*). Me equivoco al esperar que algún significado definitivo de mi vida emerja de algo que he hecho. Todo señala a un punto: la muerte. Quizás, también, lleva a otros hacia el engaño y los acelera hacia su propia muerte. Sin embargo, hasta en esto debo testimoniar la vida. Hay deduccciones importantes para el monasquismo en este bello artículo sobre la libertad. Las interpretaciones literales pueden sonar raro, pero revelan algo.

Unos fragmentos: "... El yo y los otros consumidos en la Muerte Potencia de la propia vida poderosa." "El Dasein invalidado —invalidado por el yo y por la muerte— conduce desde la Ley a la propia vida y por lo tanto a la muerte." "La Ley despierta obras que nos establecen en la propia vida y, por lo tanto, nos vuelven una dádiva a la muerte. Uno se impone la muerte con las obras que lo establecen en la vida."

Esto muestra la ambivalencia de la obediencia monástica considerada como una "obra" justificadora, que me convierte en "algo" y, por consiguiente, al convertirme en una presa de la ambición, me vuelve una presa de la muerte. Pero la obediencia es habitualmente presentada en el monasterio como una "obra" santa, que es pura, que justifica, que está totalmente desinfectada del yo. ¿Es esto verdad? ¿De qué obediencia estamos hablando? ¿Obediencia a una *voluntad colectiva de poder*? ¿A la autoafirmación colectiva? ¿Al potencial colectivo? ¿A la complacencia, la ambición, la autosatisfacción, la autojustificación colectivas? ¡Quien aspira a justificarse mediante un método secreto y exitoso queda preso en la desesperación y no lo sabe!

## 21 de marzo

Hoy, tras varios días de actividad laboriosa, terminé el artículo de Schlier sobre *la Eleutheria,* en Kittel. Me sorprende ver cuánto zen hay en estas introvisiones, que están, no obstante, mucho más allá de algo budista, pasivo o negativo. (¿Pero es el budismo pasivo, negativo?) Él habla sobre el más pleno y positivo concepto de libertad de la muerte en nuestro Dasein invalidado por la muerte "donde la carne servilmente trata de asumir poder sobre sí misma". Énfasis en las obras de amor y libertad, en el olvidarse de uno mismo que nos muestra cómo librarnos de la muerte porque nos libramos de la preocupación por la afirmación y la perpetuación del yo, y por lo tanto nos abre a los otros. Cercano al concepto raíz de "ignorancia" y de la "rueda del nacimiento y la muerte" del budismo.

## 24 de marzo

La intimidante novela de Piotr Rawicz, *Blood from the Sky*, es un genuino descenso al Infierno. Tanto que parece ser una voz de Cristo, es decir, del no-condenado, del inocente, que se alza inexplicablemente desde el Infierno. La inocencia del libro en todo su horror surge de su verificación de que todo *es pecado y horror no bien uno se queda sin misericordia*. La revelación implacable, severísima, objetiva y existencialista de la traición a los judíos, líderes de su pueblo, por parte de todos los sabios, todos los justos, todos los capaces, todos los inteligentes y todos los santos. Un cuadro de total degradación de todo y de todos, ¡y todo ello íntegramente infructuoso!

Él concluye despojándose de todo deseo de supervivencia y todo amor a la vida, mostrándolo como horror, náusea, odio, egoísmo mediador de la muerte, encaminado inexorablemente hacia su propia extinción. Una terrible y honesta revelación que pulveriza el tonto optimismo de aquellos cristianos que no toman en cuenta estas realidades. Imaginen a alguno de nuestros optimistas de la ciudad secular en Ucrania y en aquella situación (bajo los nazis). ¿Que tipo de lenguaje podrían posiblemente usar?

## 26 de marzo, Jueves Santo

"Toda la desgracia moral, en tanto la vemos sobre nosotros, es *nuestra* desgracia y *nuestra* debilidad" (de Hromadka, en un poderoso artículo acerca de preocupación cristiana sobre el hombre actual sin Dios). De alguien así tengo anhelo de aprender. Dice que la obligación de un cristiano, en una sociedad socialista, es primero entender esa sociedad, amarla, atender sus necesidades espirituales y criar a los niños en la veracidad y la confiabilidad para ayudar en la tarea de construir un nuevo mundo. "No con gemidos sino con el jubiloso amor por el hombre de este mundo moderno nuestro. Queremos brindar un servicio que ningún otro puede ofrecer en nuestro lugar."

## 27 de marzo, Viernes Santo

Llegué a la ermita a las 4 de la mañana. La Luna vertía silencio sobre los bosques y la hierba helada brillaba débilmente en la oscuridad. Hice más de dos horas de oraciones junto a la hoguera. El sol apareció y se elevó a las 6.45. Dulce y punzante aroma de humo de nogal y silencio, silencio. Salvo los pájaros. De nuevo presencia, conciencia. Lo siento, vida idiota. Existencia idiota. Idiota no porque tiene que serlo sino porque no es lo que debería ser con un poco más de coraje y oración. Al final, todo desemboca en el renunciamiento. La "ligazón infinita" sin la que no se puede comenzar a hablar sobre la libertad. Pero debe ser *renunciamiento*, no simple resignación, abdicación o claudicación. No hay una respuesta simple, y mucho menos en la comunidad monástica. Las respuestas comunes tienden a ser confusas. Ocultan la verdad por la que uno debe luchar en la soledad. ¿Pero por qué en la desesperación? Esto no es necesario.

## 28 de marzo, Sábado Santo

*Nimis amara* (excesivamente amarga). Estas dos palabras saltaron hacia mí desde el improperio de la tarde del Viernes Santo. ¡Todos hemos sido la más amarga herencia de nuestro Dios! (Las vergonzosas injusticias en Sudamérica, especialmente el nordeste de Brasil.)

Más y más, veo cómo nosotros, en la Iglesia tendemos a vivir engañados y a ser complacientes con nosotros mismos. Cuánto hay en nuestra liturgia que le echa toda la culpa a los judíos a fin de que nosotros entremos en nosotros, entremos a la culpa universal sin darnos cuenta. Pero el improperio está claramente dirigido a nosotros. Sin embargo, san Pablo dice de los judíos: "Si algunos de ellos fueron infieles, ¿frustrará por ventura su infidelidad la fidelidad de Dios? ¡De ningún modo! *Dios tiene que ser veraz y todo hombre mentiroso*" (Romanos 3, 3-4). Expresión arrasadora, una de las claves del Nuevo Testamento. Ésta es la única base genuina para el ecumenismo.

Mi amargura es el sabor de mi propia falsedad, pero mi falsedad no puede cambiar la fidelidad de Dios hacia mí y hacia su Iglesia. Por ello, debo olvidar mi amargura y amar su fidelidad en la compasión y la preocupación por todos los que desconocen tal hiel y amargura en su mundo. Que su júbilo nos cambie a todos y nos despierte a su verdad, que podamos vivir su verdad en la fidelidad, y eliminemos la injusticia y la violencia de esta Tierra. Si *procuramos* esto, sea como fuere, Él vivirá en nosotros; pero los resultados no están en nuestras manos.

## 4 de abril, sábado en la semana de Pascua

Los Hammer iban a venir hoy pero no pudieron hacerlo. Mejor, porque está frío, oscuro, ventoso y amenazante.

El martes pasado, los trabajadores comenzaron la nueva solana del vestíbulo de la enfermería, que está también al final del ala del noviciado. Hay mucho barullo por aquí. Cascotes, cañerías, suéteres circulando entre una barahúnda de formas de hormigón no encastradas. Ya pusieron los cimientos.

Estuve leyendo con placer *Story of My Life* de Paustovsky. Es un gran libro, con hermosa calidez y realidad.

Kafka es leído ahora en Rusia, me dicen, y los funcionarios no saben qué hacer con él ahora que entienden que llamarlo decadente es inconveniente.

Rusia es formal y agresivamente acusada por China de liquidar la revolución comunista, que debería, cuando todas las fichas han caído, ser violenta. Así que los rusos regresan a casa rumbo a Occidente. Paustovsky es cabalmente europeo. Ama lo latino y sería difícil hallar a alguien en Estados Unidos tan voluntarioso como él para admitirlo. No obstante, es también muy ruso.

## 10 de abril

Sol, calidez, quietud. Un muy distante tren Diesel al otro lado de New Haven. Viento en las ramas de pino. Los capullos de cornejo engordan y sonríen un poquito (bordes púrpuras en su diminuta sonrisa), preparándose para abrirse.

Las visitas regulares al monasterio acabaron hoy. Algunas de mis excentricidades fueron comunicadas al visitador, pero ahora estoy oficialmente instalado en mi actual esquema del tiempo débil. Por ejemplo, dado mi problema en la espalda, en vez de concurrir a las vigilias en el coro, permanezco en la cama y hago alguna tracción para erradicar mi tortícolis, y luego a eso de las 2.45 de la mañana, voy a la capilla del noviciado para una hora de meditación seguida de laudes. Mientras mi espalda siga averiada, ésta parecería la mejor dinámica.

Dom Columban, el visitador, escribió un buen informe, clarificando bastante bien la situación de los hermanos en tránsito al "rango unificado". Quizás esto traiga un poquito de paz al monasterio. Entretanto, estoy contento de que esta aprobación oficial, no buscada, me conduzca más en dirección de la soledad.

## 13 de abril

Éste sería el quincuagésimo cumpleaños del cura obrero, padre Henri Perrin, si todavía viviera. Los editores acaban de enviarme las pruebas de su autobiografía. En verdad, es apenas una colección de fragmentos de cartas. El hecho es que fue impulsado a la desesperación por el impasible conservadurismo de la Iglesia católica y por su rechazo a despojarse del compromiso estéril con una sociedad que está acabada.

Como hecho cierto, todo el asunto es quizás menos complicado de lo que podría parecer. Mucha de la conciencia de clase en Francia, sea de izquierda o de derecha, es de todos modos burguesa.

La culpa de "no ser un obrero" es una culpa puramente burguesa (liberal).

Henri Perrin queda muy impresionado por la solidaridad de los obreros franceses como clase. Y, en todas partes, la idea subyacente de su libro es su necesidad de solidaridad real, tal como él cree que puede encontrarse entre los trabajadores, opuesta a la solidaridad ficticia de los católicos individualistas burgueses. Se tiene la impresión de que está menos preocupado por salvar al obrero llevándolo a la Iglesia que por salvar a la Iglesia llevándola hacia el obrero. ¿Pero no se debe esto a que él en gran medida aceptó un mito sobre "el Obrero"?

Por otra parte, está fuera de cuestión que la Iglesia no puede continuar mucho más tiempo en un simple invernadero de prosperidad confortable e insustancial. Se encuentra mucho del mismo tormento de conciencia en el prólogo de Sartre a *Adén Arabia*. Una extensa, locuaz autoexaminación y confesión basada en el hecho de que este libro, *Adén Arabia*, del marxista Paul Nizan, es en sí mismo otra versión del mismo tipo de confesión.

Leí sobre un jesuita francés cuyo cerebro fue lavado en China y se rindió a los comunistas. No tengo dificultad en imaginar qué confesó y qué no confesó: que él era un burgués y no un obrero.

Entretanto, salen de Detroit algunos curiosos documentos de

obreros negros marxistas con un punto de vista totalmente nuevo. Que, con el automatismo, el trabajo va a volverse un anacronismo y, entonces, el obrero dispondrá también del goce de la confesión burguesa. Todo esto no altera el hecho de que Perrin era un hombre serio y valiente, honesto y franco sobre las dificultades de la vida, y honesto sobre las fallas de la Iglesia. En general, pienso que estaba bastante en lo cierto.

## 17 de abril

Ésta es la segunda semana después de Pascua. Cálidos días brillantes. El Evangelio del Buen Pastor. He trabajado mucho. El martes escribí diecisiete páginas sobre Gandhi para el librito de New Directions. Luego, tuve una especie de hemorragia en la garganta que no importó o no significaba nada, y fue un hermoso día. Terminé el escrito sobre Gandhi en la tarde del miércoles, y lo repasé, haciendo correcciones y agregados el jueves (ayer).

Hoy Marie Tadié llamó desde París por teléfono. Fue la primera vez que intervine en un llamado telefónico transatlántico y se escuchaba mejor que durante algunos de los llamados entre una oficina y otra del monasterio. *La revolución negra* apareció en Francia y aparentemente va bien, mientras la pide gente en Italia y España.

Hubo una reunión del comité de edificios en la que el frente del ala sur fue salvado de las indignidades que se habían planeado para él. La nueva celda abadial está casi concluida pero abajo en la cocina, las máquinas están creando un problema de ruido.

Leo a Rozanov, de quien apareció en Francia una nueva selección. Es una importante y terrible voz cristiana. Chocante y profundamente convincente, completamente opuesto a todos los actuales optimismos y humanismos de moda. No se pueden dejar de escuchar seriamente sus advertencias, que no tienen reservas. Es cierto, cuando condena el deleite cósmico de Zosima en Dostoievski, uno no precisa coincidir completamente; sin embargo hay alguna agudeza en lo que dice. Resulta curioso lo convincente que es. Y cómo arranca el asentimiento, al menos el mío, pese a que lo que dice es tan atroz y tan completamente opuesto al programa de aquellos cristianos que han decidido convencer al mundo de que somos gente amable, progresista y alerta.

Por ejemplo, ridiculiza a los monjes cultos que claman que irían al teatro sólo si las obras fuesen "un poquito mejores". (Traducido para los trapenses estadounidenses: "Miraría TV sólo si fuese un poquito mejor.") En Rozanov hay una originalidad real y un hondo espíritu religioso, aunque no pueden aceptarse todas sus perspectivas o todas las consecuencias de lo que dice. Después de todo, ¿tiene que haber inquisiciones?

Tiene un magnífico escrito sobre el cardenal Rampolla que celebra los oficios del Viernes Santo en San Pedro.

Sobre todo, esto: "Con el nacimiento de Jesús y la diseminación del Evangelio, todos los frutos de la Tierra se han vuelto amargos... Resulta imposible no notar que uno puede entusiasmarse con el arte, la familia, la política o la ciencia sólo con la condición de que no mire a Cristo con plena atención. Gogol miró atentamente a Cristo, arrojó su pluma y murió."

Éste es un testimonio extremo aunque desgarrador, y con ello se hace el arte. Por supuesto, todo depende de lo que se entienda por política. Tal vez la carrera zarista, o un nuevo tipo de oficialismo bizantino o washingtoniano.

No obstante, las grandes cuestiones religiosas de hoy también se presentan como políticas. ¿Se puede mirar atentamente a Cristo y no ver también a Auschwitz?

Él lo admitiría, ¡con su chocante y asimismo errada afirmación de que Cristo es el príncipe de los ataúdes! Empero, su sentido de la necesidad de regresar desde el mundo hacia Dios es básica y perfectamente correcto. Y él es deliberadamente paradójico y ambigüo. Después de todo, uno no puede condenar a la familia o colocar a la familia en oposición a Cristo. Esto no es cristiano.

Al final, no se ve realmente con claridad dónde Rozanov traza la línea. Sus afirmaciones tienen carácter experimental, como si quisiera ver cómo quedan sobre el papel, como para expresarlas y darles la oportunidad de existir en todo su ultraje antes de decidir si realmente cree en ellas. Tal vez lo estoy leyendo como si yo mismo hubiera dicho esas cosas. ¡Sólo bajo tales condiciones podría pronunciarlas!

## 21 de abril

Atención considerable, quizás demasiada atención, se le está dando al proyecto de seis monjes cistercienses de Achel (Bélgica) que planean formar una nueva especie de grupo y vivir como contemplativos en el mundo, ganando salarios, sobre la base de que la bien establecida vida comercial del gran monasterio es contraria al ideal monástico y crea demasiada presión. Lo que más lamento es que esto tomó estado público antes de recibir aprobación. Tal vez se les rechazó la aprobación, no lo sé. Supongo que, de todos modos, lo último que quieren es publicidad. En sí misma, puede ser una buena idea. Hay en ella una ambigüedad, cuando se la observa en el contexto estadounidense. Con la automatización, los trabajos van escaseando. ¿Debe un monje contemplativo salir a buscar un trabajo que otro necesita para mantener a su familia? De nuevo, otra gran pregunta es: ¿Debe un monje ganar un salario? ¿Es la única manera honesta de ser pobre en los tiempos actuales? No lo sé. De cualquier modo, hubo bastante debate y el nuevo abad general, Dom Ignace, fue mucho más amplio de lo que hubiera sido Dom Gabriel. El asunto está al descubierto en la Orden (aunque no aquí, en Getsemaní). Más o menos, se lo discute libremente afuera y hubo un encuentro de abades y obispos sobre ello.

Les estuve hablando a los novicios y a los estudiantes sobre la "revisión de vida", algo que tal vez no es para nosotros según estamos ahora. Puede haber algo allí. Pienso que la crisis real es ésta: el sentido del monje de su propia *realidad*, su propia *autenticidad*, el hambre de tener una clara idea satisfactoria de *quién* es, *qué* es y dónde se encuentra, o sea, cuál es el lugar del monje en el mundo. (En el mundo, el monje carece de lugar. Es un extraño y un peregrino sobre la Tierra. No puede tener la comodidad de una clara y respetable identidad, ¿o puede?) Ése es precisamente el problema —y el chiste— de un lugar como Getsemaní. Tal vez la fórmula esté todavía en una pequeña comunidad agrícola como Erlach (en Austria).

## 23 de abril

Tiempo real de primavera. Éstos son los días preciosos en que todo cambia. Todos los árboles comienzan a tener hojas y la primera frescura verde de un nuevo aroma está sobre todas las colinas. Irreemplazable pureza de estos pocos días elegidos por Dios como su signo.

Vivo en una mezcla de celestialidad y angustia. A veces, veo de repente la "celestialidad". Por ejemplo, en el puro, puro blanco del cornejo maduro que florece contra los oscuros siempreverdes del jardín nebuloso. "Celestialidad" también de la canción del pájaro desconocido que está aquí quizás sólo por uno o dos días, de paso. Una linda y simple canción profunda. Pura, sin sentimiento, ni testimonio, ni deseo, sólo un puro sonido celestial. Soy arrebatado por esta celestialidad como si fuese un niño, una mente de niño que jamás forjé para merecerla, y que es mi propia parte de la primavera celestial. No es de este mundo ni fue hecha por mí. Nace, en parte, de la angustia física que, empero, no es realmente profunda. La angustia pasa muy velozmente. Tengo el sentido de que esta subyacente celestialidad es la naturaleza real de las cosas. No su naturaleza, sino la más profunda verdad de que somos un don de amor y libertad, y de que *ésta* es su realidad verdadera.

## 24 de abril

Celestialidad nuevamente. Por ejemplo, caminaba por los bosques en la tarde de ayer; era como si mis pies adquirieran una levedad celestial a partir del contacto con la tierra del sendero; como si la Tierra estuviese colmada con una indescriptible espiritualidad y levedad. Como si la genuina naturaleza de la Tierra fuese celestial; o, más bien, como si en verdad todas las cosas tuvieran una existencia celestial. Como si la existencia en sí fuese celestialidad. Obviamente,. se advierte lo mismo en la misa pero aquí con la nueva, terrenal y sin embargo pura celestialidad del pan. Los íconos, particularmente el de san Elías y su gran globo de luz y el oro desierto, el sólido rojo de la montaña: todo transformado. Incluso en el viejo, duro, frío Rozanov hay una descripción celestial de un pequeño negocio en una calle lateral de Moscú, donde el primer lunes de Cuaresma todos solían comprar cebollas, pescado ahumado y hongos.

Luego, hay otras cosas, simples, terrenas pero no celestiales.

Como los gallos de Andy Boone cacareando en la mitad de la tarde; enormes capullos de cornejos en el centro del bosque, que son demasiado grandes, pasado su albor, como flores artificiales hechas con tela; o la aguda, espléndida y razonable prosa humana del materialista Paul Nizan, cuando describe a un hombre de acción en Adén. Estas cosas son buenas pero no necesariamente celestiales.

Aún menos calidad en el diario de Bernard Berenson. Apenas he penetrado en él. Es el diario de un anciano a quien el mundo le dio una especie de sustancia y que conoce a muchísima gente. Apenas terrenal: simplemente *social.*

## 28 de abril

Un día reluciente y delicioso, limpiado de todo el humo y el polvo por dos días de lluvia. Cielo brillante, canto de pájaros, montañas vestidas con sus pulóveres verdes. (¡Fulgor de los días y las montañas de Olean en la cabaña, y el poema de Lax sobre Nancy Flagg!)

Había un tangará cantando como una gota de sangre en los altos pinos delgados, contra el oscuro follaje del pinar y el cielo azul, con la luz verde de las nuevas hojas del álamo tulipán.

El brillo de las colinas soleadas entre Marsella y Cassis aquella mañana de febrero de 1933 cuando comencé a caminar por la costa hace treinta y un años.

El pensamiento de viajar quizás pronto va a ser una tentación real para mí, porque en algún momento puede suceder que me den permiso para hacerlo. Sin duda, podría ser concedido *ahora*, pero Dom James teme dejar salir a alguien, de modo que jamás da permiso, aunque otros abades lo hacen. De eso, debo decidir y he decidido oponerme a ello. En vez de desearlo vanamente, por ejemplo, podría visitar lugares cistercienses en Gales...

He aquí dos invitaciones serias que acabo de recibir y tuve que rechazar. Una, a Collegeville, en 1965, del padre Godfrey Diekmann. Douglas Steere mencionó esto en una carta desde Roma el otro día. Dijo que le había hablado al padre Häring sobre lo importante que era para mí asistir a esta conferencia ecuménica sobre la vida interior. Por supuesto, el permiso fue denegado. Dos, a Cuernavaca, adonde ahora estoy invitado por monseñor Illich para un retiro dado por René Voillaume y una conferencia sobre América latina. ¡Qué tentador! Sé que esto me resultaría muy beneficioso, pero obviamente no tengo esperanzas de obtener permiso.

Parezco estar con problemas en otro disco bajo de mi columna. Tuve un dolor considerable ayer temprano a la mañana y la mayor parte del día. Se descongestionó después que me recosté un tiempo planamente sobre mi espalda. Durante un momento, temí tener que regresar al hospital. De una cosa tengo certeza: estoy enfermo y *nauseado* por la futilidad y el exceso de mi actividad. Es todo culpa mía por aceptar invitaciones para hacer y escribir cosas, aunque en muchos casos lo escrito se vuelve beneficioso.

Me alegra haber recuperado de Lawler (de *Continuum*) el artículo que escribí sobre *The Deputy*. Quiere usarlo, pero lo he reconsiderado.

Una cosa es cierta. Estoy harto de las palabras, del tipeado y de la imprenta. Harto al punto de una náusea absoluta. Harto sobre todo de las letras. Esto es tan malo que se aproxima a una enfermedad, como la glotonería obsesiva de la mujer rica de Theodoret, que comía treinta pollos por día hasta que cierto ermitaño la curó y la llevó a un estado donde sólo comía tres.

El único ermitaño que puede curarme soy yo mismo, así que

debo convertirme en ese ermitaño a fin de calificarme como mi propio médico. Pero también he visto que la cura va a tomar cierto tiempo y, si llega a comenzar hacia fines de este año, puedo considerarme afortunado.

Tal vez el lugar para comenzar es el área de las letras. Todo lo que sé es que, cuando respondo a otro pedido para escribir una solapa de un libro, me siento como un borracho y desenfrenado que cae en la cama con otra mujer a pesar de él mismo; y lo terrible es que no logro parar.

A media tarde, vinieron a buscarme a la ermita, y dijeron que el editor de una revista católica estaba en el monasterio para verme, y que si yo quería... el superior no me comprometía a hacerlo y dije que no podía ir. Al menos logré esa gracia y esa sólida cordura. Sólo me habría involucrado en más insensatez sobre un artículo u otro: alguna cruzada pseudoseria. Incluso si el tema fuese serio, ¿cuán serio podría ser cuando todos pronunciamos nuestras palabras sobre él? Estoy cansado de lanzar opiniones de vanguardia para crear la ilusión de que todos estamos despiertos y "avanzando", "yendo a alguna parte".

Esta mañana, quería trabajar un poco en el folleto sobre la vida monástica que le prometí a los monjes de Snowmass, pero afortunadamente la máquina de escribir Royal se rompió. La llevé al monasterio al mediodía y ahora me siento mejor.

## 30 de abril

El festejo de san Roberto fue lluvioso. Los trabajadores estaban volcando el hormigón de la losa en el vestíbulo de la enfermería. Mi máquina portátil estaba en manos del padre Pedro para ser arreglada. Pedí prestada la Hermes del hermano Clemente. Una maquinita preciosa, pero no lograba encontrar las teclas. Traté de trabajar un poquito en el folleto de Snowmass para sacármelo del camino, pero escribí muy mal. Hoy tengo que ver al doctor, así que perderé un día de trabajo, y por eso estoy impaciente por acabar los trabajos que tengo comprometidos para poder liberarme. Pero ése no es el rumbo.

En la tarde del festejo, el cornejo todavía en pleno florecimiento, estaba erguido contra la oscuridad; distantes, nubes horizontales de un cielo que aclaraba.

## 1 de mayo

Fue un amanecer muy frío, con media Luna detrás de las nubes y un fuerte aroma de bosta a vaca en torno del monasterio. Más tarde, cuando el sol se alzó, caliente y bravo, el aroma era de alquitrán y los negros trabajaban sobre el techo del garaje. Ahora, en la tarde, hay una máquina roja golpeteando en la colina, en el medio de la pastura de los caballos, para excavar un hueco de ventilación en la cueva donde el hermano Clemente cura quesos, que algún día se supone que será un refugio antiatómico. Pero esto nunca es admitido plenamente por nadie.

## 8 de mayo

El sábado pasado terminé el folleto para Snowmass. El domingo fue un buen día para los recuerdos. Pasé una larga tarde a solas, afuera en el campo.

El lunes tuve que ir al hospital, a la enfermería San José, para algunos exámenes, y lo mejor que puede decirse es que regresé velozmente el miércoles. Los hospitales me aburren y me irritan.

No sólo me siento aprisionado cuando estoy en uno, no sólo el ruido (tuvieron que darme píldoras, o no hubiera dormido debido al tráfico de la calle Preston), sino la sensación de estar en un país totalmente extraño. Un país de movimiento incesante en el que se piensa que ocurren cosas; donde, si es preciso, se arman sucesos ingeniosos y complicados que requieren la atención completa de equipos enteros de gente. (Por ejemplo, la prueba de tolerancia a la glucosa que debí hacer esta vez.) Lo mejor de ello fue medio día de ayuno y la sangría. Regresé pesando un kilo menos (80) y encontré el monasterio lleno de calor y ruido. Estaban rellenando el piso de hormigón en el vestíbulo de la enfermería. No terminaba de sentirme cansado, pero las codornices silbaban en el campo y todo está verde, pues hubo mucha lluvia ayer (día de la Ascensión).

James Laughlin está contento con el libro de Gandhi que le envié hace una semana, o diez días atrás. Esa introducción fue escritura fácil. No sé cómo quedará el folleto de Snowmass. Lo están tipeando ahora.

## 12 de mayo

Hay un nuevo ruido fuerte encima, en dirección del deshidratador. Una especie de ronquido mecánico que probablemente se volverá, de algún modo, permanente. Quizás una nueva especie de cortador de alfalfa. Es muy insistente. Aquí sigue sin modificarse el problema de las máquinas. A medida que nos acostumbramos a ellas, el ruido aumenta. No sorprende que el hermano B. haya hablado anoche sobre hacerse ermitaño. Desearía que hubiese algún modo de que esto sea normal para quienes, aparentemente, tienen la vocación de vivir una vida completamente solitaria aquí. Pienso que se está tornando gradualmente posible. Por cierto, ya está disponible cierta soledad parcial, y yo la tengo.

Dom James, al regreso de sus visitas en el sur, habla constantemente sobre el "efecto negativo" de enviar estudiantes a nuestra Casa de Estudios en Roma, y se regodea por el hecho de que cada uno se convierte en un "caso". Un creciente número de abades se niega a enviar estudiantes allí, cosa que él rehusó hacer durante años hasta que los superiores lo forzaron. El tenor principal del argumento es: desconfianza y disgusto por el intercambio de ideas y por la comunicación que se produce, y por el hecho de que muchos hombres regresan a sus monasterios con "demasiadas ideas nuevas". Es cierto que algunos vuelven con algunas ideas nocivas, pero el simple hecho de cortar toda comunicación y mantener a todo el mundo en la oscuridad sobre lo que está ocurriendo no sirve para nada.

El hermano B. dijo que Dom James es como un hombre en un escritorio donde el viento sopla a través de la ventana, y que trata de sujetar la mayor cantidad posible de papeles con ambas manos.

Hubo una conferencia sobre las Escrituras en el capítulo de hoy. Se tenía la impresión de que el grupo entero se hundía más y más hondo en el tedio y la resignación, hasta que finalmente en el "debate", los mismos escrupulosos se pararon para levantaron como siempre para hablar. Todo el lugar estaba envuelto en una densa bruma espiritual e intelectual. ¿Es irremediable? Quizás, consideradas todas las cosas, realmente lo es. Una comunidad de hombres dedicados a la vida contemplativa sin demasiado sentido de las realidades espirituales: la buena fe no puede compensar tal carencia. Las virtudes acaban empatando con el desaliento que surje cuando tratan vanamente de ocultar nuestro fracaso colectivo.

## 17 de mayo, domingo de Pentecostés

Ayer, durante la vigilia de este festejo de Pentecostés, llegó aquí un grupo de Hibakusha en su peregrinaje mundial por la paz. Son los sobrevivientes del bombardeo atómico a Hiroshima. Algunos de ellos llevan la marca del efecto en sus cicatrices. El pasto estaba cortado, la ermita toda barrida. Un lindo día luminoso. Todo ideal, excepto que yo intentaba proveer agua helada simplemente a partir del hielo que esperaba se derritiera a la hora de necesitarla; pero no se había derretido. Me alegró tener aquí a esos peregrinos. Son hombres y mujeres signados y marcados por la crueldad de esta época, portando en su carne señales generadas por los *pensamientos* de la mente de otros hombres. Son un indicio significativo de lo que realmente significa el pensamiento occidental "civilizado". Cuando hablamos sobre la libertad, aparentemente también decimos que otras, como estas buenas, encantadoras, dulces e inocentes personas serán calcinadas y aniquiladas donde y cuando pensemos que estamos amenazados. ¿Tiene sentido esto? ¿No es una indicación de que nuestro pensamiento está absurdamente averiado? Por cierto, nuestro pensar es lógico y hace que la guerra parezca justa y necesaria cuando es encajada en un contexto fundado en ciertos axiomas aceptados; pero el problema está en el contexto y en los axiomas. La raíz de todo el problema es un total concepto del hombre y la realidad misma. Esto no ha cambiado porque los axiomas no cambiaron. Son los axiomas de la sofística; y la sofística, como Platón sabía, significa tiranía y anarquía moral.

Resulta una experiencia iluminadora leer las últimas páginas del *Gorgias* y encontrarse con los Hibakusha el mismo día. Les hablé brevemente a través de un intérprete. Tradujo y explicó entusiastamente con mucha extensión, y pienso que tuvimos una buena concordancia, pero no hubo demasiado debate.

El doctor Matsumoto, afable y bondadoso, quería sacar fotos y partir velozmente, pues tenía que disertar en Louisville al anochecer, pero los demás no tenían prisa. Hiromu Morishita, que tiene quemado el mentón, y una inmensa timidez, me dio un poema que había escrito. No tuve la oportunidad de interrogarlo sobre caligrafía. Nobozu Yamada vio el almanaque Sengai y me estuvo hablando de los "principios espirituales" con los cuales Idumitsu conduce su compañía petrolera. Yamada es un budista de cuño antiguo, colmado de gentileza y tacto inefables. Tuve poca posibilidad de conversar con el doctor Namakura, que también es muy tímido. El muchacho y la muchacha que traducían estaban llenos de vida y de encanto. Al haber crecido *desde* la guerra, daban una impresión totalmente distinta. Al menos, parecían educados americanamente. Estaban más próximos a nosotros.

Pienso que quien más me impresionó fue la más silenciosa de todos, la señora Tayoshi. Siempre estaba pensativa, no decía nada, se mantenía muy aparte y no obstante parecía muy cálida y buena. Todo lo que hizo fue acercarse lentamente y con una pequeña sonrisa deslizó una grulla de papel sobre la mesa después que leí mi poema sobre las grullas de papel. La grulla de papel es el emblema del movimiento japonés por la paz.

Después que todos partieron, lo que permaneció fue esta grulla de papel de la señora Tayoshi, silenciosa y elocuente, como el más válido testimonio de toda la tarde. Me olvidaba también de Matsui, reportero del periódico, un hombre muy alerta y agradable.

Fue espléndido conocer a toda esta gente. Unos cuantos monjes y hermanos vinieron a conocerlos también. Los visitantes tuvieron que irse antes de lo que todos esperábamos.

## 22 de mayo

Último día de un tiempo pascual que ha pasado demasiado rápido. Ahora está poniéndose caluroso, y mañana es domingo de Trinidad.

Tuve una semana ajetreada, con un novicio qué abandonó después de un colapso psicótico. Y otro, un postulante, que lo hizo porque yo sabía y él sabía que aquí no lograría nada. Luego, estuve en Loretto, ocupado con muchas charlas.

El arzobispo T. R. Roberts, S. J., estuvo aquí ayer. No es un visionario ni un fanático sino una persona muy sólida, radical y de pensamiento claro. Franco, por cierto, y de ningún modo un político eclesiástico. Está por fuera de todo eso. Hay en él algo realmente grande. Es uno de los pocos, tal vez el único obispo expresamente pacifista de la Iglesia en la actualidad. La jerarquía inglesa entera se ha alzado en armas respecto del control de la natalidad porque él sugirió que el Concilio debería reconsiderar la rígida posición de la Iglesia sobre este asunto de "ley natural".

## 26 de mayo

Es el aniversario de mi ordenación como sacerdote, quince años ya. Por la mañana esperaba a Zalman Schachter y a otros dos rabinos, pero hasta ahora (avanzada la tarde) no han llegado.

Últimamente tuve demasiadas visitas y hubo demasiada conversación. También, estoy convencido de que ando involucrado en el tipo errado de charla. Una especie de ilegítimo y, en un sentido personal, desleal juego con modalidades y perspectivas que no encuentro tan importantes o tan relevantes como me parecen en el momento de hablarlas.

Esto me hace regresar otra vez a mi honda y no resuelta desconfianza del activismo y del optimismo activista, en el que me parece que existe una notable cantidad de ilusión. Sin embargo, nadie habla inteligentemente contra ello. En eso no encuentro estabilidad, ni certidumbre, ni sentido profundo de alguna realidad duradera. Esto puede deberse a una carencia de mi propia vida. Por lo tanto, no estoy seguro de mis recelos. Persiste el hecho de que me siento aprisionado y vacilante, por cierto, profundamente dubitativo entre los dos triunfalismos del Concilio: el de los conservadores, el tipo estático, que obviamente resulta absurdo, y el de los progresistas el tipo dinámico que, después de todo, está a veces en un frenesí de temas accidentales (el hábito de las monjas) y en cierto modo es también ingenuo en sus estimaciones del futuro posible.

Tras ello, uno siente varias posibilidades de inteligencia real y de preocupación real. Por ejemplo, la charla del papa Pablo para el Colegio brasileño, leída hoy en el refectorio.

## 29 de mayo

Ayer, Corpus Christi, fue un día de lluvia fría y torrencial, que estallaba sin interrupción a través de los árboles. Por primera vez, no hubo complejos diseños florales en el claustro sino tan sólo una pulcra alfombra de alfalfa cortada. El aroma de alfalfa en el claustro y en la iglesia es detestable. Algunos de los monjes ancianos estaban furiosos por la ausencia de arreglos florales, por supuesto. ¡Furiosos por el fin de las decoraciones formales y todo el alboroto que acompañó a la situación!

## 2 de junio

Más ocupaciones y más visitas. Ayer por la tarde, una extensa reunión del consejo de abades, la primera vez que se plantea en el consejo una discusión seria sobre el ruido que hay alrededor. En medio de todo ello, hubo un llamado de Bob Giroux desde Nueva York. Parece que el problema para publicar *Semillas de destrucción* está finalmente resuelto. Giroux le escribió al abad general y llegaron a un acuerdo. Un ensayo sobre la guerra podría imprimirse si lo "transformo". En qué consiste la "transformación", todavía lo ignoro.

El obispo John Gran, cisterciense noruego de Caldey, que ahora es coadjutor en Oslo, está aquí. Anoche cené con él, el padre abad y el padre Eudes. La conversación consistió mayormente en anécdotas sobre el cardenal Cushing y alguna charla sobre cuestiones monásticas.

La neblina matutina se está aclarando. Más allá de la ventana, un dulce diálogo de zorzales del bosque. Antes de que se diluyera la bruma, uno podía pensar que quizás miraba el mar por la ventana, a través de la brecha de los árboles. Ahora aparecen los campos y los bosques familiares, aunque no todavía las colinas al otro lado del valle.

Leo sobre el monaquismo celta, los ermitaños, los poetas líricos, los peregrinos, los viajeros por el mar, etc. Todo un nuevo mundo que esperó hasta ahora para abrirse hacia mí.

Supongo que atravieso otra pequeña crisis espiritual. No es nada nuevo, sólo la angustia y el conflicto usuales. Tal vez un poco intensificadas por el hecho de que ahora estoy en mi año cincuenta. Sin embargo, pienso que ésta podría ser una lucha decisiva porque ahora son posibles menos evasiones.

A medida que pasa año tras año, las vías de escape se cierran progresivamente, renuncio a ellas, o de otro modo las abandono. Ahora sé que estoy realmente comprometido a permanecer aquí en Getsemaní y que inclusive pensar en viajes temporales es también algo relativamente vacío, aunque puedan tener alguna ventaja y sean fructíferos de maneras que no experimento ni entiendo.

También pienso que mis escritos no resuelven nada personal y han creado algunos problemas que siguen sin resolverse. Sé que no hay nada que se resuelva o establezca mediante algún ajuste especial dentro del marco de la comunidad. Mi posición aquí siempre será ambigüa y mi tarea consiste en aceptar esto con el menor volumen posible de mala fe. Hoy he enfrentado el hecho de que, si inclusive obtuviera permiso para vivir permanentemente en la ermita (y ahora no creo que bajo Dom James sea posible tal autorización), eso no sería la solución que alguna vez parecía ser sino sólo "vanidad y vejación del espíritu".

No obstante, incluso si esto es verdad, también es cierto que la ermita está aquí y debería darle el mejor uso posible, no como un lugar de fuga, sino como un sitio real para la oración y el autorrenunciamiento.

Estoy leyendo un librito de Eberhard Arnold, de los Bruderhof, una comunidad evangélica protestante; y pienso que esta aseveración escrita en su quincuagésimo cumpleaños se aplica bastante bien a mí. Casi puedo tomarla como palabras que Dios me dirige: "Hagámosle votos a Él para que nuestro propio poder permanezca desmantelado y prosiga desmantelado entre nosotros. Hagamos votos para que la única cosa que cuente entre nosotros sea el poder y la autoridad de Dios en Jesucristo a través del Espíritu Santo, que nunca jamás seamos nosotros los que hagamos las cuentas sino que sólo Dios gobierne en Cristo y el Espíritu Santo."

## 12 de junio

Pleno calor veraniego, abrasador e inflexible. No hay fresco en parte alguna, ni en la ermita ni en el monasterio, si bien el noviciado generalmente recibe una brisa fresca desde el bosque que está al noroeste, hasta en los días más calientes. Ha sido una semana atareada. Terminé la reescritura de lo que se me pidió para la sección sobre la paz en *Semillas de destrucción*, y también escribí dos poemas nuevos.

¡Una sorpresa! Después de escribir, como lo hice el otro día, lo que pensaba sobre que el viaje temporal sería algo inútil sobre lo que pensar, el miércoles recibí una carta de la secretaria del erudito japonés D. T. Suzuki. Me decía que Suzuki va a estar en Nueva York este mes y que definitivamente no podría venir a Getsemaní, aunque realmente quería reunirse conmigo si yo podía viajar hacia allá. Lo pensé y, dado que es la única oportunidad que tendré en la vida de conversar con él, pensé que era lo suficientemente importante para pedir el permiso del abad. Por cierto, no creía que Dom James fuera a autorizarme; y, sin embargo, muy vacilantemente, lo hizo y hay un vuelo reservado para mí el próximo lunes, 15 de junio. Dado que se llegó a esta decisión, estoy distraído y confundido, salvo el placer real de reunirme con Suzuki. No logro pensar en otro lugar para viajar menos gustoso que Nueva York. Permaneceré en algún lugar del campus de la universidad de Columbia, probablemente en Butler Hall, al costado de la sección central de la ciudad, donde me reuniré con amigos. ¡Eso está bien!

He sido puesto bajo estricta obediencia de no ver a nadie más excepto a Suzuki, y no dejar que nadie sepa que estoy en Nueva York.

## 13 de junio

Lluvia nocturna a la hora de acostarse, lluvia a la mañana en la misa temprana, la misa de Nuestra Señora. Sobre el Evangelio final pude ver el azul viñedo Knob hacia el gris oeste con un escapulario de bruma sobre él. Luego, durante la acción de gracias, ¡aquellas otras prominencias! La puntiaguda, los bosques, de lo que nunca me canso. ¿Es realmente cierto que carezco de un "lugar"?

El pequeño álamo que planté en el lado oeste de la capilla del noviciado en 1957 ó el 1958 ahora llega a las ventanas del segundo piso, y vi enormes gotas de lluvia posadas sobre las gordas hojas después que paró de llover.

¿Oficiaré misa en Nueva York? La de Corpus Christi, probablemente.

Anoche soñé que había encontrado un fresco y limpio convento de monjas al oeste de la calle 114, cerca de donde solía tener mi habitación.

Parece que pienso más sobre un millón de fruslerías que sobre Suzuki. ¿Iré al museo Guggenheim? ¿Encontraré todas las obras de Klee en el museo Guggenheim? ¿Hallaré pintura de Rajpup y dibujos zen en el Metropolitan? ¿O tal vez me internaré a hurtadillas en un concierto?

## 15 de junio

Estoy afeitado y listo para partir, después de recibir la bendición del abad y algo de dinero. No estoy seguro de encarar el viaje con placer o con alegría. Podría llegar a ser desagradable. El sólo pensar en Nueva York me da espasmos en el estómago. De todas maneras, Nueva York es un fermento de problemas raciales, y Columbia está justo sobre Harlem, donde recientemente hubo violencia en pequeña escala.

## 20 de junio

Lo primero sobre Nueva York es que me encantó verla de nuevo. Fue realmente así. Reconocí Sandy Hook inmediatamente desde el aire y vi el inmenso puente nuevo sobre Narrows. Reconocimiento de muchas cosas por todas partes, desde los dos enormes tanques de gas de Elmhurst. Hitos de todos mis funerales familiares, desde el de mamá hasta el de la tía Elizabeth, desde el abuelo a Bonnemaman. (Pasábamos por ahí rumbo al cementerio.)

Cuando el avión despegó desde Louisville y estaba ascendiendo sobre las nubes, la azafata se aproximó y preguntó mi destino. Le dije "Nueva York" y, tan pronto como lo dije, hubo enorme alegría en mi corazón porque, después de todo, ¡iba rumbo a *casa*!

Me recuerdo sentado en el piso trece del Butler Hall. Me dieron el departamento 13Q por dos noches y observé el crepúsculo y el amanecer sobre Harlem.

Medité, miré hacia el estrecho de Long Island, donde había claridad, y observé cómo se encendían y apagaban las luces rojas sobre las chimeneas de una gran central eléctrica de la ciudad de Long Island.

Hubo tiroteos en Harlem durante la mayor parte de la noche, y descubrí que el combate era entre dos facciones de Musulmanes

Negros. El entorno de Butler Hall no era seguro ni respetable. Habían tenido asesinatos y robos por todas partes. El último día que estuve en Nueva York, un hombre fue asesinado en el ascensor de una casa de departamentos en la calle noventa y algo. El conductor del taxi me dijo que en la cuadra siguiente del Butler Hall había muchos drogadictos y tipos criminales.

Tuve dos extensas y buenísimas charlas con Suzuki. Ahora tiene noventa y cuatro años, encorvado, delgado, sordo pero vital y muy respondedor. Con mucho apoyo de su secretaria, la señorita Okamura, que es encantadora y animada. Ambos fueron muy amigables. Aparentemente, Sukuki había leído varios de mis libros, y parece que bastante gente zen leyó *El ascenso a la verdad*. En cierto modo, es un consuelo, si bien es uno de mis libros más verborrágicos y en cierto modo más hueco. O, en todo caso, es un libro sobre el que tengo dudas. Pienso que el material que contiene puede ser cabalmente bueno, pero no es mi tipo de libro, y cuando lo escribí no era yo mismo plenamente.

Suzuki estaba especialmente satisfecho por mi ensayo sobre el zen en *Continuum* y pensaba que era una de las mejores cosas que se habían escrito sobre zen en Occidente. La señorita Okamura preparó té verde y lo virtió en el tazón marrón oscuro. Lo bebí tal como se prescribe, en tres sorbos y medio, y lo encontré espléndido. Me sorprendió placenteramente. (James Laughlin había dicho, por el contrario, que era espantoso.)

Así que me senté con Suzuki sobre el sofá y conversamos acerca de toda clase de asuntos referidos al zen y a su vida. Me leyó un texto chino, creo que la colección Blue Cliff, relatos familiares sobre el zen. Le traduje selecciones de la versión en castellano que Octavio Paz hizo de Fernando Pessoa. Hubo algunas cosas de Pessoa que le gustaron inmensamente (especialmente "Alabado sea Dios porque no soy bueno"; "Eso es muy importante", dijo Suzuki con gran vehemencia).

A Suzuki le gusta mucho Meister Eckhart, como yo ya sabía por un libro suyo que conseguí en la Universidad de Kentucky hace algunos años.

Estas conversaciones fueron agradables, por cierto. Fue profundamente importante para mí ver y experimentar el hecho de que existe realmente un entendimiento muy hondo con este hombre extraordinario y sencillo, cuyos libros vengo leyendo con gran atención desde hace unos diez años. Tuve el sentimiento renovado de estar "situado" en este mundo. Es un consuelo legítimo. Contó una historia que era nueva para mí, sobre el sueño de Hakuin con su madre. La madre se le presentó con dos espejos. Uno en cada manga. El primero estaba opaco y el segundo contenía todo tipo de cosas. Hakuin miró de nuevo el primero: en él vio todas las cosas *y a él mismo entre ellas, mirando hacia afuera.*

Traté de explicar cosas que quizás no necesitaba explicar, y ambos coincidimos en la necesidad de abstenerse de movimientos y evitar la promoción del zen o cosa alguna. La señorita Okamura parecía muy propensa a ello y obviamente conoce su zen. Por una vez en mucho tiempo, me sentí como si hubiera pasado algunos momentos con mi propia familia. Las únicas otras personas con quienes me he sentido como en casa son Victor Hammer y su esposa, Carolyn. Fue casi como una de las visitas a los Hammer. (Me dicen que a Victor van a operarlo de cataratas.)

La nochecita previa al vuelo de regreso en un avión temprano, me mudé a un hotel del centro (el Tuscany), cerca de la terminal aérea del East Side. Escuché la radio FM, fui a cenar a Le Moal, y comí bastante bien con un par de vasos de vino y algo de Bénédictine. En el camino de regreso me detuve en la muestra de Van

Gogh del museo Guggenheim. La única cosa que me pareció irracional del lugar es que la mayoría de los cuadros no están colgados sino en el depósito. De ahí que no pude ver nada de Klee o Miró. ¡Ay ay ay!

Camino a casa, enfilamos sobre el Atlántico, nos situamos sobre un denso banco de nubes sobre Jersey y leí un libro, *Los amigos de Dios*, que tomé prestado de la biblioteca de Columbia. Cuando las nubes se disiparon, observé los largos riscos delgados de los Apalaches de Virginia occidental. Luego, nos balanceamos en tormentas de truenos sobre el este de Kentucky y finalmente llegamos a Louisville con lluvia y calor bochornoso. Fui a oficiar misa en Carmel. En las dos mañanas de Nueva York, dije misa completamente solo en Corpus Christi, sin monaguillo. Profundamente conmovido por oficiar misa en el altar de Nuestra Señora, ante el que hice mi profesión de fe hace veintiséis años. Nadie me reconoció ni descubrió quién era. Al menos es lo que creo.

## 23 de junio

Un calor ardiente. El aire está sofocante, apenas movido por una pequeña brisa aquí en la leñera. Va a ser un día bravo. Hasta los bosques serán un horno sin aire. Esto reclama uno de esos poemas naturales. Un *kerygma* de calor como los celtas jamás tuvieron. (Acabo de terminar el excelente libro de Kenneth Jackson, *Early Celtic Nature Poetry*, antes de prima [rezo de la], mientras el feroz sol comenzaba a calcinar los campos.)

Comienza a evidenciarse mi primer interés real en el problema del "Honesto con Dios". ¿Es esto realmente algo nuevo? Pienso que el problema es suficientemente real y se trata de algo que el cristianismo ha enfrentado de hecho desde los comienzos. Pero la solución del obispo de Woolwich tiende a ser un colapso, una claudicación completa a la insensatez y la confusión. ¿Es cierto que el hombre está ahora total y complacientemente contento con la cultura tecnológica moderna así como se formula? ¿Cuál es, entonces, la diferencia entre este tipo de aceptación y la sumisión de Eichmann? No lo sé. Uno no debe detenerse ante las apariencias ni juzgarlo todo con algunos textos de "Dios ha muerto" fuera de contexto.

## 26 de junio

Fiesta de los santos Juan y Pablo. Dije misa por Juan Pablo, mi hermano (¡e incluí a Sartre en ella!).

Está más fresco. Dos grandes palomas sentaron su base en las vigas de la leñera y, con zureos, arrullos y batir de alas, hacen más delicioso el lugar. Esta mañana estaban practicando algún serio juego amoroso, volando entre las canaletas y mirándome a través de las grietas entre ellas y el techo.

Terminé el libro *Los amigos de Dios*, que ya estoy enviando a Columbia. Nunca olvidaré la lectura del capítulo sobre "el libro de las nueve rocas" mientras volaba sobre los Apalaches. Debo tratar de encontrar algo más sobre este asunto.

Por la tarde, escribí una nota sobre los poemas de Kabir para *Collectanea*.

## 30 de junio

Problemas serios en la Iglesia. Es una vergüenza que, a través de la Iglesia, la "voluntad de Dios" se resuelva tan fácilmente según la voluntad de un subsecretario italiano del Santo Oficio. De hecho, los conservadores burócratas italianos están tranquilamente convencidos de que tienen derecho hasta de pasar por encima del mismísimo Papa. ¡*Ellos* son los realmente infalibles!

La mística de la infalibilidad, unida con el conservadurismo y la política del poder, puede conducir a una colosal crisis del orden y la obediencia a través de la Iglesia entera. ¿Cuándo se quebrará realmente? No lo sé.

Existen curiosas similitudes con la pauta conservadora del sur de Estados Unidos. El inhumano desafío de la ley y el orden por parte de quienes están convencidos de que sus propias fantasías representan el único concepto verdadero de ley y orden, y consideran sacrosanta su propia mística de la sociedad. Al embarcarse en sus propios antojos irresponsables, están socavando la ley y trayendo la anarquía.

¡Cuánto necesitamos un real espíritu de libertad en la Iglesia! Resulta vitalmente necesario. La Iglesia entera depende de ello. Hay un espantoso escándalo en el modo en que la idea completa de la autoridad de la Iglesia es minada por los políticos de la Iglesia. Esto plantea inclusive (una vez más) serias cuestiones sobre mi vocación. Por cierto que no dudo de la Providencia, pero con igual certidumbre no puedo dejar que una respuesta pragmática y jurídica, políticamente estricta, sea la palabra final y me impida hacer lo que creo que Dios quiere que haga, es decir, vivir en la mayor soledad. Pero, en cualquier caso, tengo la ermita para estar allí parte del día. Lo importante es la comprensión y la resolución de dudas y recelos.

## 8 de julio

No me gusta nada la política del presidente Johnson en Asia. Para asegurarse los votos, en la elección presidencial de este año, tiene que amenazar con la guerra y prometer "resultados" contra los comunistas. Hay algo muy extraño en un sistema donde el poder político de un partido o un individuo exige el sacrificio de vidas y pobres personas a miles de kilómetros de distancia, gente que jamás oyó hablar sobre demócratas o republicanos. No hablo sólo sobre el poder comunista, sino el poder de los demócratas y republicanos. ¿Puedo votar honestamente por alguno de ellos en las elecciones de este año? Toda la promesa futura es la posibilidad de una prolongada, estúpida, costosa, desastrosa e inservible guerra en Asia. Ciertamente, no le traerá ningún tipo de bien a nadie; pero, como no involucra ninguna amenaza nuclear para Estados Unidos, todo el mundo se encoge de hombros y piensa en cualquier otra cosa.

## 10 de julio

Evoco muchas cosas que vi durante aquellos pocos días en Nueva York, especialmente las calles con lluvia en torno a Columbia durante la primera noche. La avenida Amsterdam mojada, vacía, pocos autos y ómnibus fluctuando a lo largo, y una chica alta de largas piernas blancas, sin medias, y un sacón negro corriendo hacia Johnson Hall. Tal vez una estudiante alemana.

Los árboles a lo largo de la calle 116, la oscura comodidad de árboles llovidos, su sombra y cierto refugio. Estudiantes extranjeros por todas partes. El gusto de escuchar idiomas extranjeros, francés, alemán, polaco y español portorriqueño.

El nuevo restorán asiático y el mozo chino canoso que lo ha visto todo. Puerco y arroz frito; té débil y sopa de huevos. Estaba cálido y húmedo. ¡Comí gratamente pero era demasiada comida! Demasiada también al día siguiente, en el almuerzo en el College Inn. Después, demasiada comida japonesa en la cena del Aki cerca de Butler Hall (trozos de anguila, trozos de pollo, etc., flotando en un lindo caldo, arroz en una escudilla de madera, té verde). Había calor y humedad en el Aki. Muchos rostros japoneses. Afables estudiantes japoneses hablándole junto a la ventana a un estudiante norteamericano. No demasiado aire. Calor y humedad en la librería. Demasiados libros. Me puso contento llegar a Butler Hall, tomar un baño y sentarme en el piso para mirar sobre Harlem, escuchando todos los sonidos, los disparos, y bebiendo vino barato de cerezas con hielo. Una linda vacación.

El miércoles, yo estaba en Nueva York; era una linda mañana y al mediodía tomé un taxi hacia el museo Guggenheim, en el parque, bajo túneles de luz y follaje, con el conductor narrando sus problemas, sus nervios, sus análisis y su divorcio. Cuanto más pienso en el museo, más lo reconozco como un sitio luminoso, bello, aireado e inteligente. Y los Van Gogh, ruedas de fuego, cósmicas, ricas, honestas victorias de cuerpo entero sobre la desesperación, victoria permanente, en especial los últimos empastes caligráficos de luz y sombra. Pero el museo metropolitano fue cero. Entraba y salía de un mundo viejo, una estación antigua por la que pasé hace mucho tiempo. La gente que caminaba por la Quinta Avenida era hermosa, y estaban aquellas torres familiares de los hoteles a lo largo del parque. La calle era amplia y estaba limpia, una ciudad imponente y crecida, una ciudad verdadera, ¡de proporción vital! Una ciudad con sustancia y escala, grande y brillante, bien iluminada por el sol y el cielo. Es ella, la ciudad. Le soy fiel. No he cesado de amarla hasta el último suspiro de este bolígrafo, obsequio de la Nazionale Distributing Company, distribuidora de Stroh y de Schlitz en Follansbee, Virginia occidental. (¡Los bolígrafos se gastan!)

¡Bolígrafo nuevo! Bajo el final de Park Avenue, sombras, oscuridad, ruido, muchedumbres, tráfico y edificios en demolición. Por la mañana, era espléndido caminar hasta Corpus Christi (y volver de Corpus Christi), caminar bajo el sol y el viento de Broadway a lo largo de la cerca de Barnard o detrás de Earl Hall, donde recuerdo todas aquellas revisaciones médicas. El agradable sitio para el desayuno cerca de la biblioteca llamada Campus Corner, donde los mozos estaban discutiendo rudamente y de repente pararon, avergonzados por la presencia de un cura.

Despué, poner manos a la obra en el catálogo de la biblioteca, hallando casi todo lo que buscaba. Qué experiencia ir a una biblioteca y encontrar casi todo lo que se busca. ¡Ésa no es la situación en Louisville!

Algunas conclusiones: literatura, soledad contemplativa, América latina, Asia, zen, islam, etc., todas estas cosas confluyen en mi vida. Para mí, sería una locura tratar de crear una vida monástica excluyendo tales cosas. Sería menos que un monje. Otros pueden tener su manera de hacerlo, pero yo tengo la mía.

## 12 de julio

Estoy profundamente conmovido por la extraordinaria vida de san Columbano, según Adomnan. Es una gran obra poética a su estilo, llena de símbolos poderosos, indescriptiblemente rica. A través del latín (que también es engañoso y extraño), aparece un genio completamente no latino. Las profecías y los milagros son presentados no como signos de *autoridad* sino como signos de *vida*. Es decir, no son signos de un poder conferido a un representante (jurídicamente) designado, un poder delegado desde fuera de la naturaleza, sino más bien el poder sacramental de un hombre de Dios, que ve y experimenta lo divino en la creación de Dios. Así, los milagros de san Columbano son palabras de vida pronunciadas en medio de la vida, no palabras de poder que irrumpen en la vida y la silencian, volviéndola irrelevante con el decreto de una autoridad absoluta (¡que reemplaza la libertad de vida que la vida recibe directamente de su propio Creador!).

## 14 de julio

Una fructífera noche ayer, cuando fuimos en auto con el padre superior (Flavian) a recibir a Abraham Heschel en el aeropuerto. Era una linda tarde soleada, fresca, con las colinas todas verdes y espléndidas. Había mucho ruido en el aeropuerto, una transmisión de la convención republicana, donde obviamente Goldwater será nominado. Una de las primeras cosas que dijo Heschel fue que estaba perturbado por este suceso increíble. Heschel, por supuesto, pasó por toda la persecución nazi y tuvo la gran suerte de escapar vivo.

Había, por lo menos, media docena de monjas de Loretto en el aeropuerto, recibiendo a otras monjas de Loretto que venían para su capítulo general, que se inaugura hoy. ¡Lindo día para ello!

De regreso en el auto y durante la cena, hablamos sobre muchas cosas. Sobre su nuevo libro, *Quién es el hombre* (no *qué* es el hombre), y sobre el pecado básico, que es la idolatría. Dos rabinos discutieron sobre cuál era el mandamiento mayor, amar al hermano o prohibir la idolatría. Ambos están en lo cierto. Me inclinaría a pensar que la prohibición de la idolatría era más fundamental, dado que cuando uno tiene "un ídolo" (y cualquier dios que se alza en el camino del amor a un hermano es un ídolo) puede permitirse sacrificarlo todo en aras de él, incluyendo la verdad, el amor, la justicia y al propio hermano. La función de este ídolo es permitirlo todo, con tal de que el ídolo mismo reciba adoración incondicional. Heschel hablaba sobre un comentario rabínico de la frase "otros dioses", es decir, "dioses que siempre están cambiando". Dioses que son "siempre otro", dioses "hechos por otros", y cosas por el estilo. Tener un dios mejor que el Dios verdadero es estar alienado; un ídolo es un principio de alienación. Heschel piensa que el capítulo judío jamás será aceptado por el Concilio Vaticano. Hablamos sobre lo simbólico que era este hecho. En mi opinión, la aceptación de este capítulo y el consecuente acto implícito de arrepentimiento es algo necesario para la Iglesia. En realidad, las Iglesia sería más beneficiada por ello que los judíos. Heschel dijo: "Sí, pero cuando yo era niño fui a menudo golpeado por polacos católicos por ser el asesino de Cristo, y quiero ver menos niños judíos golpeados por esta razón." Él piensa que el cardenal Bea está prácticamente liquidado y que sufrió una derrota demoledora en la segunda sesión. La envidia despertada por el viaje de Bea a Estados Unidos le produjo muchos enemigos en Roma, y antes ya tenía bastantes.

Heschel está muy impresionado por monseñor Willebrands, ahora obispo. Tiene muchas esperanzas en él. No le asigna mucha importancia al nuevo secretariado para las religiones no cristianas. Estuve sentado hasta las 22.30 conversando con Heschel después de una buena cena cargada de problemas dietarios demasiado grandes para que los resolviera el hermano Edwin, pero Heschel se las arregló bien con queso y lechugas. Disfrutó el vino y fumó un par de cigarros inmensamente largos.

Esta mañana, antes de la gran misa, el hermano Patrick, secretario del abad, me dijo que había llegado una carta del definidor, Dom Laurence, y que la extensa sección sobre la paz en *Semillas de destrucción* había sido aprobada, sin cambios, por el general. De este modo, el corazón real del libro alguna vez prohibido, "Paz en la era poscristiana", va a ser publicado después de todo. Esto nunca hubiera sucedido si Dom Gabriel no hubiera sido tan duro sobre aquellos otros tres artículos que podrían haber sido incluidos en *Semillas de destrucción* cuando prohibió su reimpresión. Así, en efecto, lo que él quería prevenir ha sucedido, debido mayormente a su autoritarismo y al uso intransigente del poder. Esto es algo para recordar cuando pensamos en la obediencia religiosa. La Iglesia no está enteramente conducida por funcionarios. Nada de esto llegó a su culminación por alguna rebelión o iniciativa mía. Nuevamente, el papel del general actual, Dom Ignace, al exigir que reescribiera el artículo sobre el que insistía el editor, llevó a este nuevo abordaje. Los caminos de Dios son muy extraños.

El hermano Alfonso, novicio ecuatoriano, tiene el brazo enyesado, con un codo fracturado. El hermano Eugenio, novicio de Texas, arrastra las palabras, anda con las manos en los bolsillos y está a favor de Goldwater, porque Goldwater "sabe de dónde sale la plata y está a favor del individuo". Éstos son nuestros dos postulantes de este verano. Otro joven vendrá más tarde desde una granja de Michigan. Y ayer se decidió que un jesuita de una provincia de Detroit no tiene vocación para nuestra vida. Dom James es despiadado al excluir jesuitas del monasterio.

Esta tarde, conversaré con uno que fue postulante del gran grupo de 1957 y que se fue tras una operación de apendicitis. Tal vez quiera reingresar. ¿Cuántos de los que ingresaron están todavía aquí? Sólo puedo pensar en los que se fueron.

No quiero hacer una crisis sobre estas partidas, pero son significativas. Otros dicen que son de mal agüero, ¿pero para qué? Para una gran institución, quizás, pero no simplemente para el monaquismo.

## 18 de julio

La historia de los viajes de san Brendano. El *Navigatio S. Brendani* llegó ayer desde la biblioteca del Boston College. Lo comencé esta mañana, estudiándolo como un opúsculo sobre la vida monástica. El mito del peregrinaje, la búsqueda de la isla imposible, el Paraíso terrenal, el ideal último. No obstante, como mito está lleno de una profunda verdad propia.

Un exiliado cubano, que no habla inglés, está aquí para ser un hermano de la familia, pero no creo que le sea posible radicarse. Habla sobre Castro con furia.

## 19 de julio, domingo noveno después de Pentecostés

El sol se eleva entre fajas de turbia neblina. Si yo nunca hubiera visto una estampa japonesa, probablemente experimentaría esto de un modo puramente occidental. El sol como una cosa entre muchas, una multitud de árboles, muro de claustro en primer término. Pero Sumiye hace *una* toda esta visión. Una: unidad vista porque el sol está en el centro, unidad que es más que el total de un número de partes.

En la cocina de la enfermería hay atroces fotos impresas de compañías de papel que publicitan la calidad de su papel litográfico. Énfasis en el color brillante. Objetos coloridos sin composición, sin sentido. Muñecas, flores, juguetes, comida. Comida, comida, comida. Inmensas hamburguesas. Torta de chocolate en una fuente, etc. Todo arrojado contra nuestra cabeza. ¡Barbaridad total!

La semana pasada, Goldwater fue nominado para el primer puesto de la convención republicana. Hizo declaraciones y divulgó una plataforma supuestamente razonable.

## 21 de julio

Estuvo fresco. Hoy probablemente hará calor, pues el sol aparece rojo y feroz a través de la bruma temprana y apenas pueden discernirse los montículos (a los que un novicio se refirió el otro día como "los Apalaches") a través del valle. Ayer escribí un artículo sobre "Honesto con Dios" y lo envié a *Commonweal.*

En realidad, Bonhoeffer es mucho más profundo de lo que podría imaginarse al leer sobre él en Robinson. Estoy leyendo las *Cartas de la prisión* de Bonhoeffer que, a su manera, son muy monásticas. Me gustaría hacer una colección de algunos testimonios monásticos tomados de estas cartas. Su "mundanidad" sólo puede entenderse bajo la luz de su seriedad "monástica", que sin embargo no es introspección platónica. No es retiro, negación. Es un modo de presencia. Entonces, paradójicamente, la modalidad de presencia no advertida en Bonhoeffer es básicamente monástica, opuesta a la presencia "clerical" o "sacerdotal" que es oficial, llama la atención hacia sí misma y promulga su mensaje formal de triunfo institucional. Ése es el problema con el obispo de Woolwich. Él está tan preocupado con "el mensaje", que al final parece estar diciendo que descubrió un nuevo punto de ventas mejor que los antiguos. Si es así, pierde su tiempo, salvo que algunos otros como él saquen ventaja de su mensaje. Todo su problema parece reducirse al de ser necesitado en el mundo, incluso cuando comienza a admitir que podría no ser necesario.

El *Burnt-Out Case (Un caso acabado)*, de Graham Greene, captura esto un poco salvajemente y muy bien. El tema del libro es el agotamiento del cristianismo en el sentido clerical. No es un gran libro, pero resulta oportuno, urgente, convincente.

Greene sabe lo que dice. Agota los apetitos del mundo burgués, sexual, cultural y religioso. El apetito por la vida. ¡Uf! Al dorso de este libro en rústica, está el usual comentario insustancial sobre aquel otro mítico libro que los comerciantes venden y que no es el que el autor escribió. *"¡Él era famoso, ella estaba sola!"*

Esta mañana concluí mi primera lectura del viaje de san Brendano. Interesante vocabulario monástico. ¿Es la geografía del viaje un mandala litúrgico? Tengo que verificar de nuevo los significados de las direcciones. Aquí, también el Norte es el infierno litúrgico y el Oeste la tierra prometida, excepto que, en referencia al paraíso de los pájaros, se trata del Este, que es más litúrgico. Tal vez tenemos la convergencia de dos tradiciones.

## 23 de julio

Jim Forest me envió recortes del *New York Times* del lunes sobre los grandes motines de Harlem durante el pasado fin de semana. Se produjeron en la sección inmediatamente debajo de Butler Hall, desde las calles 116 a la 130, entre las avenidas Octava y Lennox. Puedo visualizar las casas, los techos y las calles, y puedo imaginar la barahúnda. La policía disparó miles de tiros al aire pero algunas personas fueron heridas, y murió un hombre en un techo. En medio de todo el alboroto, el caos y la violencia, un capitán de policía gritaba: "¡Vayan a casa, vayan a casa!", y un negro le contestó, "*Estamos* en casa, nene."

*Burn-Out Case,* de Greene, no es más que un libro realmente. Tiene calidad, pero en sí es un poco disipado y tonto. Sin embargo, se lee con interés. El mismo problema de "Honesto con Dios" pero dado vuelta. ¡El cura que insiste en que Querry no es un ateo sino que, en realidad, se encuentra en la noche oscura! Súbitamente, uno se da cuenta de que este abordaje se ha vuelto tan usual que pasa a ser un estereotipo. Indudablemente, se trata del móvil de Greene. La mayoría de sus novelas parece funcionar sobre esta idea y aquí aparece muy fatigada por cierto, no obstante, todavía funciona, más o menos.

Estoy muy impresionado y profundamente conmovido por Ramana Maharshi. No sólo por su vida, de la cual conozco un fugaz perfil, sino por su doctrina (Advaita tradicional), o mas bien por su experiencia. Cualesquiera sean las deficiencias de la elaboración doctrinaria y el engañoso efecto de algunos de sus conceptos filosóficos, ésta es la experiencia básica. Dios como el yo esencial, que es el Yo de cada yo. Esto es lo que el cristianismo también expresa en y a través de las doctrinas de la gracia, la redención, la encarnación y la Trinidad. Somos hijos del Hijo por la gracia. Reconocemos al Padre en quien todos somos uno, no por naturaleza sino por su don.

Pero el impacto de la experiencia de Maharshi despierta en nosotros la profundidad real de su verdad y el amor que emana de ella. Qué impotentes son tantos escritos y enseñanzas cristianas de hoy al respecto. ¡Qué perdidos y qué distantes del objetivo real! Las palabras están allí, la doctrina está allí, pero la comprensión está ausente. Maharshi tiene quizás una doctrina inapropiada, pero la comprensión real.

## 28 de julio

Mucho calor y humedad. Ahora tenemos nuestro tiempo caluroso real. Anoche, tormenta y lluvia en medio de la noche. Fui despertado por un mosquito y luego por un avión de chorro que rugía bajo la lluvia y, a través de las persianas, pude ver las luces que titilaban velozmente hacia el este. Probablemente uno de los aparatos del Comando Aéreo Estratégico, pues uno ha estado pasando regularmente a esa hora, a la 1.20 de la mañana.

Datos interesantes sobre el viaje de Brendano. Su conexión con la reforma monástica en Lorena durante el siglo. Hay algunos refinados párrafos sobre la vida de Bruno, arzobispo de Colonia, sobre su amor al aprendizaje, y sobre los eruditos, tanto irlandeses como griegos. El *Navigatio* utiliza el mito celta como un gancho del que cuelga un manifiesto sobre la renovación espiritual en la vida monástica, tanto ermitaña como cenobítica.

Niños de la iglesia cristiana de Carrollton, Kentucky, estuvieron aquí. Chicos buenos y sencillos, abiertos, no echados a perder, no terriblemente interesantes, pero sentí una especie de compasión por la simplicidad que probablemente perderán. Pienso en su pueblito sobre el río Ohio. Pienso que... no lo sé. Vaciedad. Estos niños son relevantes en la vaciedad tan pronto como uno comienza a especificar...

## 2 de agosto, domingo undécimo después de Pentecostés

Hace mucho calor, vaporoso y pegajoso. Los trópicos no tienen nada que no tengamos aquí durante el verano, salvo viñas más densas y serpientes más espectaculares. Somos amigos de la víbora real que gira en torno del noviciado y la ermita. El *Commonweal* se propone publicar mi artículo sobre "Honesto con Dios" si los censores no lo impiden. Hubo motines en Rochester. Terminé el libro de Bill Stringfellow sobre Harlem y le escribiré a Joe Cunnen sobre ello. Es de primera clase. Lleno, especialmente, de información importante. Sobre cómo la maquinaria política trabaja para mantener la inercia, cómo funciona el sistema de alquileres, y cosas así. Se vuelve más y más claro qué enfermo es este sistema; pero anónimo. Si hubiese un rey enfermo, sería depuesto y reemplazado, pero aquí "ellos" hacen las operaciones y se enriquecen; y nunca resulta claro quiénes son "ellos" o cómo se vuelven tan ricos.

Terminé mi ensayo sobre "Peregrinación y cruzada".

Ulfert Wilke, pintor abstracto, estuvo aquí el otro día, y analizamos dibujos, charlamos sobre las maneras de montar y enmarcar algunas de las caligrafías que estuve haciendo. Quiero ver sus nuevas pinturas. Habló sobre Ad Reinhardt y algunos pintores japoneses que él conoce.

## 3 de agosto

Día caluroso todavía. Transpiración en todas las cosas. Resulta difícil hacer algún trabajo.

Alguien envió un libro, *African Genesis*. Tenía noticias sobre los descubrimientos de Leakey en Olduvai y estaba preparado para aceptar la hipótesis de África como la cuna de la raza humana. Sin embargo, este libro formula hipótesis científicas y crea un mito de violencia a su alrededor y dentro de ellas. Se dice que el antecesor del hombre era un siniestro asesino que portaba un garrote, comía carne y luchaba, en su camino desde el vegetarianismo, a fin de volverse un caníbal y/o un nacionalista. Éstos, dice el mito, son los hechos auténticos. Y, cuando el mito dice eso, significa, por supuesto, el único hecho. De modo que el hombre es en esencia un predador, un criminal, un poseedor de propiedad, un odiador, un embestidor, un agitador, y quizás hasta un partidario de Goldwater. Ésta es la mitología científica del protofascismo. Con todo lo cual, estoy bastante dispuesto a aceptar a Leakey, con una diferente y menos romántica historia de antropoides que usaban herramientas y armas, y que tal vez ya eran hombres.

## 5 de agosto

Resulta difícil leer o escuchar la historia de Port Royal sin sentir una enorme cantidad de simpatía por los jansenistas. Con todo lo equivocados que pudieran estar, había una justicia que el corazón conocía y a la cual se aferraba. Esto era peligroso, sin duda, ¿pero lo eran menos los otros? Nos lo cuenta Daniel-Rops en el refectorio.

Estuve enviando unas minutas mimeografiadas sobre la reforma monástica y, evidentemente, no le gustan a Dom James. No me dijo nada personalmente, pero su charla del capítulo de ayer fue sobre la herejía, el orgullo intelectual y la caída del "doctor en filosofía Martín Lutero", por no mencionar a Judas Iscariote. Su abordaje habitual cuando alguien disiente con sus ideas. Si eso fue incitado por mi escrito y carta a Dom Leclerq, que fue obviamente leída por el abad al despacharse, estonces debe tratarse de una indicación de que él teme que yo esté en lo cierto. ¿Importa tanto? No voy a entrar en controversias, y hasta todo el asunto de la reforma monástica me parece colmado de ilusiones. El tiempo de las reformas reales y serias, parece, no ha llegado, al menos hasta *aquí*. Sin duda, algo puede comenzar en alguna otra parte. Hay lugares como Erlach. Mi artículo "El monje en la diáspora" esta produciendo algo de ruido y quizás generando más problemas de los que yo anticipaba.

Escucho que los cuerpos de tres jóvenes luchadores por los derechos civiles, asesinados en junio en Mississippi, fueron extrañamente encontrados en un dique de tierra que tenía filtraciones justamente porque los cuerpos estaban allí. ¡Extraño y macabro significado!

En su plática de hoy, en padre abad anunció que hubo problemas con la flota del Pacífico frente a Vietnam. Esos enormes matones de Vietnam del Norte atacaron la flota del Pacífico con una lancha torpedera, que debió ser destruida; y ahora "el nido" desde donde los matones despachan tales lanchas para atacar y perseguir a nuestra flota debe ser destruido también. En un año electoral casi parece inevitable que los políticos y los generales consigan lo que quieren: bombardear Vietnam del Norte. Puro desperdicio, estupidez insensata y criminal, ¿pero qué puede uno hacer? ¿Quién escucha las protestas?

## 9 de agosto

El otro día, en Louisville, retiré de la biblioteca *Enchafäd Flood* de W. H. Auden. Es un buen antecedente para el viaje de Brendano. Finalmente debo releer a Melville, ¿pero cuándo se encuentra tiempo para todas estas cosas? Todo depende, supongo, de lo mucho que quiera leer a Melville y de lo culpable que me sienta al hacerlo; pero en verdad no hace falta sentir culpa. *Moby Dick* tiene mucho que ver con la vida monástica y, tal vez, mucho más que los libros decididamente espirituales de la biblioteca monástica. Quizás imprudentemente consentí en escribir un artículo sobre "Arte y moralidad" para la *New Catholic Encyclopedia*. Una razón por la cual consentí fue que el editor de la sección es amigo de Ned O'Gorman, el pintor benedictino.

Ayer a la mañana oficié misa en medio de una tormenta de truenos; después refrescó. La tarde fue luminosa y serena. Retomé una meditación decente que no andaba bien con el calor. Hallo que en una hora de meditación tiendo a adormecerme durante los primeros veinte minutos o algo así. No dormirme sino aturdirme en una especie de oscurecimiento total; pero, después de eso, todo se vuelve muy claro. Así que ayer los veinte minutos de apagón parecieron un pasaje necesario de la confusión a la verdad, una recuperación de la presión y el movimiento, un regreso al equilibrio. Antes de eso, no estoy despierto. Sólo me muevo por ahí.

Estoy concluyendo *La Peste*, de Camus, en francés. Es una obra de reflexión precisa, bien construida e inexorable. Un cuadro de la sociedad blanca como realmente es cuando se halla indefensa por distracción. Puedo aceptar las ideas de Camus sobre lo noble y, por cierto, concuerdo con él sobre el sermón del jesuita. Sin embargo, la nobleza del médico no resulta suficiente, aunque tal vez sea suficiente para el médico, y eso es quizás todo lo que los hombres pueden hacer. Hay cierta nobleza en la simplificación de razones en la renuncia a las explicaciones religiosas; pero vivir sin ideología no es vivir sin fe. Este doctor no sería posible sin el Evangelio o sin alguna compasión secreta que es más que simple humanística. ¿Ha ido Camus más lejos que Kant?

Raïssa Maritain, en su libro sobre Chagall, habla sobre la luz de Nueva York, la mejor luz para ver las pinturas de Chagall. Concuerdo. Fui impactado por esa luz el pasado junio. Mucho más clara, bravía, más descomprometida que la luz de Louisville, que es una ciudad vaga.

*La Peste*, de Camus, es más comprensible a la luz de las admirables cartas de Bonhoeffer desde la prisión. Tomen por ejemplo esta línea de Bonhoeffer y compárenla con Camus: "A menudo me pregunto por qué un instinto cristiano me arrastra frecuentemente más hacia la irreligiosidad que hacia lo religioso, y con esto no indico alguna intención de evangelizarlos sino mas bien, casi diría, de fraternizar."

## 12 de agosto

Para Santa Clara, tras días de calor, un fresco día gris con un lindo viento que sopla a través de la oscura capilla del noviciado antes del amanecer, y nubes oscuras durante casi toda la mañana. Casi hacía frío en el jardín. En vez de escribir cartas, comencé algunos apuntes de conferencias sobre arte para los novicios, algo opuesto a mi mejor criterio, pero que todavía parecen necesarias. También ya tengo materiales e ideas para el artículo de la *New Catholic Encyclopedia* pero ningún tiempo para escribirlo. Tal vez la semana próxima.

Anoche soñé que Dom James súbitamente anunciaba que tendríamos formales "desfiles militares por los muertos", junto con los actuales oficios de difuntos. Los monjes marcharían lentamente en filas espaciadas a través de la iglesia durante *un largo tiempo*. Vi cómo esto comenzaba y vi que todos los monjes enfermos eran obligados a participar. Sin duda, hasta los muertos estaban incluidos, pues el padre Alfonse estaba allí, aunque se tambaleaba bastante.

El abad insistía absolutamente sobre esta nueva y descabellada observancia como una firme manifestación de su voluntad. Yo trataba de razonar con él y decía que era una violación de la simplicidad monástica. Hasta traté de encontrar una copia de *El espíritu de simplicidad* para que él lo leyera, pero no aparecía en parte alguna.

## 24 de agosto

Espléndido cielo el día entero, empezó con un amanecer abstracto expresionista de Jackson Pollock. Multitud de rayos de luz y diminutas nubes grisazuladas, colgadas como ronchas por todas partes. Antes de mi conferencia (sobre liturgia y un reciente artículo de Reinhold), un profundo cielo azul claro con sorprendentemente pequeñas nubes luminosas que jamas había visto: ¡tan leves y limpias! ¡Frescura vigorizante y ligereza de estas nubecitas!

Tengo que preparar una charla para el encuentro de abades estadounidenses aquí, en octubre; y se supone que piense algo para decir sobre la capacidad o la incapacidad de los jóvenes postulantes modernos para asentarse en nuestro tipo de vida. Es un problema real. Una cuestión de identidad. Supongo que deberé hablar sobre la crisis de identidad.

A menudo, viene aquí gente en procura de su propia identidad, y se encuentra con una vida que explícitamente frustra la búsqueda de identidad. Cuando sólo entendemos a medias nuestra Regla y la aplicamos rígida y equivocadamente, llegamos a la fabricación sistemática de no-personas. Tal parece ser precisamente el espíritu de las antiguas usanzas.

En cuanto a las nuevas usanzas, aunque levemente simplificadas, no representan una mejora real o seria. Una persona madura puede manejar la situación bastante bien, pero parece dañar a los jóvenes, a veces muy mal. Quizás no sucedería si provinieran de ambientes católicos estables y seguros; ¡pero a menudo sus antecedentes son tan ambigüos! En cuanto a la supuesta seguridad que la Regla parece prometer, esta promesa no puede mantenerse si se dejan sin resolver ciertos problemas básicos: en especial, los problemas humanos y sociales del inseguro adolescente norteamericano.

## 29 de agosto

Esta tarde trabajé en dibujos caligráficos abstractos. Tal vez hice demasiados. Algunos de ellos parecían bastante buenos. Llevé una tanda a la casa de marcos el jueves pasado con Ulfert Wilke, y me ayudó mucho para mostrar cómo debían ser enmarcados.

Después, almorzamos y fuimos a su estudio en un garaje cercano al club de juego. Tenía algunas apacibles y grandes abstracciones fascinantes que no puedo describir. Una economía caligráfica de puntos y pequeñas figuras rojas sobre grandes fondos negros o castaños. Otros con amarillos y rojos muy vivos, pero los sombríos eran más serios y profundos.

Durante las últimas dos semanas no he escrito mucho, salvo cartas. La semana próxima tengo que retomar la escritura. Estoy haciendo apuntes como datos de reserva para el artículo sobre el peregrinaje-cruzada. También debo modificar "El monje en la diáspora" para la traducción francesa. No le gusta al abad general.

## 1 de septiembre

San Egidio. Celebré la misa de san Egidio en un lindo preamanecer estrellado. Fresco y silencioso. La vieja Luna y la estrella matutina de plata líquida, brillantes en el cielo; y ahora es un claro día de septiembre, cálido y brillante. Se siente que el año dobló definitivamente la curva y marcha hacia su culminación.

Hay algunos párrafos y frases conmovedoras en la biografía de Meriol Trevor sobre Newman que se lee en el refectorio, especialmente plegarias y líneas de su diario. Me siento más y más cerca de Newman, pero con un respeto aun más profundo por su profundidad religiosa.

Ha sido un día laborioso. Después del capítulo, hubo una reunión del consejo, y luego debí salir y conversar con el hermano cubano de la familia, que se volvió psicótico. Estaba gritando, rompiendo platos y aporreando la pared. Dijo que la ira de Dios caía sobre este lugar porque era demasiado rico, ¿y por qué tiene que haber tanto *aseo* en la casa de huéspedes? Pronunciaba la palabra *limpieza** con furiosa precisión. Supongo que las largas horas de trabajo, dejado a solas, junto con su incapacidad para hablar inglés y sus intensas meditaciones sobre las amenazas y las promesas de Nuestra Señora de Fátima, sobre el Apocalipsis y sobre Castro, finalmente lo quebraron. Trató de demostrarme cómo en números romanos el número apocalíptico 666 deletreaba el nombre de Fidel Castro Ruz, pero yo no lograba ver tal cosa. Hoy se va e irá a un lugar donde hay otros cubanos.

En medio de la mañana, mientras me aprestaba a tipear notas al pie de página de "Peregrinaje y cruzada", desde Jackson, Mississippi, llegó la familia X. Ella es una conversa que me ha estado escribiendo desde hace un tiempo y él es todavía pastor episcopal. Es una linda familia. Conversamos alrededor de una hora y extraje alguna idea sobre la dificultad de un sureño moderado que quiere hacer lo correcto y está atrapado por la garra del totalitarismo y el prejuicio hasta el punto de que el más leve traspié lo aísla de sus vecinos. Además, no sabe en quién confiar entre los de afuera. Es una posición muy difícil y tienen realmente buenas intenciones. Poseen un inmenso coraje.

* En castellano, en el original.

## 4 de septiembre

José, el cubano, se ha quedado un par de días más y hoy le hablé al sacerdote que lo está llevando a su hogar de varones en Covington. José está aparentemente mejor desde que decidimos que debe irse. El sacerdote dijo que hubo cuatro días de motines raciales en Filadelfia, los peores hasta la fecha. Peores que en Harlem y Rochester. No conozco los detalles.

Ayer, el padre abad me entregó varias páginas de apuntes, propuestas para la reunión de abades en octubre. Los apuntes se extrajeron de cartas de los participantes, donde señalan puntos que consideran importantes y que quieren debatir. Puntos teóricos y más bien inútiles, que atacan las ideas de Jacques y Raïssa Maritain sobre la liturgia de algunos años atrás. Apelaciones vehementes de una liturgia vernácula, una exigencia muy quisquillosa para la acción inmediata y "el final del gradualismo en el trato con los hermanos", como si la cuestión de los hermanos cisterciences laicos fuese idéntica a la de los derechos civiles. El que escribió tal cosa insinuaba que "ciertos abades" querían mantener a los hermanos como un reservorio de "trabajo esclavo".

En realidad, al menos aquí, muchos de los hermanos quieren preservar su situación como garantía de cierto margen de *libertad* reservado para ellos, ¡y no ser forzados a ir al coro o ser encajados en un molde diseñado para ellos por algún otro! Estoy algo deprimido por todos estos apuntes, que dan testimonio de un estilo de vida y de aspiraciones en las que no tengo interés real, una forma de monaquismo donde la soledad y la contemplación son tratadas como si fueran más o menos irrelevantes. Esta gente piensa evidentemente que todo lo que importa es un vivaz e interesante servicio coral, un trabajo bien organizado, una gran comunidad animada, expansiva y vibrante. ¡Cosas así!

## 10 de septiembre

Por tercera vez en este verano, una alergia ha tomado la piel de mis dedos índices y pulgares, y parece extenderse. Tengo un poco en la cara.

Czeslaw Milosz estuvo aquí ayer. El mismo rostro que en su nuevo libro francés, pero considerablemente mayor. Estoy bastante entusiasmado con los poetas polacos que reunió en una antología que será publicada por Doubleday. Hay una inmensa cantidad de ironía, profunidad y sofisticación, inteligencia y pasión, en estos fantásticos poetas nuevos. Me motivan como lo hace la mayoría de la nueva poesía latinoamericana, como algo que pertenece a mi mundo. Difícilmente puedo decir lo mismo sobre la mayor parte de la poesía estadounidense o inglesa, salvo gente como Stevie Smith y Peter Levi.

Abraham Heschel me envió un memorándum sobre el nuevo capítulo judío del Concilio Vaticano. La nueva propuesta es increíblemente mala. Le extrajeron todo su significado. Toda la originalidad y toda la luz se fueron y se convirtió en una pieza de formalismo sofocante e insustancial, con el estúpido agregado de que la Iglesia procura con esperanza la unión de los judíos con ella misma. Como deseo humilde, teológico y escatológico, sí, puede ser, pero ésa no era la intención.

Esta ausencia de sentido espiritual y escatológico, esta no percepción de la necesidad real de un cambio profundo, es lo que vuelve lastimosos tales testimonios. Se siente una carencia total de introvisión profética e inclusive de contrición elemental. ¿Dónde está la profética, y por lo tanto hondamente humillada y humanamente empobrecida, sed de luz para que los cristianos y los judíos puedan comenzar a encontrar juntos algún tipo de unidad en procura de la voluntad de Dios? Pero, si Roma simplemente se declara complacientemente portavoz de Dios e intérprete perfecta de la voluntad de Dios para con los judíos, con la deducción de que Él no les habla directamente de modo alguno, ¡esto resulta simplemente monstruoso! Es perfectamente cierto que la Iglesia, en el sentido más elevado, puede sin duda pronunciar un mensaje de profecía y salvación para los judíos, pero decir que las lindezas jurídicas de los funcionarios de la Curia y los bien intencionados padres del Concilio son *la única fuente de luz* para los judíos de hoy ¡resulta un fantástico malentendido de la verdadera misión de la Iglesia! Refleja que la Iglesia, en este sentido más bien imperfecto, este sentido exterior, entregó a los judíos a Hitler sin una queja, ¡ayudando aquí y allá a algún individuo a escapar para hacerlo todo más tolerable a la conciencia!

## 12 de septiembre

Esto es todo lo que un día de septiembre debería ser. Cielo azul brillante, sol generoso, viento fresco en los pinos. Pero tengo que usar blancos guantes dérmicos. Parece que me he vuelto extrordinariamente sensible a *algo*. Sea lo que fuere, mi piel se quiebra cada vez más, hasta en mi cara. Afortunadamente, puedo andar con mi cara al aire. Detestaría tener que andar por ahí con una máscara, pareciéndome a un miembro del Ku Klux Klan.

Diminutas, delicadas espinas de nubes en el cielo. Arpas de sonido en los dulces árboles, largas sombras sobre la hierba. Los suelos distantes se ven llanos, nivelados y marrones; arados y rastrillados.

Anoche, durante la vigilia nocturna, me detuve en la biblioteca y leí sobre los descubrimientos de Olduvai en la *National Geographic*. Toda la historia es inspiradora. La encuentro religiosamente perturbadora. Hace seiscientos mil años, estaba evolucionando este hombre, hacía herramientas con guijarros, era fuerte y más corpulento que yo. Vivía entre las grandes lluvias africanas, y había glaciares hacia el norte y hacia el sur. Había cerdos tan grandes como los rinocerontes. Qué historias espléndidas. Más fabulosas que las fábulas de los días antiguos. Mito, tradición, memorias raciales y verdad en ellas. Los dragones, por ejemplo. Me pregunto cuántos de los cuentos familiares que escuchamos de niños se remiten por completo a Olduvai.

Ayer, llegó una larga carta del abad general y decía así: "Si usted tiene tal cantidad de nuevas ideas, dígame cuales son."

Bueno, escribí enseguida unas tres páginas sobre los cambios monásticos y sugerí un comité para estudiar la formación de una ermita estadounidense. Probablemente, esto encontrará todo tipo de oposición. Quizás, ante todo, de Dom James. No espero llegar a parte alguna con ello, pero por qué, al menos no plantear la cosa. Si quieren saber en qué estoy pensando, ahora lo saben. Todo esto comenzó con el artículo "El monje en la diáspora", que después de todo viene a irrumpir como una especie de bomba de tiempo. Hoy tuve noticias sobre ello del hermano Pachomius de Erlach. Le gusta y lo está traduciendo al alemán.

El censor de la orden en New Melleray, padre Shane Regan, dice que estoy "pasado de letra", que nada sé de teología o filosofía, que nada tengo para decir, que debería parar de publicar, pero concede el *nihil obstat* para *Estaciones de celebración*.

Hoy, durante el capítulo, Dom James expresó el máximo elogio para quienes simplemente "van con el rebaño". Son sus propias palabras. Ensalzó a los que no piensan por sí mismos y se conforman. Lamenta que el "conformismo" sea considerado como un mal rasgo por quienes buscan "sólo libertad para hacer su propia voluntad".

¡Se sorprende de tener problemas con tantos monjes que se van! Así, ¡se supone que dé una charla mágica durante el cónclave de abades para diseccionar la mente de la juventud y mostrar de dónde brota el problema! Honestamente pienso que, de una u otra manera, él espera que yo diga que todos los problemas de la juventud surjen del radicalismo, la rebelión y el imperio del yo. Ésta es la única respuesta que está preparado a creer.

## 13 de septiembre

La mañana del domingo fue brillante, ventosa y fresca. Uno de los novicios vio humo hacia el norte antes de prima, y él, el hermano Colman yo y, fuimos en auto a ver de dónde salía. Era en los terrenos de Andy Boone. En un pequeño monte de pinos ardían los arbustos de la ladera. Andy lo había encendido y lo dejó así. Un pino diminuto se quemaba, pero no parecía que el fuego fuera hacia alguna parte. Fuimos a la granja y luego al establo. Nunca habíamos estado antes en ese edificio. Un cachorrito de color naranja vino corriendo en silencio por la hierba. Hermoso silencio y paz dominical sobre todas las cosas. Vistas de las radiantes y benditas colinas en el nítido valle quieto. Colinas y bosques. Casas pequeñas que lucían más sabias y seguras en el día del Señor. Andy, afeitado y en paz después de la misa, traía forraje para sus vacas. Era su cumpleaños sesenta y dos.

Perdí el capítulo y no lo lamenté porque los capítulos de los domingos son horribles.

## 15 de septiembre

Cálido, muy brillante; la piel cae de mis manos. Tengo varias medicinas pero no funcionan. Hace diez días, el padre Eudes me prometió que me conseguiría crema Rhuli, pero nada sucedió.

La madre Luke de Loretto estuvo aquí para charlar antes de su viaje a Roma. La tercera sesión del Concilio comenzó ayer. Ella hará consultas con el cardenal Suennens y de alguna manera él está tratando de hallar el modo de que las monjas estén representadas en las sagradas congregaciones.

Hago algunos apuntes sobre Flannery O'Connor, que murió este verano.

## 19 de septiembre

Ayer, en medio de la lluvia, fui al pueblo a ver al doctor Simon, que dijo algo sobre una "infección micótica". Con certeza difícilmente él pueda registrar en qué estado estuvieron mis manos durante estas tres semanas. Andan algo mejor, pero permanecer en los bosques parece afectarlas. Tal vez, sin embargo, estoy equivocado sobre la hiedra venenosa. Quizás me afecta algo presente en los hongos del roble. ¡Tal vez tengo la enfermedad de algún árbol!

Fue agradable ir hasta el pueblo bajo la lluvia, estar allí mientras llovía, sentado en el consultorio del médico, desvestido hasta la cintura con los parches de prueba picándome en la espalda, mirando cómo la lluvia caía sobre la estación de ómnibus, el edificio del *Courier-Journal* y la oficina de correo. Estuve allí diez años antes, cuando tenía una seria sinusitis y muchos resfríos. El doctor parecía viejo y almidonado, y la sala en que yo esperaba estaba llena de sobres descoloridos de papel madera, estantes llenos, probablemente, con las historias clínicas de pacientes de tres décadas o más.

Me dio un buen ungüento, unas píldoras de aspecto extraño y un suero para inyecciones.

## 22 de septiembre

Hoy llovió más. Calor semitropical, humedad, neblina, el tipo de bruma que avinagra y raspa la garganta. Pero tuve un buen día en la ermita. Estuve leyendo algunas notas que el padre Tarcisius trajo desde Roma.

Ayer, el padre principal me escribió una nota con algunas ideas sobre la vida ermitaña. No cabe duda de que sigue siendo un asunto vital y urgente. Ninguna cantidad de sofocamiento oficial logrará atenuarlo completamente. Hay demasiadas vocaciones genuinas que llegan aquí, gente que jamás se contentará con la pauta formal y oficial de la vida común. Queda fuera de cuestión, una vez más, que sólo soy plenamente normal y humano cuando dispongo de abundante soledad. No es que piense demasiado cuando estoy a solas, pero vivo de acuerdo con un tiempo distinto y más real. Vivo en el tiempo del sol y del día, en completa armonía con lo que está a mi alrededor.

Sería una infidelidad negar o evadir la obvia verdad de que, para mí, tal vida es completa y plenamente apropiada. No puedo dudarlo: es la vida a la que estoy destinado. La mayoría de mis problemas surge de mis tendencias a creerles a medias a quienes lo ponen en duda. Pero he llegado al punto donde ya no puedo considerarlos seriamente. Obviamente, todavía estoy limitado por mi obediencia. La cuestión tiende a responderse por sí misma porque estoy más y más solo, y la soledad deja de ser un problema y se vuelve gradualmente un hecho.

Que otros gusten de ello o lo aprueben ya no me preocupa. A partir del momento en que tengo los permisos y las aprobaciones requeridas, ¡y las tengo en cantidad suficiente para hacer la diferencia!

Un resumen de noticias, leído hoy con increíble unción en el refectorio, dice que, en la apertura del día de trabajo en el Concilio, los padres arrancaron con un comienzo veloz que se resolvió a sí mismo en una extensa admonición de Pericle Felici (el decano de disciplina). Los padres no deben ir a la cafetería antes de las once de la mañana, y si lo hacen la encontrarán cerrada. Por lo tanto, no les servirá de nada golpear la puerta. Luego, él amenazó veladamente a los teólogos y a otros que se sintieran tentados a distribuir volantes en la vecindad de San Pedro. Hubo una trifulca sobre ello el año pasado y Felici fue fotografiado arrebatándole volantes a un obispo que los repartía en las escalinatas de San Pedro.

## 24 de septiembre

Fui en auto con el hermano Nicholas hacia los cerros detrás de New Hope, donde Everett Edelin tiene algunas tierras que podría cederle al monasterio. Perfecto, silencioso, cerrado valle de unos tres kilómetros de profundidad, densamente forestado, regado por un manantial y un estero, ningún camino, soledad perfecta, donde una vez hubo dos cabañas para esclavos liberados hace cien años. Ahora todo es ganado. Un rebaño de trescientas vaquillonas y Angus que erraban sueltas por las pasturas y los bosques con por lo menos dos toros negros Angus adultos de pura raza, por no mencionar una infinidad de terneros. No obstante, todos estaban en calma.

El silencio, las arboledas y los cerros eran perfectos. Éste será un lugar ideal para algunas ermitas. Se podría trazar un camino a través de los bosques, traspasando New Hope y lejos del camino del condado, y tener una casa y una capilla para la gente que viniera por algunos días. Después se esparcirían cinco o seis ermitas por las laderas para los ocupantes permanentes. Sería maravilloso. Estoy ansioso por hacer que este proyecto se estudie si Dom James apacigua su desconfianza y desplaza su inercia.

## 25 de septiembre

La semana de Témporas fue completamente fantástica, animada, cargada de cosas inesperadas. Días brillantes, sorpresas y absurdas esperanzas que no obstante parecen asombrosamente firmes. De repente, parece una semana de *kairos*. Ayer (después de muchas dudas y vacilaciones), le hablé al padre abad sobre el proyecto de ermitas en el valle de Edelin y súbitamente lo encontré singularmente interesado y abierto. ¡Quedé atónito! ¡Parece que realmente tomó el proyecto con seriedad!

Escuchó todo lo que dije, formuló buenas preguntas, ofreció comentarios constructivos y estuvo cabalmente propenso a involucrarse. Fue maravilloso. En verdad, pienso que allí hay una posibilidad muy real de que el anhelo avance. Por cierto que se trata de algo para trabajarlo. Y ahora miro pasmado hacia aquellos cerros a través del valle. Los árboles ocultan la colina detrás de la cual se esconde el valle, pero tengo conciencia de aquellos silencios con un nuevo sentido del significado.

Ayer fui hasta el buzón y había una carta del padre Dumoulin, desde Tokio, donde decía que yo debía ir a Japón durante algunos meses para obtener conocimientos zen de primera mano. Pensó que era algo muy importante y había hablado sobre ello con uno de los obispos y un superior trapense, y ellos concordaban con tenerme allí. No hubo nada más que proponérselo a Dom James, pero él quedó totalmente impactado por el asunto. No parece en absoluto dispuesto a darme su permiso, pero agregó que estudiaría la cuestión objetivamente con el abad general. Estoy seguro de que su mente se opone. Concordó y fue razonable, pero puedo ver que mantiene todas sus objeciones.

## 28 de septiembre

Lluvia constante ayer y hoy. Leen en el refectorio el resultado de los votos en el Concilio. La colegialidad de los obispos se aprobó con una inmensa mayoría. El debate sobre si María debería ser llamada Madre de la Iglesia no pareció muy relevante, al menos según las noticias. Editoriales hostiles de periódicos de Israel critican la revisión del capítulo judío y fueron citados en un artículo noticioso. La cuestión judía no se entiende en absoluto.

No escribí todavía mis apuntes para la charla que daré a los abades el lunes próximo, durante su reunión aquí. También debo tratar de redactar una lista de observancias que parecen haberse vuelto inútiles y deberían ser cambiadas. Sin embargo, me pregunto si esto tiene algún sentido. Se puede perder una perspectiva sensata al enfocar una pequeña observancia tras otra y decir "esto no tiene sentido". Desde cierto punto de vista, cada una debe retener un significado.

Monásticamente hablando, la cuestión de los hermanos es más importante. Los hermanos tienen una vida monástica auténtica y simple. Una de las mejores formas de la Iglesia. Son dejados bastante por su cuenta, con un montón de responsabilidad y un buen trabajo por hacer. La gente quiere arrebatarles eso y amontonarlos en un coro. Por cierto, mientras sea una cuestión de una categoría de monjes, no hay problema. El problema real surje cuando son cambiados radicalmente los dos tipos de vida.

Repasando los "usos" de las cosas que deberían desecharse como artificiales, advierto con alarma que todas están insertas en la propia estructura de la vida. Erradicar estas observancias sería de hecho arrebatarles a muchos de los monjes de más edad lo que prácticamente constituye la "vida trapense". Entonces, se trata de algo bastante serio.

¿Será posible alguna adaptación real sin un cambio completo de todo? ¿Significa eso que todo lo que puede esperarse es preservar lo que tenemos y tratar de mantener vivo cierto espíritu razonable y alerta, y quedar en paz fuera de todo ello cuando uno se vuelve libre? Se trata de un problema, probablemente más fácilmente aceptado en los monasterios franceses.

## 2 de octubre

Oscuro, húmedo, cálido. Continua vibración de fusiles hacia Fuerte Knox. Durante los últimos tres días estuve trabajando duro sobre el material de la charla al cónclave de los abades del próximo lunes. Le temo a esa semana de plática. Debo de haber escrito más de siete mil palabras y las puse a un lado por ser demasiado largas y demasiado complejas.

Después, ataqué todo el problema, una vez más, desde otro ángulo, quizás unas dos mil quinientas palabras. Puras notas, sin decir siquiera lo que quería expresar. Tal vez no se trate aún de lo que debiera decirse del todo. Tal vez, también, mis propios sentimientos y frustraciones están demasiado involucrados. Sin embargo, trataré de ser objetivo y pacífico cuando lo exprese todo.

Entretanto, siento una enorme cantidad de tensión interior, una honda, frenética, anudada angustia de impotencia en algún lugar de mi centro, como si todo el asunto fuera una completa pérdida de tiempo que debe transcurrir sin razón.

Y, sin embargo, ayer Dom James fue muy positivo, muy vehemente y muy alentador, al hablar sobre el plan de las ermitas, en referencia al largo memorando que le entregué el miércoles por la mañana. Él mismo fue a ver el valle y quiere que el plan avance. Dice que está convencido de que proviene de Dios y desea conversar sobre los detalles prácticos. De hecho, tuvimos una conversación muy buena. Desde cierto punto de vista, esto es muy alentador y reconfortante.

Y, sin embargo, todavía persisten en mí algunas ansiedades, dado que no quiero estar asociado muy de cerca con él en torno a ello. Mucho de lo suyo no puedo aceptarlo o entenderlo. No tanto sus reticencias y sospechas, como sus arrolladores y a veces casi inhumanos arrebatos de idealismo… que guarda mayormente para sí mismo. Con todo, en cierto modo parece vivir por ello. Sin embargo, algo es cierto: cuando pone su mente en algo como esto, las bases o un nuevo proyecto, usualmente marcha adelante. Sabe cómo manejar la política mejor que cualquiera. (Éste fue el comienzo real de mi propio permiso para vivir todo el tiempo en la ermita, porque él comenzó a tomar la cosa en serio y positivamente. Obtuve permiso para dormir en la ermita algunos meses después y permiso para vivir allí todo el tiempo al año siguiente. En lo que me concierne, ése fue el *kairos* involucrado en aquella semana de septiembre de aquel año.)

## 8 de octubre

Estamos en el medio del encuentro de abades y maestros de novicios, y estoy exhausto. Tuve que charlar demasiado. Toma todo el día. Ayer no asistí a oficio alguno, salvo nona. Las sesiones comenzaban a las siete de la mañana y seguían prácticamente hasta la cena. Charlábamos durante toda la cena. Después de la cena salí, me senté al sol y traté de leer, pero me resultaba difícil posar la mente en el libro. El tiempo está hermoso. ¡Qué lindo debe estar en los bosques!

Hoy se propuso (naturalmente) que los maestros de novicios tengan reuniones posteriores pero, si nunca asisto a alguna más, eso no me preocupará. La reunión de ayer sobre el futuro de los hermanos fue importante y animada y, a pesar del enfoque cruzadista de Dom C., aparece como un esfuerzo honesto en la dirección apropiada. Resulta realmente erróneo hablar sobre la abolición de los hermanos, aunque la naturaleza de su vida probablemente cambiará en cierta medida. Por cierto, sería descabellado mudar simplemente a los hermanos en masa hacia el coro. En Spencer, como aquí, un gran número de hermanos profesos se opone a los cambios, sin saber bien qué esperar.

La reunión de maestros de novicios tiene lugar separada de la de los abades, después de la pausa para el café. Nuestros encuentros son más pacíficos y más académicos que los de ellos, y probablemente nada significan.

## 12 de octubre

La reunión concluyó hace tres días y todavía me zarandeo con su trauma. Charla continua. Me mantengo entonado con café puro y descubro que tengo más y más para decir. Al final, hablé demasiado, como lo hago de costumbre.

Los días peores fueron los últimos. Y, en cuanto a lo logrado, no lo sé. Por cierto, hubo algunas conquistas y fue útil llegar a conocer a varios abades y comprender algo de su pensamiento.

Aunque, en general, los abades parecían dispuestos a favorecer un poquito más de soledad en el sentido de días de recolección solitaria y retiros a solas, no parece probable que resulte aceptable por completo el tipo de proyecto de ermitas como el que interesó a Dom James cuando se lo propuse hace dos semanas. Es decir, la propuesta de un grupo de ermitas en el valle. Parecería que los superiores de la orden se asustaran de ello, como si se tratase de un cambio en lo esencial de la vida cisterciense.

## 113 de octubre

Un buen resultado del cambio de pensamiento por parte de Dom James, dado que se interesó en el proyecto de ermitas y expresó un deseo de participar en él, es que me ha dado permiso para dormir en mi ermita de tanto en tanto, sin ninguna restricción especial y sin necesidad de permisos ulteriores. Queda entendido que puedo pasar la noche en la ermita cuando quiera hacerlo. Anoche lo hice por primera vez y fue una bendición. Ello me permitió finalmente erradicar de mi sistema el ruido y la agitación de la reunión de abades. Si bien había hecho mucho frío durante varios días, durante la tarde dejé entrar bastante sol al lugar para secarlo y calentarlo un poquito. Llegué ahí cuando cayó la noche. Espléndido silencio. Recité las completas calma y lentamente, con una vela encendida ante el ícono de Nuestra Señora. Un profundo sentimiento de paz y verdad, el darse cuenta de que éste es el modo como se supone que deben ser las cosas, de que para variar yo estaba en el punto exacto de la mente. Rodeado de la comunidad, raras veces mi mente está en su lugar. Dormí maravillosamente bien, aunque había un gran pandemonio de perros en los bosques cuando me levanté brevemente después de medianoche. Pensé que escucharía la campana para vigilia en el monasterio, pero no fue así. Sin embargo, desperté poco después de eso, encendí el fuego y recité laudes quietamente, despacio y meditativamente, sentado sobre el piso.

## 16 de octubre

Hoy se supone que iré nuevamente a ver al médico porque la piel se cuarteó nuevamente en mis manos. Había hecho la cita y también había arreglado para oficiar misa en Carmel, pero el padre abad me dijo que, en cambio, debía reunirme con el alcalde de Florencia, Giorgio La Pira, en el aeropuerto de Louisville, así que fui allí después de Carmel. Él estaba allí con el director de su junta de educación, un reportero y un físico joven, en una rápida visita oficial a Estados Unidos. Pleno de argumentos entusiastas y vigorosos sobre todo, desde la NASA hasta Getsemaní, y declarando que "el Concilio debería canonizar a Juan XXIII por aclamación".

Hubo una considerable confusión en el aeropuerto, pero finalmente lo encontré junto a sus compañeros. Conversamos fluidamente en francés en el aeropuerto, bloqueando el tráfico en todas direcciones. A la salida, continuamos en el auto. Hablamos sobre el Concilio, sobre su viaje a Moscú y al África. Charlamos con menor fluidez, todavía en francés, durante la cena con Dom James, donde se sirvió vino Dubonnet. Tras la comida, mi fluidez se desvaneció por completo pero la suya seguía a todo vapor. Le mostré el noviciado y el refectorio, etc. Me quedé al menos con una fuerte impresión sobre el significado y la grandeza de Florencia; y de su *spes contra spem* (esperanza contra toda esperanza), y la realidad de sus convicciones y de su misión. Cuando lo dejé, él iba a mandarle un telegrama al papa Pablo, saludándolo desde Getsemaní con la convicción de las plegarias.

Cuando me retiré, recibí un llamado del doctor Scheen, a quien veré la semana próxima. De todos modos, mis manos están mejorando.

## 19 de octubre

Estoy leyendo algunos textos interesantes de una colección monástica etíope, un manuscrito tardío que es muy tradicional y está pletórico de sustancia. También, el libro *Palabra y Revelación* de Von Balthasar es excelente. En un bello pasaje resalta sólidamente lo que Juliana de Norwich dice sobre que "todo tipo de cosas estará bien", es decir, que Cristo juzga y separa lo bueno de lo malo a fin de revelar en tal separación la verdad sobre el hombre; pero que los rechazados resultarán elegidos con una misericordia mayor y más misteriosa. ¿Puede haber un límite para la misericordia de Cristo, que *satisfizo plenamente para siempre* toda la justicia de Dios y ahora tiene al mundo en sus manos para actuar según su amor compasivo?

Pese a todo esto sobre el amor y la misericordia, sin embargo, ayer estuve enojado como sacerdote asistente junto al abad en el altar. Claramente, se trata de mi orgullo. Una distracción real y una amenaza a la fe. Pero, cuando pienso en el poder que la autoridad tiene para hacer en nuestras vidas lo más irrazonable, y veo cómo ese poder se usa a veces tan arbitrariamente, me lleno de frustración y resentimiento. No obstante, lo que debo aceptar es precisamente esto. Lo cual debería resultarme mucho más fácil cuando él, de hecho también más irrazonablemente, me ha concedido tanta libertad en otros asuntos.

## 20 de octubre

Ayer por la tarde, el abad de Spencer se detuvo aquí en su regreso desde el este, de la nueva fundación de monjas que acaba de iniciar en Iowa. Hubo cierto debate sobre dos puntos que llevará a la reunión de abades antes del Capítulo General.

Uno se refiere a los hermanos laicos y otro se refiere a la soledad en la orden.

Sobre el segundo tema, le escribí al abad general el domingo pasado.

No es del todo seguro que la orden acepte oficialmente la vida ermitaña como apropiada para los cistercienses y como permisible dentro de la orden, pero es posible que una soledad relativa como la que ya tengo sea reconocida y permitida de una forma u otra.

Al mismo tiempo, comienzo a ver que para mí la cuestión de la soledad está finalmente dejando de ser una cuestión de deseo para volverse una decisión. Todavía no sé qué alcance para la decisión me será concedido, pero sé que debo prepararme para una decisión seria, la cual estuve pensando y anhelando. Parece ser un real "encuentro con la Palabra" que no debo evadir. Sin embargo, como en todas esas cosas, no estoy demasiado seguro sobre dónde será el encuentro, salvo que mi corazón me dice que en esta cuestión de la vida solitaria hay para mí una verdad especial para ser abrazada. Una verdad que no es pasible de una explicación lógica completa. Una verdad que no está arraigada en mi propia naturaleza o en mi propia biografía, sino que es algo más hondo y algo que también podría aparecer tajantemente a través de la red entera de mis recientes obras, ideas, escritos, experiencias y cosas así; hasta aquellas que en cierto modo conciernen a la vida solitaria y a la renovación monástica.

Por el momento, este encuentro parece involucrar también el corte de un centenar de contactos con el mundo e incluso con precupaciones legítimas y fructíferas por los acontecimientos y necesidades de la época. Todavía no conozco ni entiendo lo lejos que esto debe llegar, salvo que estoy atrapado en todo tipo de asuntos que ya no me conciernen. Entonces, se verifican como evasiones y distracción. Aún no veo dónde comenzar a interrumpir el contacto, y a este respecto no confío en los juicios de otros. Estoy seguro de que finalmente la decisión deberá ser mía. También la decisión tendrá que involucrar finalmente algunas de las seguridades de la vida comunitaria. Dormir en la ermita es una gracia inmensa, y duermo bien.

Anoche hubo luna llena. A medianoche el valle entero estaba empapado de silencio y oscura claridad.

Hizo frío esta mañana. Yendo hacia el monasterio en la oscuridad, podía sentir la helada en la hierba y sobre las secas vainas de maíz bajo mis pies.

## 21 de octubre

¡Un farol! Es bueno, calmo. Pasaron muchos años desde que tenía una lámpara para leer. Desde Francia, hace cuarenta años.

El farol llegó hoy. Estaba en un saco de papel sobre mi escritorio del noviciado, después de la misa principal.

## 25 de octubre, vigésimotercer domingo después de Pentecostés

El jueves fui al pueblo y vi al dermatólogo. Las cosas mejoran lentamente, pero este problema en la piel de mis manos es un gran misterio de polen y longitudes lumínicas de onda, algo superior que soy capaz de entender.

Fui al colegio Catherine Spalding con mis veintiséis dibujos abstractos que se exhibirán allí en noviembre. Están bien enmarcados, gracias al consejo de Ulfert Wilke. Quedan muy bien, al menos para mí. Les di los títulos y los precios no sin sentimientos de culpa. (¿Estoy perpetuando un engaño?) Pero pienso que en sí mismos los dibujos son muy buenos, con o sin títulos y precios. Wilke dice: "Son reales."

Ayer, Marco Pallis estuvo aquí. Está de gira con su Conjunto Británico de Violas. Me alegró reunirme con él.

Me hubiera gustado escuchar las violas ejecutando algo de Orlando Gibbons, pero no era posible. Hablamos sobre zen, *shin* y budismo tibetano, y sobre cómo, si los tibetanos van a buscar refugio fuera de India, eso sucedería en Estados Unidos antes que en Japón, pese a que Japón es budista. ¿Y por qué? Debido a la facilidad y a la simplicidad con que ellos se quedan completamente atontados por Occidente.

## 29 de octubre

Nubes que corren sobre el rostro de la luna menguante. Destellos distantes de relámpagos. Es un "frente cálido", etc. Las nubes corren sobre el rostro de la luna menguante, ¿y a quién le importa el pronóstico climático oficial? Es dinero que se preocupa por el tiempo y paga para predecirlo, y tal vez un día para controlarlo. Pero ¿quién desea un mundo donde el estado del tiempo sea controlado por el dinero?

Anoche dormí en el monasterio, porque la instrucción acabó tarde en el noviciado y mi hombro me dolía; quería la tracción que está fijada a mi cama en el dormitorio del noviciado. Dormir en la ermita da un sentido del tiempo totalmente distinto: medido por las fases de la Luna (se precise o no una linterna), etc. En sí mismo, esto es importante. El día entero posee dimensiones diferentes.

En cuanto al oficio en el coro, su artificialidad me impresiona más y más. No es que deje de ser algo bueno, ni que falte allí una gran voluntad de hacer el bien y alabar a Dios, pero el decorado íntegro de hábitos, bancos y cristales coloridos aparece irreal cuando se ha estado rezando los Salmos entre los pinos.

Lo que más aprecio en el monasterio es la luz eléctrica. El farol de la ermita es primitivo y misterioso, pero la lámpara humea y no se puede leer bien con ella. Está bien, dado que implica más meditación. Sin embargo, me gusta y necesito sentarme aquí (en el noviciado) con el libro abierto y leer realmente, tomar notas y estudiar.

En cuanto a los hermanos, es bueno estar con ellos, verlos (incluso aunque los conozco lo suficiente para reconocer sus tensiones y problemas). Pero puedo decir que para ellos una sensación de aislamiento sería probablemente un engaño o un reflejo.

Uno puede amarlos y aun así vivir apartado de ellos sin explicaciones.

Ayer un alce pequeño cayó en el reservorio del nuevo distribuidor de agua y trató de trepar pujando en derredor. Pero no hubo negociación con el muro de concreto. Temí que pudiera ahogarse, pero se deslizó a través de las angostas vigas del puente de paso hacia el otro lado, donde pudo hacer pie, y trotó hacia el sendero que lleva al bosque; parecía abatido y confundido.

Reescribí "Vocación monástica y pensamiento moderno". Quizás me preocupo demasiado por ello. Al final, advertí que me estaba complicando demasiado y que trataba de profundizarlo para evitar la simple repetición de lugares comunes sobre la "crisis de identidad" y la "autenticidad". No tuve éxito.

¡Buenas noticias! El Abad recibió una carta del abad General donde dice que, en principio, no se opone a los ensayos de vida ermitaña dentro de nuestra orden, y que tal experiencia en las propiedades de nuestro monasterio es bastante practicable. Piensa que Getsemaní sería un lugar razonable para tal experimento. En diciembre, lo debatirá durante la reunión de abades y el asunto será sometido luego al Capítulo General.

## 30 de octubre

Durante tres días estuvieron leyendo en el refectorio un boletín de la comisión litúrgica y la congregación de ritos sobre los nuevos cambios que se harán efectivos en la próxima Cuaresma. En lo principal, los cambios son buenos y son los que yo hubiera esperado. Pero, mientras tienden a la simplicidad, el documento en sí es muy complicado y tedioso, un esfuerzo pesado y desagradable para organizarlo todo. Para no dejar nada imprevisible, hasta lo que parezca ser una concesión a la iniciativa. ¿Cómo puede haber renovación con formalidades tan elaboradas y pomposas como éstas?

Estoy leyendo el libro de Jacques Ellul sobre la sociedad tecnológica. Lleno de fuegos artificiales. Un libro bello y provocativo, aunque pesimista. Tiene sentido. Es bueno leerlo mientras el Concilio está ocupado con el Esquema 13, como sucede ahora. No es posible apreciar lo involucrado en la cuestión de la Iglesia y el mundo moderno sin tomar en cuenta los cargos de un libro como éste. Me pregunto si los padres realmente se dan cuenta de las implicancias de una sociedad tecnológica. Quienes sólo se plantean resistirla pueden estar equivocados, pero quienes quieren ir al frente con todas sus intemperancias difícilmente tienen razón. ¿O acaso saben que esto sería lo que realmente quieren?

Gentil silbido de un azulejo y en la neblina se desplaza un avión del Comando Aéreo Estratégico, enorme y bajo sobre las colinas del valle de Edelin, donde se supone que algún día estarán finalmente las ermitas. Me pregunto si el avión carga bombas. Es muy probable. Me dicen que todos lo hacen.

¡Sociedad tecnológica!

Saldré, hacharé algunos leños y recogeré una canasta de piñones. Buenos para iniciar el fuego en las primeras horas de la mañana.

## 31 de octubre

En la ermita, durante estas noches frías, estuve recordando espontáneamente los días en que vine por primera vez a Getsemaní hace veintitrés años. Las estrellas, el frío, el aroma nocturno, el asombro (el abandono, que de nuevo es algo distinto del desaliento) y, sobre todo, la melodía del *Rorate coeli*.

El primer Adviento entero llevaba en sí toda la estampa del carácter peculiar de mi vocación. La soledad, habitada e impregnada por el frío y el misterio, por los bosques y el latín. ¡Resulta sorprendente lo lejos que hemos llegado desde el frío, los bosques y las estrellas de aquellos días iniciales!

Mi quincuagésimo año está acabando. Si ahora no estoy maduro para la soledad, jamás lo estaré.

Éste es el *kairos*, dicen las estrellas, dice Orión, dice Aldebarán, dice la media luna que se alza detrás de la alta y oscura cruz de cedro. Y recuerdo las palabras que le dije al padre Philoteus, que en parte pudieron ser un estereotipo pero que eran muy sinceras, y entonces yo sabía que realmente lo sentía así, nada premeditado. Dije: "Quiero dárselo todo a Dios." Hasta ahora, realmente no lo hice. O tal vez, de alguna manera, traté de hacerlo, pero por cierto no con fuerza suficiente.

No puedo decir que mi vida en el monasterio haya sido inútil o un fracaso, ni puedo decir dónde y cómo tuvo realmente algún significado, ni descubriré probablemente dónde y cómo tiene significado la ermita. Resulta suficiente que exista en la ermita la misma mezcla de angustia y certidumbre, la misma sensación de caminar sobre el agua, como cuando llegué al monasterio.

## 2 de noviembre, Día de los Fieles Difuntos

Hubo luz del sol y bruma durante la procesión al cementerio. El hermano Ephrem sacaba fotografías de los monjes desde una escalera contra el muro. Y, mientras la procesión doblaba las esquinas del claustro, pensé que parecía carente de espíritu, como si los monjes la efectuaran simplemente con resignación. Estaban fatigados por el prolongado oficio.

Avanzo con el profético diagnóstico de Ellul sobre la sociedad tecnológica, que considero muy sensato.

Percibe por cierto el lado oscuro, y qué poca gente encara realmente este problema. Es la cosa más portentosa y apocalíptica de todas. Estamos todos atrapados por un sistema automático y autodeterminante donde en gran parte las opciones del hombre han dejado de tomarse en cuenta. La libertad existencialista en un vacío parece implicar un desesperante reconocimiento de este aprieto, pero nada dice ni hace.

Pájaros. Un paro se mecía y jugaba en las hierbas secas junto a la leñera de monasterio. Un ser hermoso, pequeño y vistoso.

Por la tarde, una codorniz silbaba en el campo vecino a la ermita. ¡Qué sonido puro y bonito! El sonido de la inocencia perfecta.

Una diminuta musaraña se aferraba al interior de las puertas pantalla del noviciado, ¡atrapada en la casa! La recogí, corrió un poco por mi manga y luego se quedó dura, temblando. La depositó en la hierba de afuera y, ya libre, se alejó.

¿Qué hay de la avispa que maté con insecticida en la ermita? Me impactó encontrarla en gran agonía una hora más tarde. Habría sido simple y menos cruel liquidarla con un matamoscas.

Anoche, sobre la cama, aquí en la ermita, me dormí pensando en el Aveyron de Bruniquel. Ahora, ya no hay tren allí. Recuerdo todas esas pequeñas estaciones.

El padre Chrysogonus fue a Saint-Antonin y me escribió una larga carta sobre ello. Sobre la casa que papá construyó, que ahora pertenece a un viñatero, y cosas por el estilo.

Finalmente, Victor Hammer escribió. Me preocupaba su salud. Se cansa con facilidad pero está trabajando. Dice que la operación de sus ojos fue exitosa y que puede ver bien.

## 3 de noviembre

Cuatro de la mañana. Salí al pórtico para ver la luz de las estrellas. Los gallos hacían quiquiriquí en la vecindad de Andy Boone, también hacia el camino y hacia el este y el sur, donde no los creía tan próximos como para ser oídos.

La campana para laudes en la fiesta de san Malaquías había sonado brevemente en el monasterio. Justo había estado leyendo los capítulos 3 y 4 de Ezequiel: "Pon sobre ti la culpa de la casa de Israel."

Durante la meditación, mirando el fuego, recordé de repente que era día de elecciones.

## 4 de noviembre

Ayer, antes del amanecer, escribí por pedido de Victor Hammer un poema latino de cuatro líneas. Una acción de gracias por el retorno de su vista para que pueda trabajar de nuevo, y lo quiere para un rótulo.

Hay algo que me entristece y me perturba. A Victor le resultará chocante mi exhibición de dibujos o caligrafías o como quieran llamarlos. No hay manera de explicárselo y, en cierto modo, existe una razón para ellas. Quizás una razón irrazonable. No comprensible para un tradicionalista. Me dan ganas de escribirle y decir: Si supieras que tengo una amante, te entristecerías pero lo comprenderías. Estos dibujos son tal vez algo peor que eso, pero considerálos como un desatino humano. Permíteme, como a cualquier otro, al menos un vicio abominable, etc.

Ayer fui a votar justo cuando todos los niños llegaban a la escuela. No había nadie en los locales de voto. Acabé votando por Chelf, si bien no era mi intención. ¡Tiré por error la palanca del partido y fastidié a la tribu entera!

Por la tarde, había montones de lindos y pequeños mirtos trinadores jugando y cazando insectos en las ramas bajas de pino sobre mi cabeza. Tan cerca, que casi podía tocarlos. Me intimidó su encanto, su vuelo veloz, su aspecto y sus gorjeos, la mancha amarilla en su espalda, revelada en el vuelo. Una sensación de afinidad total con ellos, como si ellos y yo fuéramos de la misma naturaleza y como si la naturaleza no fuese nada más que amor.

Por cierto, ¿qué otra cosa sino el amor nos mantiene unificados en el ser?

Estoy más y más convencido de que Romanos 9-11 (los capítulos sobre la elección de Israel) *son hoy la clave de todo*. Éste es el punto que debemos observar, presionar, procurar y escuchar para el mundo. Desde allí ingresamos a la comprensión de la Escritura, de la totalidad de la Revelación y de la Iglesia.

Me parece que el Vaticano II no llegó todavía a esta toma de conciencia. El capítulo sobre los judíos ha sido lamentablemente inadecuado. Fue naturalmente cauto, yo no diría hasta el punto de la infidelidad, pero por cierto resultó obtuso. No llegó a nada y, en su inadecuación, en sí mismo resulta un signo providencial. Una "palabra". Así que debemos observar mejor este misterio, y penetrarlo con mayor profundidad.

Una contemplación que ignore esto, que se distancie de ello, es simplemente una pérdida de tiempo, vanidad y vejación del espíritu.

## 6 de noviembre

La otra mañana, antes de prima, hubo un anuncio en el pequeño claustro, donde se decía que Johnson había ganado la elección presidencial de modo arrasador.

Después de ello, fui a Louisville para ver de nuevo al dermatólogo, tras lo cual compré una lámpara Coleman y una estufa. Ayer cargué la estufa y la puse a funcionar, y encendí la lámpara esta noche. Da una luz más brillante y mejor para leer durante períodos largos que el farol de querosén.

Pienso que Ellul es quizás *demasiado* pesimista. Hay muchas razones para ello, ¡pero uno debe tener todavía alguna esperanza! Tal vez el curso autodeterminante de la tecnología no esté tan inexorablemente orientado hacia el fin como él imagina. No obstante, él es lógico por cierto. ¡Pero hay mucho más de por medio, gracias al Cielo, que la lógica! Inclusive, aunque todo sea puesto en fila para "servir al esfuerzo universal" del desarrollo y la expansión continua, aunque no queden más espacios para el solitario, aunque no le resulte posible al hombre desvincularse de la sociedad, quedará algo más. Personalmente, no creo que todo acabará de tal manera. ¿Y debo quejarme de la tecnología por esta silbante y brillante luz verde, con sus comodidades y sus riesgos, o por la poderosa linterna que compré en Sears y que envía un haz intenso de luz hacia la profundidad del bosque húmedo?

Esta noche la luna nueva brillaba hacia el oeste; era realmente *nueva*.

Aunque los hombres han visto la misma Luna durante más de un millón de años. Ésta es una de las buenas cosas de estar en los bosques, vivir del Sol, la Luna y las estrellas, de usar jubilosamente la luz lunar, que ahora debería estar disponible durante tres semanas en las noches claras, al comienzo o al final.

Me sorprende lo fácil que es seguir un sendero familiar, aunque sea bajo la luz de las estrellas.

## 7 de noviembre

La campaña para la elección presidencial fue furiosa y sucia. Una de las cosas perturbadoras de ella fue el carácter cuasi-religioso del entusiasmo por Goldwater. Me sorprende que no haya obtenido más votos. Aparentemente, para mucha gente, el goldwaterismo era cristianismo, y no creo que hayamos acabado con esta manía.

Lectura de Ezequiel 6. Trata sobre nuestra idolatría, así como la de Israel.

La idolatría es el pecado básico, por lo tanto, está bien hondo en nosotros, más íntimanente relacionado con el pecado original, por eso, con mayor probabilidad de engañarnos bajo la apariencia de veneración verdadera, integridad, honestidad, lealtad o idealismo.

Hasta el cristianismo es a veces idólatra sin advertirlo. El pecado de tener un dios distinto del que no puede convertirse en ídolo, o sea, un objeto.

## 10 de noviembre

Esta mañana descendí al monasterio más temprano de lo corriente porque había olvidado mis lentes y no podía leer confortablemente en la ermita. Pero no dejaba de advertir que habría sido mejor meditar en la oscuridad hasta las seis, en vez de leer. Resolví el caso porque "podían necesitarme" en el noviciado.

No obstante, el asunto de utilizar la oscuridad y la luz limitada a horas tempranas en la ermita no debe ignorarse. ¿Es una de las limitaciones planeadas providencialmente para mí? ¿Por qué debería suponer automáticamente que, dado que es posible tener electricidad y leer más, resulta por lo tanto necesario hacerlo? Con todo, hay otras consideraciones y fue ciertamente beneficioso leer a Von Balthasar y el pequeño libro de Gordon Zahn sobre el objetor de conciencia austríaco Franz Jaegerstaetter, que es sorprendentemente bueno y conmovedor. También, si no hubiese descendido, no habría corregido la carta a la revista *Ramparts* sobre su política hacia el cardenal McIntyre, y decidido enviarla.

Ayer, estuvo aquí un gran grupo de bautistas del Southern Baptist Seminary de Louisville. Disfruté al conversar con ellos pero no creo que siga haciéndolo el año próximo. Es obviamente fructífero y significativo pero uno no puede hacerlo todo.

La exposición de dibujos en el colegio Catherine Spalding va a inaugurarse el domingo próximo. El viernes habrá una muestra privada. Ya todos parecen muy interesados en ello. Aparentemente, el *Courier-Journal* publicó algo al respecto, que por supuesto no llegué a ver.

Finalmente, monseñor Moore, que me instruyó y bautizó hace veintiocho años (se cumplen este domingo), estuvo aquí fugazmente el sábado pasado con Jack Ford, del colegio Ballarmine. Eso fue el sábado por la tarde. Resultó bueno verlo otra vez. No ha cambiado mucho, está algo más gordo y con buena salud. Fue capellán de West Point durante veinticinco años.

He aquí una cita que no requiere comentario: "Están disponibles la verdad sobre la naturaleza y el riesgo de una guerra termonuclear. La razón por la cual no se la asume es que no resulta aceptable. La gente no puede arriesgarse a ser abrumada por la ansiedad que acompañaría un pleno entendimiento cognitivo y efectivo de la actual situación mundial y sus implicancias para el futuro. El aceptar esta verdad no le aporta al hombre ningún propósito útil, si al hacerlo desemboca sólo en sentimientos perturbadores que interfieren su capacidad fecunda para disfrutar la vida y preservar su equilibrio mental" (*Peace News*, 6 de noviembre de 1964).

Sigo la lectura de las pruebas del libro de Zahn sobre el campesino austríaco Jaegerstaetter, que fue ejecutado por Hitler por su objeción consciente y su rechazo a combatir en la guerra nazi. Es un trabajo excelente. Sobre todo, resultan conmovedoras las propias notas de Jaegerstaetter, sus comentarios sobre la guerra. Su lucidez y precisión es sorprendente y bastante mayor que la de muchos obispos, estudiosos y comentaristas de la época.

He aquí un hombre simple, apenas educado, que vio claramente las cosas y las manifestó como las veía.

Sobre todo, me impacta una cosa. La Iglesia católica de Austria y Alemania, tras condenar al nazismo antes de su acceso al poder y tras colaborar luego con él cuando estuvo en el poder, con seguridad se daba cuenta de que el nazismo estaba irreconciliablemente opuesto tanto a la Iglesia como al comunismo. ¿Por qué la Iglesia apoyó al nazismo y nunca se comprometió con el comunismo? Quizás porque los nazis eran más pragmáticos en ofrecer medios para el compromiso. Pero también, básicamente, la razón real, debido a la *propiedad*.

## 16 de noviembre

Vigésimosexto aniversario de mi bautismo. Cálido y oscuro descenso desde la ermita. Viento caliente y estrellas. Casi llena, la Luna se había puesto. Trillaron el campo de maíz al pie del corral de las ovejas y será duró caminar por allí cuando quede arado.

El hermano Antoninus, alto, encorvado, gentil, benevolente, dado a la risa silenciosa, estuvo aquí del viernes al domingo. Tuvimos algunas buenas conversaciones y les habló a los novicios y a los estudiantes sobre la presencia del poeta, el aura del poeta, su tono, su oído, imaginación, intelecto soberano, la compasión de las imágenes. Antoninus lee poesía más atenta e inteligentemente que yo.

Me dijo que Hayden Carruth me hizo una buena crítica en la *Hudson Review*. Había oído algo vago sobre ello pero no llegué a verla.

Al hermano Antoninus no le gustó el nuevo libro de Lowell (*For the Union Dead*). Lo irritaban su destructividad y su resecamiento. No le gustó la obsesión que Lowell tiene de destruir en él lo que podría salvarlo. Pero, por mi parte menos compasivo, sin duda, gusté de su dureza.

¡Tecnología!

¡No! Cuando hay que tomar partido, no estoy con los *beati* que quedan boquiabiertos de pavor ante la "nueva santidad" de un cosmos tecnológico donde el hombre condesciende en ser colaborador de Dios y a mejorarlo todo para Él. No es que la tecnología sea en sí misma impía o profana. Simplemente es neutral y no hay mayor insensatez que tomarla como un valor esencial. Está *allí*; y nuestro amor y compasión por los demás hombres no es enmarcado y sostenido por ella. ¿Entonces qué?

Nada ganamos rindiéndonos ante la tecnología como si fuese un ritual, una veneración, una liturgia, o hablando de nuestra liturgia como si fuese una expresión de los sacros valores supuestamente revelados ahora por el poder tecnológico. Donde la impiedad comienza es al hipostasiar la potencia mecánica como algo referido a la encarnación, como su consumación, como su Epifanía.

Cuando hay que tomar partido, quizás estoy con Ellul y también con Massignon, antes que con Teilhard de Chardin.

## 17 de noviembre

El Abbé Moncharin estaba convencido de la gran importancia de su plegaria por "todos los muertos de India" como parte de su misión a la India, como parte de la "convergencia" de toda la humanidad en el Cristo del Día del Juicio.

Massignon y Foucauld fueron convertidos ambos al cristianismo, dado el testimonio del islam al único Dios viviente verdadero.

Alguien escribió sobre Foucauld y su devoción por los muertos del islam. Para un místico, las almas de los muertos cuentan tanto como la de los vivos, y santificar al islam eterno —que ha sido y será por la eternidad— era su vocación particular, para contribuir a darle un santo al cristianismo.

Massignon dice: el ascetismo no es un lujo solitario que nos adorna para agradar a Dios, sino que es la obra más profunda de la misericordia, la que sana los corazones quebrados por sus propias fracturas y heridas.

Hoy viene para un retiro un grupo del FOR (Confraternidad de la Reconciliación). A. J. Muste, Jim Forest, John Howard Yoder, Dan y Phil Berrigan, John Oliver Nelson, etc. Paul Peachey no puede venir. A último momento, debió volar a Londres para reemplazar a John Heidbrink, a quien operan de su columna. Tom Cornell, editor del *Catholic Worker*, y Tony Walsh, de Montreal, también vienen con W. H. Ferry.

## 19 de noviembre

El retiro del FOR ha sido notablemente animado y fructífero. Mayormente fueron sesiones en la casa de recepción, debido a la lluvia, pero fuimos a la ermita el sábado por la tarde. Ferry ha sido muy cooperativo. Él y yo conversamos mucho al comienzo sobre Ellul. John Yoder habló bien esta tarde sobre la protesta desde el punto de vista menonita, que es bíblico. Nexo de la tecnología con los "principados y poderes" de san Pablo. En absoluto ajenos a la mente de Ellul, a quien, de hecho, citó (y a quien conoce personalmente). Por su personal intensidad y sinceridad, también me gustaron mucho las observaciones de Elbert Jean, un metodista del sur. Era clérigo en Birmingham pero fue despedido por sus ideas integracionistas. ("La desagregación puede ser efectuada por cualquiera, pero la integración sólo mediante el Espíritu Santo.")

A. J. Muste impresiona por su sabiduría real, modestia, gentileza. En cierto modo, me recuerda al arzobispo Floersh y sin embargo es mucho más suave, libre de las estrecheces y compulsiones institucionales.

Hoy, mientras iniciábamos nuestra sesión, el hermano Patrick me entregó doce copias flamantes de *Semillas de destrucción* (recién aparecido) para los participantes. También llegó *Motive*, que incluye tres cartas mías.

Dan Berrigan ofició una misa desorbitada en la capilla del noviciado, aunque también fue hermosa. Tuvimos dos clérigos, Nelson y Muste, que leyeron el Evangelio y Epístolas. La celebración de la liturgia del sacrificio que hizo Dan fue sencilla e impresionante. Todo en inglés y "no canónico" en grado extremo, no sólo la comunión bajo ambas especies sino la comunión para los protestantes. Supongo que será lo mismo mañana en la capilla del antiguo jovenado, donde el altar está mejor configurado para permanecer de pie en un círculo.

Anoche tuve un sueño persecutorio sobre una princesa china que permanecía conmigo todo el día ("Proverbio" de nuevo). Esta linda, familiar y arquetípica persona. (Ningún "objeto" y sin embargo tan cercano y real, y tan fugaz.) Durante los sueños, ella viene a mí de variados modos misteriosos. Esta vez estaba con sus "hermanos", y sentí abrumadoramente la frescura, la juventud, la maravilla, la verdad de ella; su completa realidad, más real que cualquier otra, aunque inalcanzable. Sin embargo, percibí profundamente el sentido de su comprensión, conociéndome y amándome, en mis profundidades; no sólo en mi individualidad y mi yo individual, aunque no como si este yo fuera absolutamente irrelevante para ella. (No rechazado, tampoco aceptado.)

Y ahora, una noche lluviosa. Escribo esto sentado bajo la verde luz tecnológica de la lámpara Coleman en la ermita. Ellos se irán mañana.

## 22 de noviembre

Después de la lluvia de ayer, el oficio de la presentación de Nuestra Señora que todavía, para mi sorpresa, celebramos como un festejo de sermón.

El tiempo se puso frío y reluciente. De hecho, muy frío. Habría varios grados bajo cero cuando fui a la ermita para dormir y aparentemente estaba en los diez grados bajo cero esta mañana. Y ahora, si bien ha habido sol durante horas, la hierba brilla todavía con una espesa escarcha.

Gasté (quizás) tiempo y película fotografiando una vieja raíz de inagotables formas, enroscaduras y texturas interesantes bajo el débil sol.

No importa lo ingenua que pueda parecer la doctrina medieval del *quies*: tiene sentido. Es parte de un todo que ya no tenemos (Chartres), pero sin embargo no estoy divorciado de ella.

Me dí cuenta de esto claramente, cantando con atención las melodías gregorianas del festejo. Son simples, sólidas, incomparables aunque resultan comunes. Son perfectamente satisfactorias, sin constituir lo mejor del gregoriano.

Siempre tengo la sensación de que cualquier música de iglesia que consigamos será menos buena que la gregoriana. No hay reemplazo adecuado. ¡Cómo en mis días iniciales aquí el canto me daba significado y coherencia para el día entero!

Adam el Cartujo tiene un bello texto sobre el *Quies Claustralis* que fue publicado por Leclerc. Resume simple y adecuadamente toda la necesidad del *quies*: el no molestarse con preocupaciones ajenas a nuestra vida.

Quiero terminar con los retiros. Sin embargo, ha llegado una carta del Seminario Bautista rogándome que no deje mis charlas. Eso me conmovió. Nadie habría sido más sincero y menos político que Glenn Hinson, quien la escribió.

## 24 de noviembre, fiesta de san Juan de la Cruz

Durante la noche, una delgada y arrugada piel de nubes cubrió los cielos, sin oscurecer completamente la Luna. Se ha vuelto más densa a medida que avanza la mañana. Hay una sensación de nieve en el aire. Rayos de luz pálida y rojiza sobre las colinas oscuras al sur.

Los aviones del SAC volaron bajo sobre el valle justo después de la campanada para la consagración en la misa conventual, y una hora más tarde otro pasó todavía más cerca, casi sobre el monasterio. Enorme, perfecto, siniestro. Inmensa pesadez volante, gris, colmada de su carga de bombas y orgullosa de ser "la llave de la paz".

Hoy es mi día completo en la ermita. Ninguna duda sobre que éste es el tipo de programa para vivir. Bajé al monasterio para oficiar misa e iré de nuevo para la cena. El resto del tiempo aquí comienza a no ser suficiente. Qué cabales son los días. Cabales, lentos y calmos. Ordené, me ocupé (serruchar leña, barrer, leer, tomar notas, meditar, orar, vigilar el fuego o simplemente mirar hacia el valle).

Sólo aquí siento que mi vida es plenamente humana. Y sólo lo que es auténticamente humano cuadra para ser ofrecido a Dios. En mi mente no hay dudas sobre que la artificialidad de la vida en la comunidad es, en su pequeño modo, algo bastante mortífero (salvado por el hecho de que la artificialidad de la vida en el "mundo" es totalmente monstruosa e irracional).

Es bueno saber cuánto frío hace y no mediante la observación del termómetro, vestir ropas abrigadas y cortar leños para el fuego.

Me gusta lavar en la pequeña pila con el agua caliente que sobra de la preparación del café y después caminar bajo la luz de la Luna para oficiar misa, con las hojas heladas gruñendo bajo mis pies. Sin presiones, sin tensión, sin esperar lo que descenderá sobre mí, sin buscar un lugar suficientemente quieto para la lectura.

La vida aquí parece real. En la comunidad es mental, forzada. Puede verse a algunos de ellos "pensando". (¿Sobre qué?) Y otros, detrás de esos ceños fruncidos donde no queda sitio para el pensamiento. Sólo la tensión del ser y de la pérdida, todo "ofrendado".

Indudablemente, Dios está contento con ellos o lleno de compasión por ellos: pero qué sistema.

## 29 de noviembre

Hubo algunas buenas lluvias durante los últimos días. Esta mañana, con lluvia a raudales sobre todas las cosas, miré desde el vestíbulo del noviciado hacia el brillante techo mojado del corral de ovejas y di una conferencia acerca del poema de Péguy sobre Chartres.

*Nous ne demandons rien dans ces amendements,*
*Reine, que de garder, sous vos commandements*
*Une fidélité plus forte que la mort!**

Las sesiones del Concilio concluyeron la semana pasada. No leí todavía los informes completos, pero la cosa entera parece haber sido decididamente ambigua y perturbadora. A último momento, el Papa dominó a la mayoría de los obispos. No sólo sobre la cuestión de la libertad de conciencia (que *de nuevo* fue desechada) sino sobre varias otras. No sé qué sucedió exactamente pero hay enojo en el aire. Dado que no conozco con precisión lo que pasó, nada diré sobre ello por el momento. Pero, hay dando vueltas rumores desagradables.

Ayer estuve en Louisville. La piel de mis manos está en mal estado. Está "malamente dañada" después de un largo asedio de la dermatitis.

Me resultó posible ver los dibujos que ahora están colgados en el Catherine Spalding. Una exposición muy atractiva.

---

* *Nada solicitamos en estas retractaciones, Reina, sino guardar a vuestros mandamientos una fidelidad más fuerte qe la muerte.*

## 30 de noviembre

Desperté en la ermita a las 2.30 y salí para ver la nieve sobre el suelo, con el viento soplando copos en torno de mis desnudos tobillos. Encendí el fuego y recité laudes. No tuve dificultad de hallar el camino hacia el monasterio en la oscuridad, con toda esa nieve sobre el suelo.

La fe cristiana habilita o debería habilitar al hombre para mantenerse apartado de la sociedad y sus instituciones, para advertir que todas están bajo el inescrutable juicio de Dios y por lo tanto nunca podemos dar un consentimiento sin reservas a las políticas, los programas y las organizaciones de los hombres o a las interpretaciones oficiales del proceso histórico. Hacer tal cosa es idolatría. El mismo tipo de idolatría que fue rechazado por los primeros mártires, que no le encendían incienso al Emperador. Por otra parte, los Apóstoles, debido a su denuncia y su desapego del mundo, podían sentarse en doce tronos y juzgar a las doce tribus de Israel, a la sociedad, y hasta a la sociedad sagrada como la conocían. Los fariseos, completamente identificados con el orden social, efectuaban el juicio de Dios sobre ese orden mediante los propios actos con que procuraban defenderlo.

Las políticas erradas de los hombres contienen en sí mismas el juicio de Dios sobre su sociedad. Y, cuando la Iglesia identifica sus políticas con las de ellos, ella también es juzgada con ellos, pues en esto ha sido infiel y no es verdaderamente Iglesia. Ha admitido la misma secreta idolatría del poder. El poder de la Iglesia, que no es verdaderamente Iglesia si es realmente rica y poderosa, contiene en sí mismo el juicio que "comienza en la casa de Dios". ¡El juicio comienza con la Iglesia! A fin de no verlo, detonamos juicios sobre el comunismo y la revolución.

Noche. Frío de cero grado. Hojas heladas se quiebran como vidrio bajo mis pies, en el sendero a través de los bosques.

Los hombres de la empresa de energía rural deben haber andado por aquí revisando las líneas eléctricas, pero me los perdí. Sólo vi sus huellas en la nieve. Tuve que permanecer en el monasterio para ver al padre Matthew antes de nona.

El otro día llegó una carta de Dom James desde Roma, sobre el proyecto en Japón. Me habían invitado Japón para visitar un monasterio zen, y para permanecer también en nuestro propio monasterio allí. Tanto Dom James como el Abad General prohíben este viaje a Japón. Dicen que "no es posible que ésta sea la voluntad de Dios para nuestra orden", no tiene "nada que ver con la vida contemplativa". No poseen capacidad para entender el significado de ello. No importa. Tal vez viaje algún día a pesar de todo.

## 1 de diciembre

Con qué claridad percibo y experimento, esta mañana, la diferencia y la distancia entre mi propia inercia, debilidad, sensibilidad, estupidez, y el amor de Cristo que instantáneamente unifica en mí todas las cosas de modo que no haya más incertidumbre, desorientación o languidez. Qué vergüenza y qué deshonor para Cristo si yo dejara que mi vida fuese un barullo de trivialidades, preocupaciones tan tontas que en realidad son sólo una máscara de la desesperación.

No olvidaré fácilmente la delgada hoz de la fría Luna alzándose esta mañana, justo antes del amanecer, cuando salí a oficiar misa. Cielo helado. Dura brillantez de estrellas a través de los pinos. Nieve y escarcha. Regocijo en la brillante oscuridad de la mañana.

En el frío Adviento, recapturo la perplejidad y la maravilla de los primeros días cuando llegué aquí hace veintitrés años, abandonado a Dios, con todo lo demás dejado atrás. No he sentido eso aquí durante un larguísimo tiempo. El monasterio es demasiado cálido, demasiado activo, demasiado sociable para eso. Pero el cortar con ello y el vivir en gran medida en los bosques me recoloca cara a cara con la soledad y la pobreza de las frías montañas y el invierno de Kentucky. Incomparable. ¡La realidad de mi propia vida!

Terminé de leer el libro *Varieties of Unbelief* de Martin Marty, y se supone que haré una reseña para *Commonweal*.

Ahora, nubes de nieve se aproximan desde el oeste y los huesos de las colinas hacia el sur tienen nieve sobre ellos. Los árboles están puntiagudos como cerdas de acero contra una veta de cielo verde pálido e indiferente. El campo de alfalfa por debajo está tan verde como los berros, veteado con nieve. El atardecer es muy silencioso.

La campana para vísperas sonó temprano. Debe ser el oficio de difuntos. Bajaré, veré el orden del día, y rezaré el oficio antes de la merienda. Después veré a Dan Walsh, que está lleno de todos los rumores que surgen en torno de los hermanos y los ermitaños que van a vivir en remolques en el valle de Edelin, y cosas así. Él escucha todo y, cuando lo cuenta, lo mejora fuera de toda medida.

## 3 de diciembre, anochecer

*El corazón se engaña sobre todas las cosas.*
*El corazón es profundo y está lleno de recovecos.*
*El anciano se cubre con un millar de envoltorios.*
(Lancelot Andrewes)

Cierto, tristes palabras; y yo no habría sentido tanto su verdad si no hubiese tenido estos días tanta soledad, con lluvia bajando desde el techo y escondiendo el valle.

Lluvia durante la noche, el murmullo del agua en los baldes. Corto leña detrás de la casa, disfruto un tenue aroma de humo de nogal que sale de la chimenea, y discierno y veo que soy engañoso y que la mayor parte de mis problemas tiene raíces en mi propia amargura.

¿La soledad es para esto? Entonces es buena, pero debo orar por la fortaleza para soportarla. (El corazón se engaña y no quiere esto, pero Dios es más grande que mi corazón.)

*Reconoceré mis fallas, Oh Señor,*
*oh, ¿quién le dará castigos a mi mente*
*para que no oculten mis pecados?*

## 4 de diciembre

Llovió toda la noche y sigue lloviendo.
¡Cuán a menudo, durante los últimos años, he pensado sobre la muerte. Ha estado presente en mí, la he "entendido" y sé que debo morir. No obstante, anoche, durante un momento, al pasar y —por así decirlo— sin espanto ni drama, experimenté momentáneamente el hecho de que, este cuerpo, este yo, simplemente no existirá. Una ráfaga de "no estar aquí", de

estar muerto. Sin miedo ni pena, sin nada. Simplemente, *no aquí.* Y éste, supongo, es uno de los primeros sabores de los frutos de la soledad. Como si pasara a mi lado el Ángel de la Muerte, pensando en voz alta, cumpliendo su faena y casi sin advertir mi presencia, pero captándome de todos modos. Así nos reconocimos el uno al otro.

En la ermita veo qué velozmente uno puede desarmarse. Me hablo a mí mismo, bailo en torno de la ermita, canto. Todo eso está muy bien, pero no es serio. Es una manifestación de debilidad, de mareo. Y nuevamente siento dentro de este yo individual la cercanía de la desintegración.

(No obstante, también advierto que este yo exterior puede desintegrarse y también reintegrarse. Es como perder la piel reseca que se descascara de mis manos, mientras la piel nueva se forma por debajo.)

Y repentinamente recuerdo cosas absurdas. La canción que mi abuelo tenía en un disco hace cuarenta y cinco años, llamada "El silbador y su perro". Locura. Me salí de quicio con esta canción idiota meciendo mi ser entero. ¡Su confianza totalmente hueca, su alborozo (es, a su manera, deleitante)! Regocijo de gente que todavía no había visto la Segunda Guerra Mundial, Auschwitz y la Bomba.

Tonta y todo, tenía vida y jugo en ella. Confianza de gente que subía y bajaba por Broadway manejando caballos en 1910 ¡Pensaban que eran los reyes de la tierra! ¡Toda la enloquecida banda de Sousa, meciéndose con esta idiota alegría confiada! El sonoro y estridente sonido del silbador y el ladrido al final es lo que más me gustaba. ¡Bravo silbador! ¡Bravo perro! ¡Qué colapso, dado que se silbaban y ladraban uno al otro!

(De niño tenía a este silbador, que le silbaba a su perro, confundido con el que pintaba a su madre.)

## 5 de diciembre

En la ermita, uno debe orar o envejecer. Fingir la oración no será suficiente. Sentarse apenas no será suficiente. Tiene que ser real. Sin embargo, ¿qué puede uno hacer? La soledad te pone de espaldas a la pared, o de cara a ella, y esto es bueno. ¡Y se ora para aprender a orar!

La realidad de la muerte, los poemas de Donne y de Lancelot Andrewes. Después, se vuelve importante recordar que la calidad de la noche de uno depende de los pensamientos del día. Tuve una noche algo intimidante después de leer *El Señor de las Moscas* de Golding. Ésta es una resaca de mi vuelo cenobítico hacia la literatura ligera después de cenar, lo cual está bien. No lo desdeño. Leo muchos libros buenos en la leñera, después de la cena en el monasterio. Pasternak, Ellul y otros, Stevie Smith, Francoise Henri sobre arte irlandés, *Enchafäd Flood* de Auden y, el verano pasado, *Primitiva poesía natural celta* de Kenneth Jackson, y así muchos otros.

A pesar de eso, la calidad de las noches de uno depende de la sensatez del día. Llevo los pecados del día hacia la luz y la oscuridad de la verdad para adorarlos sin disfraz; luego, quiero volar de regreso a los disfraces.

¿Quién dijo alguna vez que la vida solitaria es una vida de simulación y engaño, como si la simulación fuese fácil en la soledad? Es fácil en la comunidad, pues se puede tener el apoyo de una ilusión compartida o un acuerdo común con formas que ocupan el lugar de la verdad. Uno puede simular en la soledad de una caminata durante la tarde, pero la noche sola destruye todas las simulaciones. Uno queda reducido a nada y es impelido a comenzar laboriosamente el largo regreso a la verdad.

Anochecer. Después de todo, esta tarde me hice una taza de café lo suficientemente fuerte como para volar el techo de la ermita, y luego, como resultado, me metí en una orgía de dibujos abstractos. La mayoría de los dibujos eran horribles, algunos de ellos hasta perturbadores, así que ahora veo que no puedo permitirme jugar con ello siquiera en la soledad. Pero tal vez podré hacer algunos dibujos más cuidadosos y cuerdos basándome quizás en la escultura románica, hasta que logre algunas ideas mejores. ¡Pero no ahora, de ningún modo!

Más tarde, descendí al monasterio sintiéndome confuso y avergonzado, pero cantar vísperas y el himno de Adviento me reconfortó. Durante mucho tiempo seguiré necesitando alguna liturgia, la misa conventual por cierto, y generalmente vísperas, y las otras horas mientras me encuentre alrededor del monasterio.

Esta noche hace frío de nuevo y mientras regresaba por la oscuridad unos pequeños copos de nieve volaban en el rayo de la linterna. En la chimenea todavía ardía con llamas pequeñas el final de un leño de roble. Mientras subía, pensaba en la carta de uno de los novicios que partió, cómo visitó a las Hermanitas en Chicago y pensó en enviarles quizás algo de queso para Navidad. Uno de las hermanas, dice, parecía extrañar su hogar de Francia.

Subí con velas y azúcar para el café. ¿Qué mayor bienestar puede querer un hombre? Bueno, por supuesto me gustaría tener luz eléctrica. La cuestión de la luz es importante. No es que tenga algo en contra de la hermana lámpara de aquí, casta, quieta y fiel como ella es; pero es algo magra para una seria lectura. Y, sin embargo, durante siglos, nadie tuvo más que esto. Santo Tomás de Aquino debe de haber tenido mucha menos luz buena que la de mi lámpara de aquí. ¿De qué me estoy quejando?

## 7 de diciembre

En la soledad, todo tiene su peso para bien y para mal, y uno debe prestarle cuidadosa atención a todo. Si uno se aplica cuidadosamente a lo que hace, grandes manantiales de fortaleza y verdad se sueltan en él. Si uno va a la deriva o sin prestar atención, de modo automático y obsesivo, la energía se vuelve contra él y genera una tormenta de confusión. Te arroja contra las rocas. Y cuando el poder, la energía de la verdad es bien descargada, entonces todo se vuelve bueno y adquiere sentido, y no hay contrastes entre la soledad y la comunidad o cualquier otra cosa porque todo es bueno.

Me parece, empero, que estas vertientes no corren para mí en la comunidad y que simplemente me desplazo por la pesada, segura y confusa neutralidad de la comunidad, si bien quizás para otros fluyen los manantiales. Entonces, en vez de que todo se haga uno, todo (para mí) simplemente se confunde. Aunque ahora, como resultado de la soledad, los Salmos en el coro y especialmente los himnos y las antífonas de Adviento tienen toda su antigua savia y mucho más todavía: un nuevo misterio entero.

El hermoso cuarto sermón de Gerric sobre Adviento habla de una gracia y una consagración dadas al desierto por Cristo mientras oraba en él. En el yermo, Jesús preparó un nuevo lugar para la nueva vida y derrotó al mal ayunando no para Él "sino para quienes fueran los habitantes futuros del páramo". El desierto nos es dado para incitar *el* mal, no sólo el mal sino *lo malo*, desalojado de las grietas de nuestros corazones. Quizás, de nuevo, mi tendencia a encontrar esto en la soledad y no en la comunidad es simplemente subjetiva. Después de veintitrés años de rutina comunal, todos los enclaves están bien establecidos. Pero en la soledad y el aire abierto se revelan, el viento sopla sobre ellos y sé que deben desaparecer.

## 8 de diciembre

Un constante latido y trepidar de armamentos en Fuerte Knox. Comenzó anoche cuando me disponía a dormir. Entonces hubo enormes batifondos, no como de cañones, sino como alguna especie de mísil. Ahora suena como un nuevo tipo de fuego rápido de artillería, no el antiguo ruido quebrado de la última guerra.

Indudablemente, hay muchos que están dispuestos a ir a la guerra en Asia o el Congo, para repetir de nuevo la locura de Vietnam y llevar el poderío estadounidense donde el retiro del colonialismo europeo parece haber dejado confusión y vacío. Quizás nos parece de esa manera porque estamos propensos a que suceda así. *Hacemos* que las cosas sean del modo en que necesitamos que sean.

La horrible historia de Mississippi (arresto reciente de alguaciles, etc., sospechosos de haber matado a los luchadores por los derechos civiles en junio pasado), la obsesión de Vietnam, la locura de los patriotas, todo hace que esta tierra parezca poseída por una ilusión demoníaca y llevada a aventuras ruinosas por el orgullo tecnológico.

2.15. Topetazos y estampidos en Fuerte Knox, más y más rápidos.

## 9 de diciembre

Anoche hice una vigilia de oración en la capilla del noviciado, y no realicé un buen trabajo; había algo que me desorganizaba y distraía. Fui a la cama tarde en la ermita. Todo quieto. Ninguna luz por el lado de Boone o de Newton. Frío. Echado en la cama, advertí de qué se trataba: ¡estaba *feliz*!

Dije la extraña palabra, "felicidad", y constaté que estaba ahí no como un "ello" u objeto, simplemente *era* y yo era eso.

Y esta mañana, al ver la multitud de estrellas sobre las ramas de pino en el bosque, fui repentinamente impactado, si puede decirse, con el paquete completo del significado de todo, que la inmensa misericordia de Dios estaba sobre mí, que en su infinita bondad Dios me había señalado, me había dado esta vocación a partir del amor, y que Él siempre se había encaminado a esto. ¡Vi lo tontos y triviales que habían sido todos mis miedos, retorcimientos y desesperaciones! No importaba lo que cualquier otro pudiera hacer o decir sobre ello, aunque lo juzgaran o lo evaluaran, todo resulra irrelevante ante la realidad de mi vocación por la soledad, aunque no sea un ermitaño típico. Todo lo contrario, quizás.

No interesa cómo pueda o no ser clasificado, a la luz de este simple hecho del amor de Dios y la forma que ha tomado en el misterio de mi vida. Las clasificaciones son ridículas y no tengo mayor necesidad de ocupar mi mente con ellas, al menos no en conexión con esto.

La única respuesta es emerger del propio yo con todo lo que uno es (que es nada), y verter esa nada con la gratitud de que Él sea quien es.

Todo discurso es impertinencia. Destruye la simplicidad de esa nada ante Dios haciéndola parecer como si se tratara de algo, como si tuviese algo que manifestar.

¿Quién es así hacia Dios?

## 10 de diciembre

La hermana Luke vino desde Loretto para hablarle sobre el Concilio a una docena de nosotros. Fue la auditora estadounidense durante la última sesión, una del primer grupo de tales observadores. El hablar con ella volvió muy comprensible la sesión, incluso el último par de días, que fueron bastante feroces. La gran pregunta es, ¿qué estaba tratando de hacer el papa Pablo? ¿Estaba apoyando a los conservadores contra los liberales? ¿Se estaba acreditando como un "Papa de transición" (sea lo que sea lo que eso signifique)? Supongo que él simplemente procuraba, mediante la política curial, mantener unidas las cosas tanto como fuera posible. Pero también me parece que le dio más conformidad a los conservadores y a sus deseos, que a los liberales.

## 11 de diciembre

La hermana Luke dijo que al arzobispo Roberts, S. J., no se le permitió siquiera hacer su intervención en el Concilio sobre la objeción de conciencia. ¿Puede ser esto cierto? Tal vez sólo si fue una de las variadas intervenciones sobre la guerra nuclear que debieron ser presentadas por escrito, o quizás ni siquiera eso. Pero advierto que la intervención del obispo Hannan, de la línea oficial del Pentágono, no sólo fue permitida sino que recibió mucha publicidad en la prensa estadounidense. Su discurso, y un discurso similar en la línea de los halcones por parte del obispo de Liverpool, estuvieron entre los pocos *cubiertos plenamente* por la NCWC.

Hubo una lluvia pesada durante toda la noche. Ahora, la lluvia sobre el techo acentúa el silencio y rodea la sequedad y la luz de la ermita como si fuese de amor y paz. La libertad y la tranquilidad de este lugar son indescriptibles, más que cualquier paz corporal. Es un don divino marcado por la simplicidad y la pureza de Dios. ¡Cómo se abre el corazón de uno y qué esperanza se alza en el núcleo de mi ser! Como si no hubiera tenido esperanza en Dios durante años, como si hubiera vivido todo este tiempo en la desesperación.

Ahora, todas las cosas parecen razonables y posibles. Una mayor autonegación parece obvia y sencilla, aunque tal vez no se presente como tal. Una entera nueva dimensión de la vida ya no es más un sueño desesperado, sino algo completa y simplemente creíble.

## 16 de diciembre

Ayer, por primera vez, fui capaz de vivir la programación de un día entero como debía ser, al menos durante este período de transición en la ermita. Bajé al monasterio sólo para mi propia misa y la comida. Cociné la cena en la ermita y cosas así. De hecho, cociné demasiado arroz, por un cálculo errado, y estuve media hora sentado consumiéndolo con té. Pero fue una cena espléndida y en la clara luz del atardecer estuve mirando hacia las montañas.

Después de ello, lavé la vajilla: fuente, tetera, taza, cuchillo, cuchara. Miré hacia arriba y vi un *jet* como una pequeña joya veloz, rumbo al norte entre la Luna y el lucero de la tarde, la Luna casi totalmente llena.

Después, salí para una pequeña caminata, y observé todo el valle. Increíblemente hermoso y pacífico. Colinas azules, cielo azul, bosques, campos vacíos, luces moviéndose en la abadía sobre la derecha a través de la pantalla de árboles, oculta desde la ermita. Y por ahí, luces en las tres granjas que alcanzo a ver. Una, la de Newton, y las otras dos en las montañas entre este lugar y New Hope.

Todo lo que los Padres de la Iglesia dijeron sobre la vida solitaria es exactamente cierto. Las tentaciones y los goces, sobre todo, las lágrimas, la inefable paz y la *felicidad*. Una felicidad que es tan pura porque simplemente no es obra propia sino cabal misericordia y don. Felicidad en el sentido de haber llegado por fin al lugar destinado por Dios para mí; de realizar el propósito para el cual fui traído aquí hace veintitrés años.

## 20 de diciembre, cuarto domingo de Adviento

Obtuve permiso para ir y ver a Victor Hammer en Lexington el miércoles. Estaba delgado y ojeroso, marcado por la enfermedad. Está imposibilitado de salir pero trabaja en su pintura sobre la Resurrección. Fue un placer estar en la hermosa casita de la calle Market y conversar con él y Carolyn. Un muy especial coñac Pedro Domecq apareció para la ocasión, con excelente café *espresso*.

Dos noches atrás se puso muy frío.

Ayer por la mañana, cuando descendí hacia el monasterio bajo la brillante y helada luz lunar y las duras hojas diamantinas quebrándose bajo mis pies, un alce saltó en los profundos matorrales del baldío, quizás dos. Por lo menos, pude ver uno a la luz de la Luna.

Terminé un artículo para *Holiday*, "La lluvia y el rinoceronte", y lo envié ayer.

Aparentemente, los hombres de la electricidad anduvieron por aquí, pues puedo ver estacas para postes, pero justo donde no quiero que los pongan.

## 22 de diciembre

Lax me envió desde Grecia una copia mecanografiada del juicio en Leningrado contra el poeta Joseph Brodsky ("militante y entusiasta esquivador laboral"). Tan gracioso como una escena de Ionesco. Brodsky "pertenece a un grupo donde la palabra 'trabajo' es recibida con risas satánicas"... "Brodsky ha sido defendido por algunos vulgares vagabundos, elementos ociosos, chilladores y Beatles." En su diario, Brodsky había llamado a Marx "un viejo glotón enmarcado por una guirnalda de piñas".

Una sola cosa: ¿quién está riéndose? Esto fue publicado por *Encounter* y, por supuesto, lo recogió la revista *Time*. ¿En qué medida la mentalidad de los lectores de *Time* difiere de la gente que condenó a Brodsky? Tal vez son un poco menos crudos, pero ¿son acaso menos cuadrados? ¿Tienen mejores ideas sobre los poetas y la poesía o el valor del trabajo (el valor del trabajo medido por el dinero que uno hace o el prestigio que conquista, y no por la tarea que realiza)?

(Afortunadamente, soy un éxito, tengo estatus, aparezco en el *Quién es Quién Internacional*; por lo tanto, puedo ser un ermitaño. ¡Que otros lo intenten!)

De todos modos, leo el juicio a Brodsky en un delgado papel

azul mientras tomo mi desayuno en la ermita. Sí, ¡gracioso! Pero aquellos idiotas tienen poder para meterlo en un campo de trabajos forzados y mantenerlo allí.

Las antífonas de la Epifanía ya están girando en mi cabeza. También, ayer, durante la práctica de canto, percibí cómo he crecido hasta amar las antífonas de la vigilia y las vísperas de Navidad.

Finalmente, estoy leyendo *La visión de Dios*, bello libro en francés de Vladimir Lossky, lo cual me recuerda que lo mejor que surgió del Concilio es la declaración sobre ecumenismo: particularmente, la parte sobre teología oriental.

Si se tratara del asunto de elegir entre la contemplación y la escatología, no habría cuestión: estoy y estaré siempre comprometido enteramente con esta última. Aquí en la ermita, regresando necesariamente a los orígenes, sé cuál fue mi comienzo: oír el nombre de Dios y de Cristo predicado en la iglesia Corpus Christi de Nueva York. Lo oí y lo creí. Y creo que Él me ha convocado libremente, por pura misericordia, para su amor y salvación. A ese fin, hacia el cual todo es dirigido por su voluntad, lo veré después de que haya abandonado mi cuerpo en la muerte y haya resucitado junto con Él para retomar mi cuerpo. Y que en aquel Día final toda la carne será salvada por Dios.

Esto significa que mi fe es una fe escatológica, no sólo un medio para penetrar el misterio de la Presencia divina, y morar en Él o servirlo aquí y ahora. No obstante, dado que mi fe es escatológica, también es contemplativa, pues incluso estoy aquí y ahora en el Reino establecido. Ahora, hasta puedo "ver" algo de la gloria de ese Reino y alabar a Aquel que es Rey. Entonces, sería una tontería que yo viviera a ciegas, postergando todo hasta alguna realización imaginaria, pues lo que veo en este momento es el comienzo de una real y inimaginable realización.

Por eso, en la fe cristiana y en la rendición a Cristo, la contemplación y la escatología son una. Se completan una a otra y se intensifican entre sí. Mediante la contemplación y el amor puedo prepararme mejor para la visión escatológica y ayudar mejor a la Iglesia entera y a todos los hombres para viajar hacia ella.

La unión de la contemplación y la escatología está clara en el don del Espíritu Santo. En Él somos despertados para conocer al Padre, porque en Él somos remodelados a semejanza del Hijo. Y, en esta semejanza, el Espíritu nos llevará al fin a la clara visión del Padre invisible en la gloria del Hijo, que también es nuestra gloria.

Entretanto, es el Espíritu quien despierta en nuestros corazones la fe y la esperanza en las que clamamos por esta realización y visión escatológica. Y en esta esperanza ya hay un comienzo, una promesa, una prenda, *"arrha"*, de la realización. Ésta es nuestra contemplación: la realización y la experiencia del Espíritu dador de vida en quien el Padre se presenta a nosotros a través del Hijo, nuestro camino, nuestra verdad y nuestra luz. El darnos cuenta de que estamos en nuestro camino, que debido a que estamos en nuestro camino estamos en la verdad que es el fin, y por la cual ya estamos vivos plena y eternamente. La contemplación es el sentido viviente de esta vida, su presencia y su eternidad. Estas palabras pueden no tener significado para muchos católicos de hoy. Tal vez deban ser traducidas de alguna manera. Pero ellas representan la fe por la cual vivo.

Las armas estuvieron retumbando en Fuerte Knox mientras efectuaba mi meditación de la tarde y pensé que, después de todo, no es una simple distracción. Estoy *aquí* porque ellos están *allí*; por cierto, ¡se supone que los escuche! Forman parte de una decisión y un compromiso siempre renovados, de mi parte, por la paz. ¿Pero qué paz?

Una vez más, me enfrento con las más hondas ambigüedades de la acción política y social. Una cosa resulta clara: sobre mí se ejerce una voluntad y una intención de Dios, y debo permitir que se ejerzan plenamente sobre mí, para que pueda ser libre. Mi vida no tiene significado excepto como una consciente y total autodedicación al *cumplimiento de las intenciones de Dios* que, en lo que hace a sus detalles, permanecen en el completo misterio.

Tanto como puedo saberlo, debo ser un hombre íntegramente dedicado a la oración aquí, en esta paz donde me encuentro, este silencio en el que Él me ha puesto. Pero estoy lejos de ser solamente un hombre de plegaria. Obviamente, hasta el escribir no está excluido de una vida de oración. Sin embargo, mi voluntad no puede perderse simplemente en esto o aquello, en la meditación, el escribir, el estudio, la tranquilidad o el trabajo, sino que simplemente debe rendirse a todo esto, a la misteriosa y soberana intención del Señor, el Maestro a quien he venido a servir aquí.

No estoy aquí para ser esto o aquello sino para obedecerlo a Él en todo —en *Gleichheit* (Eckhart)— y para aprender, lenta y pacientemente, el *tempo* de tal obediencia. Si hubiera sido un mejor cenobita, quizás tendría mayor familiaridad con esta obediencia.

Los hombres de la electricidad estuvieron aquí esta mañana (fría y nublada). La ermita se conectará con una línea que finalmente irá a la planta de disposición cloacal que se construirá en la base del estero. *¡O beata solitudo!*

## 23 de diciembre

Según Eusebio, el Imperio Romano había resuelto el problema de las naciones en conflicto, de los conflictivos ángeles de las naciones, contra un Señor. Los ángeles y las naciones fueron subyugados en un imperio donde la religión del Dios verdadero había asumido el poder. De ahí que la Pax Romana fuera, en efecto, la paz en el reino mesiánico. Por eso, el

Emperador representaba a Cristo en la Tierra, el Príncipe de la Paz, etc. Todavía estamos atascados en esta terrible ideología que estableció el poder (ángel) del Imperio Romano en la mano derecha de Dios.

Para Orígenes, el "adversario" del hombre es su ángel malo, comisionado para mantenerlo firmemente sujeto *al poder angélico de su nación o su tribu*, para cuidar que no se libere a sí mismo. Nuestro ángel malo nos hacer amar a la nación por encima de todo, en vez de pertenecer sólo a Dios, en Cristo, que está por encima de las naciones separadas, y ha vencido a todos los poderes.

Danielou ha dicho: "Con su carácter demiúrgico, la civilización material parece ser uno de los lugares donde la acción demoníaca es más intensa. La tradición judeocristiana mantiene el significado absoluto de los valores políticos y culturales. En esto, se opone a la doctrina gnóstica de los *cosmocratores* pero reconoce que, de hecho, esos dominios son invadidos y dominados por poderes demoníacos."

## 25 de diciembre

Primera Navidad en la ermita. Muy pacífica. Ningún problema para dormir, aunque entre todas las cosas hubo una tormenta de truenos. Durante dos días el tiempo ha estado húmedo, ventoso y cálido, como sucede a veces en la primavera, y durante un momento ¡hasta oí un croar de ranas en la vigilia de Navidad!

El día anterior a ése, los novicios estaban talando álamos y cedros en el campo, donde tiene que cruzar la línea eléctrica, y terminé una excavación que creí necesaria para evitar que el agua se acumule cerca de la cabaña.

Antes de descender para la misa de medianoche, me levanté y recé vigilias en la ermita. Todo lo que se dice en el oficio sobre la noche, el silencio, los pastores y lo demás suena mucho mejor aquí en lo alto.

Después de eso, descendí para la misa. Los novicios estaban felices en torno del árbol de Navidad y yo estaba feliz con ellos. La misa de medianoche fue más sencilla de lo que solía ser.

San Máximo dice que "quien ha santificado sus sentidos mirando todas las cosas con pureza" se vuelve como Dios. Esto es, pienso, lo que los maestros zen trataron de hacer.

Una carta de John Wu habla sobre el encuentro con Suzuki en Honolulu el verano pasado. Conversaron sobre mi reunión con Suzuki en Nueva York. Suzuki dijo que pretendía hacerme una pregunta pero no la hizo. "Si Dios creó el mundo, ¿quién creó a este Creador?" Un buen *koan*. La respuesta *no es* la de Agustín a los arrianos, en la Lección.

## 29 de diciembre, san Tomás de Canterbury

El día de Navidad por la tarde, el hermano Colman y yo fuimos en auto hasta las colinas traseras de New Hope, al área donde Edelin cede al monasterio algunas tierras para ermitas. Como no hay camino cerca del lado oeste de esas tierras, o creo que no existe, logramos cierta idea de ellas desde el valle cercano, donde el antiguo camino de cornisa va desde New Hope hasta Howardstown. Después, exploramos otros valles así, siguiendo los caminos de fondo hasta donde ellos llegaban. Las montañas que desde el monasterio parecen una masa sólida son, por supuesto, un laberinto de de profundos cañadones arbolados, con granjas en las bases. Un mundo entero de lugares hermosamente escondidos, algunos muy perdidos y salvajes. Planeo llegar hasta allí algún día y pasar la jornada haciendo exploraciones a pie por el área en torno de las tierras de Edelin, para ver hasta dónde se extiende la zona, si es que logro alguna idea de los límites.

Hubo un poquito de sol durante la tarde de Navidad, pero el resto del día estuvo gris y oscuro. Ni siquiera logro recordar qué hice durante la tarde de san Esteban cuando estuvo lloviendo.

Ayer, fiesta de los Santos Inocentes. El hermano Joaquín estuvo revisando la ermita para planificar la conexión de las luces y para instalar una cocina eléctrica.

Terminé "El culto japonés de la tranquilidad" de Von Durkheim. La parte mejor y más reveladora es el apéndice de un maestro japonés de esgrima que habla sobre "la espada que mata y da vida" en la tradición de Takuin. En verdad, el pináculo de la esgrima zen japonesa no es la violencia y el matar sino simplemente una "verdad" contra la cual el oponente se arruine a sí mismo o por la cual pueda iluminarse. Un concepto fascinante. Sólo que Pablo diría que "el hombre animal" necesita triunfar ("prevalecer") pero el hombre espiritual es simplemente genuino; y la ley de la verdad tiene que triunfar en él, porque él lo permite.

"El amor proviene de la oración, y la oración, del permanecer recluido" (Isaac de Siria).

Por cierto, la quiebra de mi rutina más solitaria, ir al monasterio más temprano sin la larga meditación, pasar allí la mayor parte del día, ceremonias, cartas, y cosas así, han creado una especie de confusión, perturbación y aflojamiento. Era necesario durante los días de fiesta. Pero, en el problema mismo y en la confusión, tuve que luchar por una convicción y un compromiso más profundos.

La soledad no es algo con lo que se juega de vez en cuando. El año que viene será difícil permanecer dividido entre la ermita y la comunidad; dos tiempos y dos modos de vida.

Y sin embargo, por supuesto, todavía necesito una buena parte de vida común y siempre precisaré mantener algunos contactos definidos con el monasterio. Pero resulta difícil y confunde ser desarraigado de la paz cada vez que uno comienza a conseguirla; o más bien no ser capaz de hundirse completamente en la unidad y la simplicidad.

Por supuesto, también existe paz en la comunidad pero tiene un ritmo diferente y mucho más activo.

No obstante, en la soledad, debe haber, junto con la fogosa sustancia de los profetas eternos, también la tersa ira, ironía y humor de los poetas latinoamericanos con quienes me unen lazos de calidez y empatía; por ejemplo, la peruana Blanca Varela. Debo traducirla (un poema o dos, alguna vez), y a otros: Jorge Eduardo Eielson.

Al fin hay luz de nuevo. Primero, fueron algunas estrellas aquí cuando me levanté por primera vez a las 2.15. Después, una sorpresa. En un inesperado ángulo de los bosques, el último delgado trazo de la luna menguante, la última de 1964. El sol salió a las 8.05. Nuestro horario aquí no es natural, pues seguimos el huso del este.

Después se dieron la extraordinaria pureza, la quietud y la calma de aquel momento de la salida del sol y la renovación. Paz de los bosques y del valle. Por allí afuera, una vaquillona saluda la mañana con un entusiasta mugido.

1965

## 1 de enero

Desperté esta mañana con el vago sentimiento de que algo andaba en torno de la ermita. Era de nuevo la lluvia. Así comienza el imaginado Año Nuevo. No obstante, está demasiado bien imaginado y la fecha de la nueva cartelera, 1965, me confunde. Mi misa fue óptima y también lo fue la acción de gracias posterior. Lo último que leí antes de ir a la cama en el año viejo fue una carta de Pedro Damián a los ermitaños, publicada recientemente por Dom Leclercq. Ellos querían ser enterrados, al morir, en su ermita y no en otro lugar. ¡Bien puedo concordar con eso!

Recibí una excelente carta de John Wu y un capítulo de su nuevo libro (en marcha), *La edad dorada del zen*, un buen capítulo sobre Hui Neng. También una carta del Colegio Webster, donde desean hacer la muestra de dibujos en abril. Una postal del marxista polaco que estuvo aquí con un grupo de la universidad de Indiana. ¿Cuándo fue eso?

Tuve una larga conversación con el hermano Basil McMurray, quien piensa que se irá de aquí cuando sus votos simples se agoten, para ir a Mount Saviour, pero sobre una base especial.

Parece un error la lectura, en sucesión ininterrumpida en el refectorio, de un discurso tras otro del papa Pablo: así como fue un error tratar de leer todas las intervenciones en el Concilio. Uno se siente muy oprimido por la jerga, el tono uniforme del optimismo oficial, el inspiracionismo y otras cosas así. Sin embargo, el Papa dijo algunas cosas buenas, tanto en Bombay como en su mensaje de Navidad sobre la paz, enfatizando la necesidad del desarme, hablando contra el nacionalismo, la carrera armamentista y la acumulación de artefactos de destrucción total.

## 4 de enero

Peor que los discursos del Concilio en el refectorio fue la "explicación" del arzobispo O'Boyle sobre los dos últimos agitados días del Concilio. Y entonces, tras eso, la historia de *Time* sobre el asesinato de rehenes en Stanleyville, Congo, en noviembre pasado. Algo trágico. Pero la historia de *Time*, igualmente trágica, asume perspectivas fantásticas. Ninguna indicación de que alguien pueda estar posiblemente equivocado excepto los rebeldes africanos, y que la intervención Tshombé y belgo-estadounidense es lo único que sería posiblemente razonable, humano, etc. ¿Eran los rehenes mártires de un complot comunista o también de la codicia de la gente que quiere apropiarse de las minas de Katanga? El problema es que la indignación y el horror barrieron a la comunidad (como debía ser), pero con ello también la convicción absoluta de que por supuesto el juicio implícito y la interpretación de *Time* eran tanto satisfactorios como definitivos.

Cuando se piensa que todo el país funciona de esta manera, sobre Cuba, Vietnam, el Congo, etc., ¿qué puede surgir de ello salvo una sucia aventura y una guerra tras otra?

Se admite el uso de la tortura en Vietnam por parte nuestra, sin disculpas, como algo bastante razonable.

## 6 de enero

Ayer fue extraordinario. Había planeado tomarme un día entero de recogimiento allá en los cerros, en torno de la cañada de Edelin, para explorar el lugar, tener una idea de hasta dónde llega y qué hay alrededor. Afortunadamente, Edelin llegó junto al hermano Colman, que me condujo en la vagoneta, para mostrarme cómo se podía ingresar a su propiedad desde el tope de los cerros del oeste. Es una hermosa región silvestre y pasé un gran día.

Dejamos el monasterio a eso de las 8.15, avanzamos hacia las prominencias al sudoeste de New Hope y subimos por el camino angosto pegado a la empinada ladera sobre Old Coon Hollow, que no debe confundirse, dice Edelin, con Coon Hollow.

Al tope de la subida, entramos en una ondulada meseta de achaparradas encinas y sasafrás, con profundos cañadones mordiéndola. Un camino muy antiguo corre a lo largo de la cuenca entre el valle Rolley Fork y el otro valle donde solía estar la casa de Edelin. Es un camino perdido, magnífico, salvaje y lleno de chaparrales. El sol brillaba y el aire no estaba demasiado frío.

Llegué cerca del punto donde los bosques entran en declive, más o menos un kilómetro y medio, entre la espesa maraña de árboles y las viñas silvestres cerca de una casa desvencijada. En un sector medio clareado, todavía hay perales y Edelin dice que a los alces les gusta venir a comer peras. Allí también, en una hondonada, hay un manantial que nutre el arroyo que corre a través de los pastos de Edelin. De hecho, uno de los varios arroyos que se juntan allí.

Edelin y el hermano Colman me dejaron ahí y descendí hasta el manantial; lo encontré sin dificultad. Maravillosa agua clara que brotaba con fuerza desde la hendidura en la roca mohosa. La bebí en el cuenco de mis manos y súbitamente advertí que hacía años, tal vez veinticinco o treinta, que no probaba agua así. Albsolutamente pura, clara y dulce, con la frescura del agua intacta. Sin química.

Miré hacia el cielo alto y a los topes de los árboles sin hojas que brillaban al sol, y fue un momento de lucidez angelical. Pronuncié los salmos de tercia con gran júbilo, desbordante, como si la tierra, los bosques y el manantial estuviesen alabando a Dios a través de mí. Nuevamente el sentido de la transparencia angélica de todo: luz pura, simple y total.

La palabra que llega más cerca para señalarlo es "simple". Todo fue tan simple, pero con una simplicidad a la que uno parece aspirar y que sólo raras veces alcanza. Una simplicidad que es, tiene y lo expresa todo justamente porque es simple.

Después de eso, trepé un poco la empinada ladera rocosa bajo el sol para orientarme, y luego marché a través del espeso sasafrás hacia un largo espolón arbolado desde donde supuse podría observar Bell Hollow; y así fue.

Después de unos ochocientos metros de matorrales muy espesos, con viñas, trepadoras, zarzas y mucho tronco joven, en tanto los árboles viejos aparecían dañados por el fuego, llegué hasta el final. Podía ver la hondonada en la neblina contra el sol. Podía ver el sitio de pasturas sobre la ladera, a más o menos kilómetro y medio, donde crecen los tres nogales y, por supuesto, el otro lado del valle y el camino campestre. Casi todo el paisaje consistía en protuberancias y bosques. Un mar de sol y bruma, silencio y árboles.

Me senté allí durante un largo tiempo, recé la sexta, leí una carta de Milosz (carta importante también) y comí el maravilloso almuerzo que Leone Gannon, de la casa de huéspedes femeninas, preparó para mí en una caja. (Ella es la madre del hermano Colman.) Y, mientras el tiempo pasaba, yo estaba más y más bajo el hechizo del lugar, hasta que finalmente alrededor de las doce el cielo comenzó a nublarse.

Los aviones del SAC. Olvidé mencionar que, mientras estaba en el manantial, luego de tercia, me hallaba a punto de partir, cuando el inmenso avión del Comando Aéreo Estratégico anunció su llegada e inmediatamente pasó rápido sobre mi cabeza, a no más de sesenta o cien metros de las colinas. Era fantástico y con seguridad pude ver la puerta trampa de las bombas. La cosa entera era una parte pavorosa de la "simplicidad", un signo y un "por supuesto". Tuvo bastante que ver con todo el resto del día.

Durante el día, por cierto, cinco aviones del SAC siguieron el mismo curso, pasando raudamente sobre las colinas. No todos exactamente encima de la misma hondonada pero todos visibles desde ella, es decir, muy cerca, a unos mil seiscientos metros. De otro modo, con tantos cerros alrededor, no se los podría ver volando tan bajo. Sólo el primero y el último vinieron directamente hacia mí, pero tan directamente que yo miraba de lleno la bomba. Era bastante fantástico. Por supuesto, el simple concepto del miedo carecía totalmente de significado, estaba fuera de la cuestión. Solamente sentí una intuición moral e intelectual, una especie de "por supuesto" que parecía ser parte del día entero y de su experiencia.

Cerca de la casa desvencijada sobre el risco hay un claro con basura en derredor, latas de cerveza con agujeros de balas en ellas, un par de zapatos, envoltorios de goma de mascar, etc. Solía ser, dijo Edelin, un "salón de baile", un lugar al que la gente de los cañadones venía para emborracharse y armar camorra. Está cerca del manantial pero lejos del cañadón. Incidentalmente, sobre esta área particular, Freddie Hicks, que vive al otro lado del camino hacia New Hope, dice: "¡Cuando cruzas ese camino, dejas la civilización!"

Seguí una huella de leñadores. Muchos árboles fueron talados durante el fin de año y el invierno. Una hermosa huella húmeda hacia la cañada, llena de altas hayas y otras maderas duras. La mayoría de los robles maduros acababa de ser cortada.

Una linda caminata silenciosa con arroyos llenos de agua clara, y súbitamente aparecí en la pastura de Edelin en Bell Hollow, en su parte baja. El lugar me cortó el aliento. Lo había visto antes en septiembre, pero sin esta luz angelical. Ahora el sol estaba escondido y el cielo nublado, pero había allí una sensación de silencio y alegría bendita. Y una vez más esa simplicidad perfecta.

Deambulé arriba y abajo por la cañada de la pastura desierta, saboreando el vacío, el silencio y la paz, subí la ladera de donde dos halcones serranos salieron gritando y volaron hacia el otro lado del valle. Encontré el viejo granero semiquemado, perteneciente a uno de los vecinos de Edelin, en una ramificación de la cañada. Comencé el oficio de Epifanía en el espacio abierto donde todavía hay piedras de los cimientos de la casa de esclavos. Podría usarlas como cimientos de mi propia casa.

Volví a mi lugar, me senté sobre un roble blanco talado y miré cañada abajo hasta el momento de partir. El último avion del SAC vino otra vez, justo encima de la cabeza, y la bomba apuntada hacia el lugar elegido. Leí en el breviario una bendición al valle. Nunca tuvo tanto significado una plegaria escrita. Sé que algún día habrá ermitas aquí, u hombres viviendo a solas, pero pienso que la cañada ya es bendita debido a los esclavos que hubo aquí. Quizás alguno de ellos era muy santo.

Entonces, regresé por la huella de los leñadores y me encontré con el hermano Colman y Edelin en el vehículo sobre el risco, para volver por el camino antiguo. Nunca hubo un día así.

## 8 de enero

Cuando retorné y me calmé la otra tarde, percibí que había sido muy entusiasta e irrazonable. Esa jornada afuera en Bell Hollow, Epifanía de un día entero, me causó una especie de resaca emocional. Me senté al borde del campo cercano a la ermita, miré hacia abajo a la cabaña, y traté de meditar sensatamente bajo el sol. Salí de ello mucho más calmo y cociné algo para mi cena, una tenue sopa de patatas hecha con un polvillo ensobrado.

Luego, cuando el sol se ponía, miré hacia el final del campo donde había estado sentado a la tarde, y de pronto advertí que había seres allí: alces. Con la luz del atardecer era difícil divisarlos entre las altas hierbas marrones, pero por lo menos logré distinguir a cinco.

Se quedaron quietos mirándome y permanecí de pie mirándolos. Un lindo momento que se estiró durante diez minutos o más. No corrieron, si bien se escuchaba un griterío de niños en algún sitio cercano a las obras del agua, sino que finalmente se alejaron quietamente hacia la hierba alta y los matorrales y, por lo que sé, durmieron allí. Cuando andaban parecían multiplicarse, así que al final pensé que debía haber una decena de ellos.

En cuanto al avión del SAC, es perfectamente imparcial. Ayer por la tarde, mientras rezaba el oficio durante mi caminata hacia el noviciado, antes de ver al abad, los aviones volaban sobre la derecha de mi ermita. Diría que a unos quince o treinta metros sobre las copas de los árboles.

Le hablé al padre abad sobre Bell Hollow y dijo que no habría problemas para que alguien fuese allá hasta que el monasterio tuviese la escritura de la tierra. También está pensando en comprar otras propiedades vecinas a Edelin, de modo que el lugar quede protegido. Parece bastante decidido a que finalmente haya ermitas ahí. Claramente, todavía no es el momento de pensar sobre mi propia mudanza hacia allí, y tengo dudas acerca de si realmente debo pensar sobre eso del todo. Ahora tengo este lugar y acabo de empezar a vivir realmente en él. El hermano Joaquín está tendiendo lentamente los cables para la luz eléctrica, etc., y hay allí una vieja cocina eléctrica machucada para cocinar mi sopa, no bien esté conectada la corriente.

## 9 de enero

De nuevo anoche, en la cálida oscuridad, antes de una abundante lluvia, un avión otra vez —quizás más pequeño que el del enorme SAC— apareció sobre la ermita en la penumbra, una cruz de cuatro luces, un cisne tecnológico.

*La espesa rueda de la tierra*
*Su llanto húmedo de olvido*
*Hace rodar, cortando el tiempo*
*En mitades inaccesibles.*

(Neruda)

Estoy lleno del arroz para el que descubrí un nuevo y buen modo de cocinarlo. Paz, silencio.

## 10 de enero

Jaspers dice (y esto es análogo a un principio básico y también a J. Ellul): "Una vez que contemplo la historia del mundo o de la vida enteramente como una especie de totalidad finita, puedo actuar sólo sobre la base de un conocimiento fingido, distorsión de posibilidades reales, distante de la realidad, vago en cuanto a los hechos, no logrando más que confusión y avanzando hacia direcciones completamente distintas de las que procuraba" (*Nietzsche y el cristianismo*). Esto se aplica también a la reforma monástica.

Jaspers otra vez: "Cuando mi conocimiento se encadena a conceptos totales, donde mis acciones se basan en una visión específica del mundo, soy distraído de lo que realmente soy capaz de hacer. Me engaño sobre el presente en aras de algo imaginado, pasado o futuro, en vez de lo real que no ha sido vivido todavía y que nunca fue realizado."

(Nótense que en los "ideales monásticos" ése es precisamente el problema. Uno supone que el ideal fue alguna vez totalmente real y vivido en verdad durante una edad dorada, y de tal modo uno proclama que tiene todas las razones para resentirse por la no realización de lo que no puede ser y *jamás fue* real. En los hechos efectivos, los monjes verdaderos tenían una realidad que era bastante distinta, y que calzaba entera y precisamente en sus propias especiales y enteramente aceptadas circunstancias.)

Otra cita de Jaspers: "El hombre que tiene fe en la realidad quiere actuar con verdad en el aquí y ahora, no extraer un aquí y ahora de segunda mano a partir de un propósito."

Existe el problema de un historicismo falso, denominado cristiano, que establece la historia como una unidad a fin de que "pueda comprenderse". Nietzsche veía y no veía tal peligro. Él mismo debe haber caído en ello, pero dijo que, *debido a este* cambio de foco centrado en la historia, "Dios estaba muerto" y su muerte era culpa del cristianismo.

Nietzsche también hizo su análisis clásico de la moralidad cristiana y de la voluntad cristiana por la verdad que sería, al final, autodestructiva. El fin último de la voluntad cristiana por la verdad era hasta destruirse a sí misma mediante las dudas, decía Nietzsche. (Así, el cristianismo desemboca en el nihilismo.)

Por cierto, vemos algo de ello en el monaquismo de hoy. Con la quiebra de la confiaza en la autoridad y la sed insaciable por un "ideal auténtico", los monjes se están volviendo incapaces de aceptar y de apoyarse en algo. Sin embargo, no buscan realmente a Dios, buscan el monaquismo perfecto.

Todo lo que Nietzsche dijo sobre el cristianismo se vuelve inmediatamente verdadero tan pronto como uno antepone todo lo demás a Dios, sea la justicia, la cultura, la ciencia, la contemplación, la liturgia, la reforma o la justicia. Pero Jaspers tiene una brillante introvisión de las posibilidades reales de Nietzsche. Si todo está permitido, entonces hay una alternativa para el nihilismo de la desesperación: el nihilismo de la fortaleza, "extraído de la vastedad del abarcamiento y capaz de accionar sin lazos con objetivos, máximas y leyes supuestamente finitas". ¿No es esto el cristianismo?

"No necesita tales lazos porque, desde las profundidades del abarcamiento, siempre arribará a lo que es verdadero y a lo que debe hacerse. Lo sabrá históricamente y con la tranquilidad de la eternidad."

Tal vez. Pero me parece que esto lo dice el Evangelio, y el Evangelio sigue siendo necesario si los hombres van a alcanzar justamente esta libertad, sin caer en el fanatismo y la arbitrariedad arraigados en la desesperación.

En todo caso, Jaspers señala por cierto la diferencia entre el residuo popular del anticristianismo de Nietzsche y sus implicancias profundas reales. Finaliza con la maldición de Nietzsche a sus propios admiradores: "Para esta humanidad de hoy, ¡no seré luz ni se me llamará luz! ¡A ésos los encegueceré!"

Gracias a Dios, después de los informes de la NCWC en el refectorio sobre este o aquel discurso del Papa, finalmente volvemos a la biografía de Newman por Meriol Trevor. La eché de menos durante tres meses. Es un muy buen libro.

## 11 de enero

Hablé demasiado pronto. Los informes de la NCWC recomenzaron de nuevo ayer, domingo.

Un poquito de Nietzsche es estimulante, sin duda, pero lo que realmente me gusta leer en la ermita es Isaac de Nínive, o los maestros zen en los campos.

Me gusta rezar de memoria laudes en el Pequeño Oficio de la Virgen Bendita cuando desciendo por los bosques a la luz de las estrellas con todo allí, estrellas y luz, escarcha y frío, hielo y nieve, árboles, tierra, cerros y, abrigado en el monasterio, los hijos de los hombres.

## 17 de enero

Noche brillante, nieve profunda y rutilante bajo la Luna. Resulta difícil hacer que este bolígrafo escriba, hace mucho frío; pero un buen fuego conserva caliente el cuarto frontal de la ermita y pienso que será hermoso caminar hasta el monasterio dentro de una hora o algo así. La nieve comenzó ayer por la mañana temprano y a la hora en que despegué hacia el monasterio soplaba tanto en mis ojos que debí mantenerlos cerrados a medias. Sopló y nevó el día entero.

Después de la cena en el monasterio, les hice oír a los novicios el disco del hermano Antoninus, *The Tongs of Jeopardy*. Algo destacable. Una meditación sobre el asesinato de Kennedy. El hermano Antoninus habló sobre ello cuando estuvo aquí y en ese momento me impactaron sus ideas. No pueden ser resumidas como "jungianas" pero posee una notable y sensible introvisión poética del estado de la mente estadounidense; mejor que toda otra que yo pueda conocer. Por ejemplo, mucho más profunda que *Growing Up Absurd* de Paul Goodman, que acabo de leer recientemente. Más que jungiana, la meditación de *Tongs* es profundamente bíblica; y su intuición de la idea de Caín, el impulso hacia el fraticidio como gran debilidad de la mente norteamericana, es muy impresionante y pienso que es hasta grandiosa.

Illtud Evans viene aquí para predicar durante el retiro y le hablaré sobre esto.

Estoy tentado de reseñar *Tongs of Jeopardy* del hermano Antoninus para *Blackfriars*.

Para mostrar cómo el asesinato de Kennedy conmovió a la gente, correcta o incorrectamente, cuerdamente o de otro modo, uno de nuestros hermanos hizo un dibujo (nada que ver con el disco de Antoninus) de una crucifixión, y en la cruz estaba Jacqueline Kennedy (!!). Un fracaso del gusto y algo lleno de implicancias. Un concepto que para mí resulta ininteligible. Ella, por supuesto, fue central en todo el asunto. El hermano Antoninus tiene poco para decir sobre ella en *Tongs*. Me pregunto por qué. Tal vez la mordacidad irlandesa del final quiso comunicar lo que no se podía articular sobre ella y su pena.

Mi sensación era que el vínculo con ella, en el que todos terminamos, fue lo más significativo de todo, como si ella nos hubiera redimido de todo lo perverso del asesinato y del pecado nacional. (Por supuesto, ésa era la idea del hermano que hizo el dibujo.)

Ella se irguió como presencia del amor, la nobleza, la verdad y la decisión; como alguien que eligió ser del modo en que ella era, para olvidar inexplicablemente, para ser amada y admirada, y no obstante para colocarse por encima de todas las relaciones y dar testimonio de la profunda verdad de todo el asunto, lo cual permitió a la mente de la nación unificarse de nuevo, congregarse a sí misma otra vez, relacionarse una vez más con la identidad y la verdad.

En otras palabras, fue ella quien hizo la mayor cosa de todas y lo más noble: desinteresadamente y sin ataduras, con gran coraje e intuición, decidió por su cuenta señalar la verdad y permitió que cada cual viera qué era lo que ella señalaba, para decidir al respecto. Gracias a la presentación televisiva de ello, entiendo, mucha gente surgió con una decisión noble, honesta y penitente. Pero, por otra parte, muchos no lo hicieron. Dallas permaneció "sin pecado".

El hermano Antoninus contrastó los ritos funerales de Kennedy con los embustes de las convenciones y la cualidad mentirosa de mucho de la vida estadounidense. En todo caso, Jacqueline Kennedy dio a Estados Unidos un sentido de ser *verdaderos* que raras veces logramos en la vida pública.

Cuando piso el pórtico, o pelos de mi nariz se hielan al instante y el retrete de afuera causa un impacto penoso. La temperatura debe ser cero o menor.

Dentro de la casa, el térmómetro de la puerta dice dos grados pero no es confiable. Me caliento cerca del fuego aunque llevo bastante ropa. Todo el valle brilla bajo la luz lunar y la nieve, en perfecto silencio.

La semana pasada escribí el prefacio para el libro de Phil Berrigan *No More Strangers* (Extraños nunca más), donde hay algunas buenas ideas y alguna mala escritura.

## 19 de enero

Mucho frío de nuevo. Nieve bastante profunda todavía, pero un día brillante. El padre Illtud Evans inició nuestro retiro anoche. Ayer la hermana Luke vino con él desde Loretto. Ella está ahora en un subcomité que trabaja sobre el Esquema 13 del Concilio, una de las primeras mujeres que alcanza tal posición, y deseaba conversar sobre las tareas del comité y el esquema. Le pasé las ideas que tenía, y pienso que, mientras ellos no tomen en cuenta el problema verdadero planteado por la tecnología, todo lo que digan o hagan estará al margen del punto.

## 21 de enero

Pasé otro buen día en Bell Hollow. Nieve, sol, paz. Eso fue ayer.

Exploré un poco más, trepé por la barranca hasta el manantial y descendí de nuevo por la huella de los leñadores. Todo era nieve no perturbada salvo por huellas de perros y conejos, aunque al tope del risco, en el antiguo camino de diligencias hacia Howardstown, estaban las huellas de un hombre que probablemente había estado allí el día anterior. El padre abad estuvo aquí con el hermano Nicolás y me encontré con él, cosa que particularmente no quería hacer. La charla giró en torno de las cercas eléctricas, las líneas demarcatorias, las víboras, etc. Está muy interesado en el lugar y, primero que todo, en adquirirlo. Tiene montones de ideas y gestiones. Y Edelin está negociando con alguien cuyo nombre suena como Cruise, dispuesto a negociar algo por otra cosa. Los árboles grandes fueron cortados en tierras de Cruise y las copas aparecen por todas partes. Cruise, se dice, compra sólo a fin de vender y cosas así. Cruise es propietario del valle donde está el granero arruinado y eso está justo al lado de Edelin, de modo que, si queremos estar completamente protegidos, deberíamos comprarlo. Además, este valle sería también bueno para las ermitas. Lo vi ayer y se extiende hondo hasta las colinas.

Pero, cuando pienso en todas estas negociaciones, organización, planeamiento y demás, y en la institución que puede surgir al final, todo el asunto de vuelve menos interesante. ¿Sería un tonto si me meto en todo esto? Probablemente sí. ¿No sería más sabio y sencillo quedarme donde estoy y hacer que sea lo mejor por el momento? Estoy claramente por mi cuenta, no tengo que hacer más planes, no despierto comentarios en la comunidad y, sobre todo, no dependo de nadie. Mi ermita constituye una soledad muy decente y hermosa que no genera comentario alguno, no es particularmente criticada, no le causa problemas a nadie, me permite ocuparme de mí mismo sin depender de nadie, está cercana al monasterio, puedo obtener lo que necesite en cualquier momento, nadie tiene que traerme cosas, mientras que, si fuera a Bell Hollow, dependería completamente de los otros que fuesen allí, a menos que me dieran un *jeep*; y en ese caso habría una gran cantidad de idas y vueltas. Todo es algo que debe pensarse.

## 22 de enero

Vintila Horia me envió su novela en francés sobre Platón. Horia es un novelista rumano. La encuentro extraordinariamente hermosa, un sostenido tono de sabiduría con todo tipo de tonalidades modernas implícitas. Muy actual.

En la novela, Platón dice: "Vi al mundo irrumpiendo hacia la estupidez con tal autoconfianza natural que eso me hizo sufrir profundamente, como si yo fuera personalmente culpable de ello, mientras a mi alrededor la gente veía el futuro como un nuevo placer emanado de cierta alegría; como si por el hecho de nacer en el mundo adquirieran un derecho a esto" (pág. 101).

Entretanto, un ex novicio, Bill Grimer, envió una copia del *Kiplinger News Letter* que cerraba 1964 con el don de la profecía, asomándose al gozoso futuro de 1980. Millones de personas pero ninguna guerra nuclear, ninguna guerra mundial pero más, más, más de todo. Más superautopistas, más ciudades reconstruidas, más suburbios, más dinero.

Ignora la cuestión de si toda esta gente "más" tendrá más empleos.

Más recreación, más diversiones, más colegios e inclusive, con todo el dinero circulante, un florecimiento de las artes, la música y la literatura.

(Simplemente no puedo esperar a tener sesenta y cinco años, pues no logro creer plenamente que cumpliré cincuenta dentro de nueve días.) ¿Veré este glorioso futuro en el que él, no obstante, insinúa la posibilidad de problemas?

¡Qué carencia total de imaginación! La profecía es lo suficientemente no imaginativa como para ser siquiera *verdadera*, y resulta intolerable. Nada para esperar por delante salvo las mismas sandeces, falsedades, estereotipos y simulaciones. Pero seguramente habrá más frustración; por lo tanto, más locura, violencia, degeneración, adicción. El país será un inmenso asilo.

Tengo esperanzas más elevadas. Me atrevo a esperar un *cam-*

*bio*, no sólo cuantitativo sino también cualitativo; semejante cambio deberá emerger a través de la oscuridad y la crisis, no mediante la aventura divertida e indolora. Quizás digo esto por haber perdido tal hábito.

## 25 de enero

El padre Illtud predicó un buen retiro. Hicimos juntos un par de caminatas y mantuvimos varias extensas conversaciones durante las grises tardes ventosas. Hablamos sobre Cambridge y *Blackfriars*, los nuevos colegios y las Hébridas. (En Rum no permiten que nadie habite allí salvo quienes protegen la vida silvestre y tratan de restaurar la ecología original. Esto es maravilloso.)

## 27 de enero

El retiro concluyó ayer. El padre Illtud fatigado por un resfrío. John Howard Griffin vino para visitar a Illtud y vi brevemente a John. Habló sobre una bomba en Youngstown, Ohio, la casa de unos negros que se mudaron a un vecindario blanco. Ahora todo se mueve hacia el norte. Dice que mis escritos sobre el problema racial no son pesimistas de modo alguno. Algunos críticos sostienen indignados que lo son.

Al final del retiro, hubo una misa concelebrada, la primera que hemos tenido aquí después de algunas dificultades con el obispo, no simple obstrucción sino observación meticulosa. Fue solemne, imponente, y pienso que fue una enorme gracia para la comunidad y una bella conclusión del retiro. No fui uno de los concelebrantes, porque esta vez preferí observar, y también quería estar seguro de no excluir a alguien más vehemente por la liturgia que yo. Esta vez el número fue limitado. Estoy cerca del tope en la lista, de modo que si me propusiera para ello podría excluir a alguno de los sacerdotes jóvenes. En realidad, esta vez participaron sólo tres sacerdotes mayores que me anteceden, los padres Joseph, Raymond y Roger. Pero fue un gran festival. Un poquito prolongado debido a la excesiva lentitud y a las demoras; por ejemplo, al finalizar purificar las patenas, los cálices, etc.

La comunión de los concelebrantes fue extremadamente lenta, pero aun así resultó muy impresionante.

Después de la misa, salí hacia un viento fuerte y una extraña bruma color malva, una tormenta de polvo de alguna parte. En la cena, el refectorio de la enfermería estaba lleno de polvo. Se rompió una de las ventanas colgantes y cayó por el pozo del ascensor, donde todavía hay ventanas. Se activó la alarma de incendio y todo desembocó en una confusión. Resulté tapado por una avalancha de correspondencia que obligatoriamente debieron retener durante el retiro.

Lo mejor del correo, dos libros de Nicanor Parra. Me encantaría traducir algo de eso. Tal vez haga un libro con traducciones de Parra y Pessoa, y lo titule "Dos antipoetas". Pienso que le escribiré a Laughlin sobre esto. Pero no pasaré por alto a Chuang Tzu.

## 30 de enero

Una noche fría. Desperté para encontrar la noche completamente colmada con la profundidad y el silencio de la nieve. Anoche permanecí aquí (en la ermita) para la cena, pero, tras cocinar la sopa, cortar para el postre una pera y una banana, y hacer tostadas, llegué finalmente a la conclusión de que hubo demasiada elaboración. Si no hubiera mejor argumento a favor del ayuno, el simple hecho de economizar tiempo sería una buena y suficiente razón. Es preciso lavar el tazón y la cacerola, y para eso dispongo sólo de un balde con agua de lluvia, etc. Beber sólo café para el desayuno tiene mucho más sentido porque entonces puedo leer con tranquilidad y beber ociosamente sorbos de mi taza, lo cual es suficiente durante la mañana.

En la meditación resulta necesaria una enorme disciplina. Leer ayuda, la horas tempranas son buenas, aunque durante la meditación matutina soy fácilmente distraído por el fuego. Una hora no es mucho, pero puedo ser más meditativo durante las horas de lectura que siguen y que transcurren mucho más rápidamente. Eso puede volverse dos horas si bajo más tarde al monasterio, cosa que hago los domingos. Durante la tarde el trabajo toma mucho tiempo y puede haberlo en demasía. Solamente mantener limpio el lugar es una gran tarea. Luego, hay que cortar los leños, etc. El fuego es voraz, pero su compañía resulta agradable.

Hoy envié a *Holiday* la versión revisada de "La lluvia y el rinoceronte" (que también está siendo censurada).

Ayer recibí un telegrama desde Nueva Orleans: mis dibujos no llegaron.

Vigilia de mi quincuagésimo cumpleaños. Rutilante tarde con nieve. Delicadas nubes azules de nieve descienden desde los helados árboles. Forzozamente me restringí de efectuar mucho trabajo en torno de la ermita, aseguré mi hora de meditación y haré otras cosas más tarde. Lo necesito mucho. Advierto lo grande que es el tiempo y la presión del trabajo que he tenido en la comunidad, con demasiados hierros en la forja.

Es cierto, aquí conseguí la treta para apartarme de todo, relajando por completo mi atención y olvidando el trabajo mediante el andar por allí y observar las colinas. Y la tarea del noviciado ahora no es excesivamente absorbente. Hoy mi mayor problema es la escritura de cartas.

¿Debo mirar hacia el pasado como si fuera algo para analizar y reflexionar? Más bien, le agradezco a Dios por el presente, no por mí en el presente sino por el presente que es suyo y está en Él. En cuanto al pasado, ahora soy inarticulado al respecto. Puedo recordar momentos irrelevantes de perturbación aquí y allá, y mis deleites parecen haber sido, en gran medida, insignificantes. Sin embargo, sentado en este lugar invernal, solitario y tranquilo, supongo que soy la misma persona que, con dieciocho años, viajaba solo en un ómnibus desde New Forest hacia Bournemouth, donde había acampado un par de días y noches sin compañía. Supongo que lo que más lamento es mi falta de amor, mi egoísmo, mi volubilidad, que ocultaban una profunda timidez y una urgente necesidad de afecto. Mi volubilidad con las chicas que después de todo me amaron, pienso, durante un tiempo. Mi falla fue la incapacidad de creerlo y mis esfuerzos para obtener una certeza completa y una perfecta realización.

Supongo que todavía soy la persona que vivió un tiempo en el 71 de la calle Bridge, en Cambridge, y que tuvo como sastre a Sabberton. Me hizo aquel extraño sacón Alphonse Daudet con faldones, que quizás usé dos veces. Una vez en el baile de la carrera de botes donde fui muy egoísta y poco amable con Joan. Y Clare era mi par estudiantil y yo estuve desgraciadamente idiota, sentado tarde en la noche sobre la escalinata del cobertizo para botes con Sylvia... cosas como ésas. Aventuras.

Lo que más percibo en mi vida entera es la ilusión, tratando de llegar a ser algo de lo que había formado un concepto. Ahora espero librarme de todo eso, porque ésa va a ser la batalla y todavía tengo que llegar a ser algo que debería ser. Debo satisfacer cierta demanda de orden, luz interior y tranquilidad. Demanda de Dios, eso es, para que remueva los obstáculos para su cesión de todo ello.

Nieve, silencio, el fuego conversador, el reloj sobre la mesa, tristeza. ¿Cuál sería la utilidad de repasar todo esto? Simplemente me lavaré (tengo sucias las manos) y pronunciaré el salmo de mi cumpleaños:

*Sí, tú del vientre me sacaste,*
*me diste confianza a los pechos de mi madre;*
*a ti fui entregado cuando salí del seno,*
*desde el vientre de mi madre eres tú mi Dios.*

Salmo 22 [21]

No importa qué errores y decepciones marcaron mi vida, pienso que la mayoría de ello fue la felicidad y, hasta donde puedo decirlo, la verdad. Hubo estaciones enteras de inseguridad, mayormente cuando tenía menos de veinticinco y seguía a amigos que no eran realmente de mi especie. Pero en mi año superior en Columbia las cosas se pusieron en su lugar.

Puedo recordar muchos días felices e iluminados, y enormes bloques de tiempo que fueron fructíferos. Durante mi infancia hubo algunos períodos de pesadilla, pero la vida en Saint-Antonin fue una revelación real. Después pasó lo mismo en variados momentos y lugares. En Sussex, en Rye, en el campo, en Olean donde pasé la Navidad con Lax. Las llegadas y partidas en el lago Erie fueron en general grandiosas. La cabaña de la colina también. Luego, Cuba, maravillosos días allí. Todo esto ya lo conté antes y el mundo entero lo conoce.

¿Aquí? Los tiempos más profundos y más felices de mi vida han pasado dentro y alrededor de Getsemamí, pero también algunos de los más terribles. Mayormente, los momentos felices se dieron en los bosques y los campos a la par del cielo, el sol, aquí en la ermita y en las tardes del trabajo con los novicios. También, buenos momentos con los protestantes que venían aquí, especialmente los Hammer y, por supuesto, durante una o dos visitas a Lexington.

Buenas visitas con J. Laughlin, Ping Ferry, buenos días en Louisville con Jim Wygal; pero la felicidad más honda fue cuando estaba solo, tanto en la ermita como en el cuarto de maestro de novicios (aquel maravilloso verano de las gardenias y Platón), o simplemente afuera, en los campos.

Por supuesto, estuvo también la cripta antigua, y debo mencionar muchos momentos felices con los estudiantes cuando yo era su padre maestro. También un par de buenas jornadas en el hospital, cuando me sentía lo suficientemente bien para salir y caminar por ahí cerca de la gruta.

Podría llenar otra página sólo con los nombres de la gente que he amado y cuyas noticias adoro. Lax, sobre todo, Mark Van Doren y todos los viejos amigos, Ad Reinhardt y demás. Naomi y Bob Giroux, y todos mis amigos latinoamericanos, Ernesto Cardenal y Pablo Antonio Cuadra. Tantos estudiantes y novicios, especialmente, por alguna razón, el grupo que vino durante 1960 y 1961. Los hermanos Cuthbert, Dennis, Basil y otros; muchos más que he abandonado, como el padre Juan de la Cruz. ¿Para qué seguir? Gracias a Dios por todos ellos.

## 31 de enero

No puedo pensar mayor causa de gratitud en mi quincuagésimo cumpleaños que despertar ese día en una ermita. Frío fiero durante toda la noche, seguramente bajo de cero, pero no tengo un termómetro de exteriores.

Dentro de la casa, casi helada, aunque las brasas todavía brillaban bajo las cenizas en el hogar. A cierta hora el frío me despertó, pero ajusté las mantas y volví a dormirme. ¿Qué más procuro salvo este silencio, esta simplicidad, este "vivir junto a la sabiduría"? Para mí, no existe otra cosa, ¡y pienso que he tenido la gracia de paladear un poco de lo que todos los hombres buscan sin conseguirlo! Mayor obligación para tener compasión y amor, y de orar por ellos.

Anoche, antes de meterme en la cama, advertí momentáneamente qué significa en realidad la soledad. Es cuando se cortan las amarras y el barco ya no está ligado a la tierra, sino que apunta hacia el mar sin lazo alguno y sin restricciones; no al mar de la pasión, sino al mar de la pureza y el amor que no precisa cuidado. La vastedad que inmediatamente ama sólo a Dios directamente en Él como el Todo, y la aparente nada que es todo. ¡La inexpresable confusión de quienes piensan que Dios es un objeto mental y que "amar sólo a Dios" es excluir a todos los demás objetos y concentrarse apenas en uno! Fatal. No obstante, por eso muchos malentienden el significado de la contemplación y la soledad, y las condenan.

Pero también veo que ya no tengo la más mínima necesidad de discutir con esa gente. Nada tengo que justificar, nada que defender. Sólo preciso defender esta vasta y simple vaciedad de mi propio yo, y el resto queda claro.

La hermosa joya del resplandor de la miel a la luz de la lámpara. ¡Festival!

Un pensamiento que se me presentó durante la meditación: el error del racismo es la consecuencia lógica de un estilo esencialista de pensamiento. Hallar lo que un hombre es y clavarlo a su definición para que jamás pueda cambiar. Un hombre blanco es un hombre blanco y punto. Un negro, aunque sea tres cuartas partes blanco, es un negro con todo lo que nuestra rígida definición predica sobre un negro. Y así la maquinaria lógica puede pulverizarlo y devorarlo debido a su esencia.

¿Piensas que, en una era de existencialismo, esto va a mejorar de alguna manera? Por el contrario, las definiciones, más y más esquemáticas, son cargadas en computadores. Las máquinas están reflexionando sobre las más arbitrarias y rudimentarias esencias perforadas en tarjetas IBM, y definiéndonos a ti y a mí para siempre sin apelación. "Un cura, un negro, un judío, un socialista". (Problema del intelectual y editor mexicano García Torres y su conflicto con el pasaporte, porque algún idiota en una embajada marcó su tarjeta como "rojo".)

## 2 de febrero

De nuevo muchísimo frío. El 31 cayó a unos 20 bajo cero. Esta mañana ronda los cero grados. Ayer estuvo más templado. Subió de una vez hasta los dos grados bajo cero y hubo más nevadas. Una gran cantidad de la madera que tengo para la chimenea está húmeda o no está bien estacionada para arder bien, aunque finalmente, esta mañana, conseguí un fuego bien caliente con un gran leño de cedro en el tope. Éste es uno de los climas más fríos que hemos tenido en los veintitrés años que llevo aquí, pero dormí bien, por cierto no peor que en alguna otra parte. De hecho, estaba muy abrigado bajo una inmensa pila de frazadas.

Es muy duro pero bueno vivir de acuerdo con la naturaleza, con una tecnología primitiva de leños hachados y fogatas, en vez de con la tecnología madura que ha suplantado a la naturaleza, creando su propio clima. No obstante, también existen ventajas cuando se está en una casa caliente con una estufa que se alimenta a sí misma. No hay necesidad de jurarle lealtad a uno u otro de estos sistemas. Entra en calor de cualquier modo, ama a Dios y reza.

Veo más y más que ahora no debo desear otra cosa que ser "vertido como una libación" para brindar y rendir mi ser sin preocupaciones. Los bosques fríos lo hacen más real; y así lo hace la soledad.

Cuando regresé anoche, a la hora de un muy frío atardecer, encontré dos pequeños pájaros que todavía picoteaban las migas que les dejé en el pórtico helado. En todo el resto, nieve.

Por la mañana, al descender, todas las sendas estaban cubiertas por la nieve que sopló el viento, excepto las del gato que caza en la vecindad del viejo granero de las ovejas.

Soledad; tener conciencia de que eres el único hombre en esta nieve donde no ha estado nadie, salvo un gato.

## 4 de febrero

Finalmente, hoy el tiempo frío cedió un poquito, la primera vez por encima del congelamiento en una semana. Noches entre cero y menos quince, muy frías, a veces incluso dentro de la cama.

Anoche hice la vigilia nocturna en el monasterio y regresé a través de los bosques helados hasta una cabaña muy fría. Pero hoy la nieve se derritió en parte y corrió locuazmente desde las canaletas de mi techo hasta los cubos. Nuevamente agua para lavar la vajilla. El cubo que había llenado la otra vez casi se había terminado.

En el hogar, estoy quemando estantes de la antigua biblioteca monástica: no los estantes de castaño, sino los laterales de álamo. Están secos y muy rápidamente concretan una buena onda caliente.

La nueva biblioteca fue formalmente inaugurada el domingo, día de mi cumpleaños, en el ex edificio del noviciado de los hermanos. Estuve muy feliz por ello. Las estanterías se encuentran bien iluminadas, el gran salón agradable con pupitres fue antes un dormitorio, y el salón de lectura escaleras arriba también es confortable. Me resulta muy alejada como para concurrir a menudo, pero estoy contento por el cambio.

Anoche tuve un curioso y conmovedor sueño sobre una "madre negra". Yo me encontraba en un lugar donde había estado cuando era niño, pero también parecía existir una conexión con Bell Hollow y percibí que había ido hasta allí para reunirme con una madre adoptiva negra a la que durante mi sueño había amado en la niñez. Sin embargo parecía, en el sueño, que yo le debía la vida, por su amor hacia mí, de modo que era ella quien me había dado a luz y no mi madre natural, como si de ella hubiera emanado una vida nueva. Y allí estaba ella. Su rostro era feo y severo; no obstante, una inmensa calidez emanaba de ella y nos abrazamos con amor. Sentí honda gratitud, y lo que yo reconocía no era su rostro sino la calidez de su abrazo y de su corazón, por así decirlo. Después bailamos juntos, mi madre negra y yo.

Finalmente, tuve que proseguir el viaje en el que me encontraba durante el sueño. No puedo recordar más sobre esa travesía ni algún incidente ligado a ella. Las idas y venidas, el volverse negro, y así en adelante.

Hoy, además de una buena carta de Gordon Zahn y otras agradables cosas del correo, llegó un fantástico regalo de Daisetz Suzuki. Un pergamino con algunas de sus caligrafías hechas soberbiamente. El pergamino en una cajita perfecta, todo absolutamente espléndido. Nunca ví algo tan excelente. Quedará maravilloso en la ermita, pero no tengo idea sobre lo que dicen los caracteres.

También llegó una carta de John Pick donde dice que quiere mis dibujos para exhibirlos en el Marquette de Milwaukee. Ahora están en la universidad San Javier de Nueva Orleans.

## 9 de febrero

Debo admitir que todavía me conmuevo mucho con Horacio; como, por ejemplo, una cita de la Époda Segunda con la que me crucé por casualidad cuando hojeaba el *Liber Confortatorius* de Goscelin a un recluso en el siglo XI. La estructura, la claridad y la musicalidad de Horacio son grandiosas. No es trillado (¡yo solía pensar que lo era!). Allí hay, me parece, una profundidad real y esto es demostrado por la sostenida pureza y la fortaleza de su tono. Algo bastante intraducible.

Releyendo el número de 1952 de *La Vie Spirituelle* sobre la soledad, quedo impactado por el evidente progreso que se ha alcanzado. En aquellos días, el tono no era de esperanza real, sino simplemente un testimonio sobre el deplorable hecho de que la vida ermitaña prácticamente había cesado de existir y que los superiores religiosos no llegaban a ver su significado y su importancia. Ahora, por el contrario, es nuevamente un hecho y nos movemos más allá de la escena donde se pensaba que un monje, para ser un solitario, debía estar enclaustrado. En otras palabras, más allá del tiempo en que era necesario que un monje abandonara la orden monástica para poder realizar su vocación monástica. Estoy trabajando en un ensayo sobre eso para una reunión de canonistas (a la que ciertamente no iré) durante la primavera en New Melleray.

## 11 de febrero

Hubo algunas noticias deprimentes de Vietnam. Dados los exitosos ataques guerrilleros del Vietcong contra las bases estadounidenses en Vietnam del Sur, hubo bombardeos de pueblos y bases en Vietnam del Norte, y hoy en el monasterio circularon señales de que hubo un evidente bombardeo a una ciudad por parte de nuestros aviones. Quizás Hanoi ha sido bombardeada.

Todo lo que puedo sentir es disgusto y desesperanza. ¿No le queda entendimiento a la gente, y ni siquiera memoria? ¿No poseen imaginación suficiente para ver cuán totalmente inservible y absurda es toda la cosa, aunque carezcan del sentido moral para poder ver su injusticia? Todo el efecto de esto será hacer que Estados Unidos sea más odiado, así como los rusos fueron odiados después de la revuelta húngara de 1956. No hay mejor manera que ésta para promover el comunismo en Asia. Estamos llevando a la gente a ello, en vez de "liberarla" de ello.

Hoy finalicé el primer borrador de mi escrito sobre el eremitismo.

Lluvia todo el día. No regresé a la ermita hasta después de la comida. Parece que todo resulta favorable para mi mudanza aquí a lo alto, cuando el padre Callistus regrese de Roma. Pero ahora existen dudas sobre si el padre Flavian asumirá la tarea de maestro de novicios porque quiere ir al Camaldolese, nada menos, lo cual me suena tonto.

Cae la noche. Viento del oeste. El pórtico brilla con lluvia, bajos y oscuros trazos de nubes resoplan sobre el valle. La lluvia se vuelve más furiosa, el aire se llena de voces y todo ese poderío suena como una confusa música radial en otro edificio; pero no hay otro edificio. El sonido parece llegar a un *crescendo* metálico para concluir, pero no concluye.

También los aviones de reacción. Altos en la tormenta están esos aviones de reacción.

Hoy llegó la aprobación del censor para "La lluvia y el rinoceronte", escrito en diciembre. Pero la lluvia es distinta esta vez, más seria, menos pacífica, más conversadora. Una enorme cantidad de conversación.

## 14 de febrero

El otro día llegó una carta de Godfrey Diekman pidiéndome que participe en un encuentro ecuménico en Collegeville, junto con el padre Höring, Dom Leclercq, el padre Barnabas Ahern y, por el otro lado, Douglas Steere y nueve más. Lo solicité al padre abad, y su permiso, que en circunstancias en que cualquier otro superior lo habría concedido, fue denegado.

No es que tuviera el corazón sintonizado para concurrir, sobre eso puedo ser indiferente. Me hubiera gustado ir porque pienso, en un sentido, que me habría hecho bien y que podría haber aprendido mucho. Hubiera tenido la gracia de hacer algo por la Iglesia y de haber participado en un diálogo evidentemente bendito y fructífero.

No fue posible debatir nada de eso con el abad. De hecho, no se discutió por qué yo *no debía* asistir. No se dio ninguna razón real, sólo emotividad por parte del abad.

Asumió ese aspecto mixto de sufrimiento y terquedad, interpretable de muchas maneras, pero que en esta ocasión lo hacía lucir como si yo le estuviera robando alguna cosa, como si por ejemplo me llevara la llave de su oficina. Una mirada de vulnerabilidad y desafío. Un hombre amenazado en su barriga o en otro lugar, con la determinación de que yo *no debía* salirme con la mía, de que *nunca* podría lograrlo.

Por eso, los confusos motivos ("Nuestra vocación no es viajar y asistir a reuniones") se hicieron claros de otro modo y no con palabras. (Después de todo, nuestro padre Chrysgonus anda viajando a todas partes, asiste a cualquier tipo de cosas, y su estadía en Europa ya fue prorrogada dos veces.)

Dom James considera esta invitación a Collegeville como una amenaza personal contra él, a su prestigio, a su propia existencia como imagen e ícono sacerdotal. Si lo invitaran a él, con seguridad concurriría. Después de denegar mi permiso japonés, él mismo partió hacia Noruega. Estoy seguro de que no es consciente de ello. Lo ve sólo en los términos más aceptables. Piensa que mi humildad será desflorada por este encuentro con expertos, como Dom Leclercq. Detesta a Dom Leclercq, Dom Winandy, Dom Damasus Winzen y a todos esos perversos benedictinos.

Bueno, deberé aprender a aceptar esto sin resentimiento. Por cierto que no resulta fácil hacerlo. Hasta aquí, me esforcé para hacerlo y, para decir la verdad, me solivianta y me distrae. Así es el voto de obediencia. Uno se somete también al prejuicio de algún otro, a sus mitos, y a la adoración de *sus* fetiches.

Bien, hice el voto y lo mantendré, y veré por qué lo mantengo, y al mismo tiempo trataré de no dejarme involucrar en el daño real que puede surgir de un tipo errado de sumisión. Hay varios tipos equivocados, y el correcto no es siemnpre fácil de encontrar.

En otras palabras, no concuerdo con quienes dicen que *cualquier* sumisión es suficiente.

## 16 de febrero

Debo admitir que el domingo estaba perturbado por todo el asunto del permiso denegado. Durante la asamblea del domingo, el padre abad predicó un largo sermón apasionado sobre la vanidad, la ambición, el uso de los dones personales para la propia gloria, etc., y pude ver que él estaba todavía muy enojado. Hubo un gran caudal de emoción. Al comienzo su voz temblaba, su respiración tampoco estaba bajo control, y cosas así. Obviamente, esto tiene algo que ver con mi pedido. Éste es el modo en que él funciona habitualmente, y pensé que de ser así resultaba bastante injusto.

Yo también estaba irritado y finalmente deprimido, sentado allí en una posición de total indefensión e incapaz de responder o hacer algo al respecto. El sentimiento de impotencia y frustración y, sobre todo, humillación por el hecho de haberlo sentido tanto y de ser forzado por mis sentimientos a pensar sobre ello todo el día. Qué absurdo.

Y, pese a los esfuerzos que hice para verlo racionalmente, para verlo como insignificante y risible, no lo conseguí. Tampoco funcionaron los argumentos religiosos y la repetida aceptación de ello como una cruz y una humillación en las profundidades de mi voluntad. Nada parecía configurar una diferencia, y finalmente yací despierto la noche entera, la primera vez que me sucede en la ermita.

Al final, le escribí al padre abad diciéndole que lamentaba haberlo ofendido, que su sermón me había hecho muy infeliz pero que mis escritos, etc., no eran pura ambición y vanidad, aunque cierta vanidad pudiera existir en ellos, y que yo deseaba que me aceptara de manera realista y no esperara que yo fuera algo que jamás sería.

Contestó que el sermón nada tenía que ver conmigo, que no tenía la intención de lastimarme, que estaba muy preocupado, etc. Quizás fue una ilusión, pero de todos modos allí estaba. Me alivió que todo se pusiera en su lugar. Una pataleta. Por cierto, tengo edad suficiente para superarlo. (En realidad, no creo en su respuesta.)

Ayer por la mañana, cuando salí por una bocanada de aire después de mi conferencia novicial, vi hombres trabajando en la colina más allá del cobertizo de las ovejas. Al fin llegaba la línea eléctrica. Estuvieron todo el día trabajando en hacer hoyos, cavando y haciendo estallar la roca con cargas pequeñas. Jóvenes con cascos amarillos, buenos, con ahínco, tipos que trabajan duro con las máquinas. Me dejaban contento ellos y la tecnología norteamericana, fijando postes para traer la luz así como lo harían para cualquier granjero del distrito. Y era bueno sentirse parte de esto, que no debe despreciarse sino que resulta admirable, lo cual no significa que le dé tregua a cualquier exceso del desarrollo inútil de la tecnología.

De tarde. Paisaje de pilares. Los hombres de la electricidad por toda la colina, uno en la cúspide de cada poste. Alambres flamantes de cobre meciéndose y brillando, cascos amarillos por todas partes. La luz está llegando.

1.30 de la tarde. Vinieron a la mañana y el primer poste ya estaba de pie a las nueve. Espero que a la noche ya hayan terminado. Le estuve hablando a uno de ellos, y son realmente tipos agradables, auténticos, abiertos, amigables, carentes de insidia.

De tarde. A las 2.45, el capataz de los electricistas, un hombre bueno y sencillo, de rostro colorado, vino y colocó mi medidor, instaló el interruptor y hubo luz. Yo estaba en la mitad de una traducción de poemas de Pessoa para Suzuki, como retribución a la caligrafía que me había enviado recientemente. La luz es una gran bendición.

La máscara de Nuevo México que está al final de las celosías luce bien, y lo mismo ocurre con la tinta negra del pergamino de Suzuki.

Los íconos lucen presentables, aunque quedan mucho mejor bajo la luz del día, cuando hay luz afuera y quedan en la sombra del cuarto. Un ícono debe ser visto entre sombras y a la luz de una vela.

Celebré el gran evento, la Epifanía y la llegada de la electricidad, con una buena cena de sopa de patatas cocinada en una vieja y machucada cocina eléctrica que me regaló el hermano Joachin. Funciona bien, así que es una noche de aleluya.

## 17 de febrero

De mañana temprano. Debo admitir que la luz es de gran ayuda. Simplifica las cosas. Hace menos complicada la oración. No hay que hacer alharaca con cerillas, velas, linterna.

El calentador eléctrico es una ayuda cuando la mañana no está realmente helada, de modo que no debo encender el hogar y meterme en la distracción de los leños y los atizadores.

Soy consciente del hecho de que la luz viene a través de otros. Soy parte de una colectividad, una cooperativa rural, la RECC de Salt River. Esto es significativo y consuela. En esta luz estoy unido a la gente del campo que comparte mi misma fuente. Pero no estoy en la misma línea del monasterio, que depende de la gran compañía eléctrica KU. Yo estoy con los granjeros pobres en la cooperativa REA.

Estuve releyendo la admirables notas de S. sobre la soledad en *La Vie Spirituelle* de 1952. Sé ahora una cosa de la que no pude darme cuenta entonces. No es suficiente ser un ermitaño de tiempo parcial, que vive mayormente en la comunidad, pues él dice: "Quand il faut composer entre deux esprits, on partage ses forces entre deux tiédeurs" (Cuando uno debe comprometerse entre dos espíritus, divide sus fuerzas entre dos mediocridades). Y esto es perfectamente cierto.

En consecuencia, debo seguir trabajando para el día de la completa soledad, quizás cuando ni siquiera asista a la misa conventual. Empero, pienso que sigue teniendo sentido cenar allá abajo para evitar el fastidio de cocinar. Pero, mientras sea maestro de novicios, obviamente seguiré maniatado.

El padre Flavian, mi confesor, dice que sigue siendo un deber de caridad estar presente en la comunidad, por lo menos en algunas cosas.

Una de las cosas que me gustaron en el capataz de la REA ayer fue que, después de preguntarme si había visto un venado por allí, dijo: "Yo nunca podría matar un venado." Y dijo que pensaba que un venado podría venir hacia aquí "porque ellos saben que estarían seguros". Fue lindo. Pero le conté que debo andar ahuyentando cazadores por ahí todo el tiempo, aunque se supone que se trata de un refugio de vida silvestre.

## 24 de febrero

Hoy tengo que ir nuevamente a ver al doctor Scheen. La piel de mis manos erupcionó una vez más, se desgajó y se quebró, y los hondos agujeros en la piel son bastante dolorosos. Interfieren con la tarea. Hasta atarme los zapatos resulta doloroso. Tuve que usar guantes para hacerme la cama. ¡Que desastre!

El hermano Joachin estuvo aquí ayer para darle unos toques de terminación a su trabajo eléctrico, y el hermano Clemente me trajo un inmenso y vistoso refrigerador que llegó el sábado, o fue instalado aquí ese día. De inmediato se convirtió en una gran distracción y de muchas maneras desería no tenerlo, pero será necesario durante el verano. El primer par de noches fui fastidiado por el ruido que hace cuando despierta para enfriarse y, cada vez que lo hacía, yo también me despertaba. Pero me ponía a dormir de nuevo y, por la gracia de Dios, funcionó. También podría olvidarme de sentirme culpable porque la cosa es demasiado espléndida. Pero la gente del lubar tiene cosas así y también tiene televisores.

Todo lo que hay en esta ermita me colma de alegría.

Hay infinidad de cosas que podrían ser mucho más perfectas de un modo u otro, ascética o domésticamente, pero éste es el lugar que Dios me ha dado después de tanta oración y anhelos, sin que lo merezca, y es un deleite. No puedo imaginar otro gozo en la Tierra que tener un lugar así y estar en paz en él. Vivir en silencio, pensar y escribir, escuchar el viento y todas las voces del bosque, luchar con una nueva angustia que es, con todo, bendita y segura, vivir a la sombra de una enorme cruz de cedro, prepararme para mi muerte y mi éxodo al país celestial, amar a mis hermanos y a toda la gente, orar por el mundo entero y ofrecer paz y sano juicio entre los hombres. De modo que éste es mi lugar en el designio de las cosas y resulta suficiente. Amén.

Estoy leyendo algunos estudios sobre san Leonardo de Port Maurice, su *retiro* y la ermita del *incontro*. Con qué claridad el Vaticano II ha cuestionado todas las actitudes que él y sus compañeros daban por sobreentendidas, como la dramática procesión descalza por la nieve desde Florencia hasta el *incontro*, la diaria media hora de disciplina en común, etc. Esto solía ser admirado, aunque prudentemente evitado, por todos en la Iglesia. Se pensaba que era "la cosa real", aunque pocos pudieran llevarla a cabo. Ahora hemos llegado a dudar abiertamente del valor intrínseco de tales prácticas. La sinceridad estaba allí y obviamente significaba una gran cosa para ellos, pero la psicología profunda y otras han vuelto estas cosas cuestionables para siempre. Pertenecen a otra era y a otro tipo de conciencia. Presuponen cierta inadvertencia del inconsciente. Pero en el inconsciente tienen que alcanzarse la verdadera purificación y el arrepentimiento, deben suceder allí. Las prácticas artificialmente austeras tienen una tendencia a prevenir este cambio profundo. Pueden ser un substituto del cambio en profundidad, aunque no es necesariamente cierto que jamás puedan asociarse con un cambio profundo. ¿Pero puede suceder en nuestra época?

Sin embargo, en la vida solitaria debe haber cierta cantidad de penuria, dificultad y rigor. Las penuria está presente por sí misma. No necesita ser ser plantada allí. El frío, la soledad, el aislamiento, la faena, la necesidad de pobreza para mantenerlo todo sencillo y manejable, la necesidad de disciplina, para largas meditaciones en silencio; pero ningún drama, nada de ejercicios colectivos de autocastigo, en lo que puede irrumpir mucho de lo que resulta espurio y cuestionable. Indudablemente, es bueno tener una vida solitaria sin esta dimensión colectiva. Aunque pueda resultar peligroso, es mejor.

## Atardecer del 24 de febrero

Fue un día extraño. Terminé escribiendo con guantes dérmicos, mientras la lluvia cae con fuerza sobre la cabaña.

Se suponía que iría a la ciudad con Bernard Fox, pero cuando llegué al portón a las 8.03 ya se había ido. Como resultado, mientras esperaba que algún otro me llevara, los hermanos de la tienda me hacían señales. "Es bueno que ese tipo que quería matarte se haya ido." Aparentemente, algún loco de la casa de huéspedes estaba soltando fuego y azufre en mi dirección. Por correo, también, hay algunas cartas de fanáticos, de grados diferentes, a los que no les agrado.

Viajé a la ciudad con Bobby Gill, que teme conducir en el tráfico urbano y que, de hecho, nunca estuvo antes en Louisville. Vive con su familia atrás en los bosques, al otro lado de New Hope, en una pequeña cabaña. Me condujo hasta el edificio de Artes Médicas y durmió pacíficamente en el estacionamiento mientras yo estaba en el consultorio del doctor.

El médico no sabe qué causa esta dermatitis. Tomó trozos de piel para hacer un estudio de laboratorio. Uso guantes dérmicos. Mis manos *duelen*.

De regreso, a eso del mediodía, nos divertimos. Si hubiera ido con Bernard y los demás, eso habría significado almorzar en Louisville. Tal como fue, Bobby Gill quería sólo los sandwiches que había dejado de comer en su empleo con el hermano Christopher. Compré algo de comida en el supermercado de Bardstown y almorzamos en la ermita.

Después, al final de la tarde, regresé al monasterio. Di un par de clases de orientación en el noviciado y fui a la cocina de la enfermería para capturar algo de azúcar.

Por el sistema de difusión pública del salón de asambleas, estaban leyendo una severa reprobación de la vida ermitaña, del libro de un benedictino. El padre Roger, que estaba allí, me dijo que el hermano Gerard había recibido los últimos sacramentos a las seis de la tarde y que estaba mal.

Volviendo bajo la lluvia, pensé pacíficamente en la muerte y acepté el hecho de que posiblemente algún loco vendría aquí una noche y me liquidaría y, si ése es el modo en que debe ser, me alegra aceptarlo de la mano de Dios. Él me dará la gracia de morir gustosamente para Él.

Bobby Gill vive ahora detrás del acceso al camino posterior que lleva al lugar de Edelin. Su nombre apropiado es Bell Hollow. Keith Hollow se abre al noreste de allí. Así, si voy a vivir en Bell Hollow, Bobby Gill podría ser mi hombre de contacto con el monasterio.

Malcolm X, el negro radical, ha sido asesinado. Lamento escuchar tal cosa. Ahora hay lucha entre diferentes facciones de nacionalistas negros.

## 26 de febrero

Noto más y más que la soledad no es algo con lo que se juega. Es mortalmente seria y, por más que la he querido, no he sido lo suficientemente serio con ella. No resulta suficiente sólo "gustar de la soledad", o amarla. Incluso cuando te gusta, la soledad puede arruinarte, creo, si la deseas solamente por el gusto de tenerla.

De modo que sigo adelante, y no creo que vaya a dar marcha atrás alguna vez (ya que interiormente alcancé un punto de no retorno), pero avanzo con miedo y temblando, a menudo con la sensación de estar perdido, tratando de ser cuidadoso con lo que hago porque veo que cada paso en falso se paga costosamente.

Por lo tanto, recaigo en la oración o trato de hacerlo. Sin embargo, no importa; hay una gran belleza y paz en la vida de silencio y vaciedad. Pero andar tonteando con ello por ahí trae una horrible desolación. Cuando se pone frívola, hasta la belleza de la vida se vuelve implacable. La soledad es una madre adusta que no aguanta el desatino. Y se plantea la cuestión: ¿estoy tan lleno de desatino que va a echarme afuera? Rezo para que no lo haga y supongo que esto va a requerir mucha oración.

Debo admitir que me gusta lo que cocino. Hoy, por ejemplo, arroz y frijoles, con salsa de manzana del monasterio y algunos maníes. Una linda cena.

Leí un excelente folleto de Pendle Hill. Lo envió Douglas Steere. Es de Edward Brooke. Tres cartas sobre la situación de Sudáfrica. Son esperanzados en un sentido cristiano pero me pregunto si tal esperanza, de hecho, será realizada en la historia. Ciertamente, es importante entender a Sudáfrica si queremos obtener una perspectiva real de nuestro propio problema racial.

## 27 de febrero

La vida solitaria tiene sentido sólo cuando está centrada enteramente en el amor de Dios. Sin esto, todo es trivialidad. El amor de Dios en sí mismo, para Él mismo, procurado sólo en su voluntad, con renuncia total. En la soledad, cualquier cosa excepto ésta es náusea y absurdo.

Pero, fuera de la soledad, uno puede ocuparse en muchas cosas que parecen poseer significado propio; y su significado puede ser y es aceptado, al menos provisoriamente, como algo que debe ser tomado en cuenta hasta el momento en que se logra amar a Dios perfectamente. En cierto modo, esto resulta correcto, salvo que, mientras se hacen cosas teóricamente "por el amor de Dios", en la práctica se cae en el descuido total, la ignorancia y el letargo. Esto sucede también en la soledad, por supuesto; pero en la soledad, cuando la distracción es evidentemente vana, el descuido trae la náusea consciente. En la sociedad, el descuido puede aportar cierto tipo de comodidad. Por lo tanto, es una gran cosa ser completamente vulnerable y sentir de inmediato, con cada debilitamiento de la fe, una pérdida total. De ese modo, hay que luchar contra el debilitamiento.

Cosas que en comunidad son preocupaciones legítimas se ven, en soledad, como tentaciones, pruebas y cuestionamientos. Verbigracia, el problema de la piel en mi mano.

## 2 de marzo, martes de carnaval

Lluvia leve, cuarenta horas [devoción]. Anoche, una agradable vigilia con los novicios en la iglesia. Pero a la iglesia le tomó un largo tiempo calmarse después que todos se fueron a dormir. Los sacristanes anduvieron corriendo durante media hora.

Estoy leyendo una buena biografía de Simone Weil que debo reseñar para *Peace News* de Londres. Finalmente voy conociéndola. Tengo por ella una enorme simpatía, aunque no puedo coincidir con algunas de sus actitudes e ideas.

Básicamente: me pregunto qué me perturba de ella. Hay algo que lo hace. En su experiencia de Cristo, por ejemplo: ¿es gnóstica en vez de mística? Pero, hay que admitirlo, parece que ella ha advertido esto y no se aferró a lo que estaba errado. "El desván" era un lugar que ella debía dejar atrás. Su mística de la acción y el mundo es su clima real, ahora familiar y, pienso, más auténtico. Durante una época, pienso que los católicos corrían hacia Simone Weil para aprender esto, pero ahora la han olvidado y Teilhard de Chardin es el profeta de este cristianismo cósmico.

(Y todavía, ¿qué sucede con san Francisco?)

Una cosa de la ermita me hace ver que el universo es mi hogar y que nada soy si no formo parte de él. Destrucción del yo que parece darse fuera del universo. Liberarse de la ilusión del solipsismo.

Sólo como parte de la trama y el dinamismo del mundo puedo encontrar mi ser verdadero en Dios, quien ha querido que yo exista en el mundo. Esto lo descubro aquí en la ermita, no sólo mentalmente sino en la profundidad y la integralidad, especialmente, por ejemplo, en la capacidad de dormir. En el monasterio, me mantienen despierto las ranas. Aquí hay ranas, pero no me mantienen despierto. Son una comodidad, una extensión de mi propio ser. Ahora, el zumbido del medidor eléctrico cerca de mi cama no es nada, aunque en el monasterio habría sido intolerable. En mi hábitat verdadero hay una aceptación de la naturaleza y hasta de la tecnología. No tengo que trabajar la cosa *teóricamente*. Se trabaja a sí misma en la práctica, de un modo que no precisa ser explicado o justificado.

## 3 de marzo, miércoles de ceniza

Aunque me incomode la imaginativa descripción que Simone Weil hace de su experiencia con Cristo, pienso que su misticismo contiene algo básicamente auténtico. Si bien no puedo aceptar sus ambigüedades dogmáticas, pienso que sus razones, sus razones *personales* y subjetivas para no incorporarse a la Iglesia, son bastante sinceras. Son profundas, así como desafiantes. Además, también puedo ver que ellas podrían provenir de Dios y por lo tanto pueden contener una referencia especial a la Iglesia, una relevancia especial para el conflicto de la Iglesia de nuestro tiempo. Tal vez son una especie de acusación a la Iglesia, una acusación que podría verse como emanada indirectamente de Dios mismo.

Lo que me impresiona de Simone Weil es su intuición del sufrimiento y del amor: su insistencia en ser identificada con los desafortunados y los incrédulos. La verificación de que el amor de Dios debe quebrar el corazón humano.

Y finalmente esto: "Benditos sean los que sufren, en la carne, el sufrimiento del mundo mismo en su época. Tienen la posibilidad y la función de conocer la verdad, contemplando su realidad, su sufrimiento del mundo. Pero infortunados son los que, teniendo esta función, no la realizan." Otra cita: "Debemos descartar la ilusión de estar en posesión del tiempo." Esto dice Simone Weil. Y esto implica consentir en ser "material humano" moldeado por el tiempo bajo el ojo de Dios.

## 4 de marzo

Simone Weil tiene que ser tomada como un todo y en su contexto. Individual e independiente como era, el significado integral de su pensamiento debe hallarse, no aislándolo, sino situándolo en su diálogo con sus contemporáneos. El modo de ordenar sus incómodas intuiciones no es ponerla aparte y verla como si ella fuera un fenómeno totalmente aislado. Su no conformismo y su misticismo son, por el contrario, un elemento esencial de nuestro tiempo. Sin su contribución, seríamos menos humanos.

Tomen, por ejemplo, la importancia especial de su crítica al personalismo superficial.

Vean también sus observaciones proféticas sobre la americanización de Europa después de la guerra, que amortiguarían allí las raíces orientales del contacto con el Este. Su intuición de Estados Unidos como puramente no oriental y desarraigado. Su visión de un mundo amenazado con el desarraigo mediante la americanización. Se trata de un pensamiento considerable. Consideren el significado simbólico de Vietnam y de los budistas quemándose. Sudamérica (éste es un agregado mío) es más oriental, así como más europea que Norteamérica, y ésta es tal vez la esperanza del mundo, un puente, un remedio.

Simone Weil pensaba que Francia podía sustituir la dominación colonial con el intercambio cultural.

Ella concluye que la exposición de Estados Unidos al impacto del infortunio puede hacer que el país vea la necesidad de raíces. ¡Pero por ahora aquí no hay señales de eso!

Atardecer: montones de nieve húmeda.

Debí pasar el día entero en el monasterio, pues tenía una conferencia, directivas y cosas así, y luego a la tarde una larga reunión del comité de edificios (del que desearía renunciar decentemente) sobre el proyecto de la nueva iglesia.

Pasé brevemente por la ermita después de la comida principal para barrer, recoger la botella de agua para su recarga y leer unas pocas páginas de un libro nuevo, *Estudio del bien* de Nishida Kitaro, que envió Suzuki y que es justo lo que ando buscando en este momento. Es magnífico.

Pero el resto del día fue bastante monótono: una prueba para la paciencia y la resignación. Realmente, no me importa demasiado. Fue espléndido regresar a la ermita y al silencio en el atardecer, para ver por la ventana del dormitorio los árboles llenos de nieve.

Esta mañana, pronuncié una misa de réquiem por Simone Weil y también hablé sobre ella en la conferencia para los novicios y los aprendices, leyendo el poema de amor de Herbert, que a ella le gustaba.

La revista *Holiday* me pagó mil dólares por "La lluvia y el rinoceronte", que retitularon como "El arte de la soledad". [Más tarde, le restituyeron el título original.] De todos modos, no hubo otros retoques salvo los míos, aunque pueden haber erradicado el avión del SAC. Debo darle una mirada a la revista cuando llegue. Las pruebas de galera estuvieron aquí hace unos días.

## 5 de marzo

Nishida Kitaro es justo lo que estoy buscando. Por ejemplo, veo mi objeción al estereotipo sobre "experiencia significativa" como si fuera la insignificancia lo que convierte a la experiencia en algo real y significativo. Se piensa que la "experiencia" se vuelve "significativa" cuando se la refiere a alguna otra cosa —un sistema, o tal vez un informe sobre la experiencia de otro— y por lo tanto se disminuye su calidad. Así queda expuesta la ambigüedad de la "insignificancia". Cuando la experiencia se vuelve "significativa" también, en cierto sentido, se vuelve irreal o menos real. ¡Vivir siempre fuera de la experiencia como si fuese la plenitud de la experiencia! Ésta es una de las ambigüedades básicas del pensamiento occidental.

¡Cosa curiosa! Al concluir el libro sobre Simone Weil, descubro que fue Tom Bennett, mi padrino y tutor, quien intentó tratarla en el hospital Middlesex y que debió transferirla al Ashford porque ella se negaba a comer y y rechazaba sus cuidados. ¡Curioso que ella y yo tengamos esto en común! Ambos fuimos un problema para este buen hombre.

## 9 de marzo

Varios días de lluvia, bruma, humedad, frío. Es un tiempo de gripe y hay gripe en el monasterio.

Un postulante se fue y llegó otro. Éste fue cartujo durante pocos meses en Parkminster (¡lo cual no significa que *éste* sea el mejor lugar para él!). Ayer tuvimos una reunión sobre él y decidimos darle una oportunidad.

El padre Timothy está en retiro para el diaconado, así que pasé más tiempo en el noviciado y fue agradable estar ahí ayer para la lectura de Cuaresma.

El lugar está quieto y pacífico, casi una ermita en sí mismo.

Me parece que desde que concurro más seguido a la ermita los novicios mismos se han vuelto más calmos y más serios. Nunca hice menos trabajo con ellos y nunca estuvieron tan bien.

Mi conclusión es: hay mucha, demasiada ansiedad por parte de los superiores para interferir con sus sujetos y "dirigirlos".

Ayer envié a *Peace News* la reseña del libro sobre Simone Weil y terminé algunas traducciones de varios poemas de Nicanor Parra, que es excelente: afilado, riguroso, pleno de sólida ironía. Es uno de los mejores poetas sudamericanos, un antipoeta nada absurdo, con un hondo sentido de la futilidad y la corrupción de la vida social, un sentido que ha sido capturado íntegramente por los poetas y los escritores.

Le envié los poemas de Pessoa a Suzuki. Dan [Walsh] dijo que leyó varios de ellos durante su clase en el colegio Bellarmine.

La nueva misa comenzó el domingo y hay en ella algunas cosas buenas, pero obviamente es transicional. Echaré de menos el prólogo de san Juan al final de la misa pero lo digo en mi acción de gracias. Después de todo, para eso fue destinado, de cualquier manera. En realidad, no había advertido lo mucho que este "último Evangelio" había atraído hacia sí y absorbido, todas las asociaciones de todas las alegrías de catorce años de misa y sacerdocio para mí.

Todas esas sencillas misas tranquilas: nueve años y más de ellas en la capilla del noviciado. Las mañanas del verano; pronunciando el último Evangelio con la ventana abierta que mira hacia los bosques verdes de Vineyard Knob. El texto en sí es uno de los más espléndidos de la Biblia. Por cierto, es ideal para la contemplación.

## 10 de marzo

No hay dudas de que ahora que la misa finaliza muy abruptamente. Uno tiene que ir más lenta y deliberadamente, tal vez con algunas pausas discretas, o uno se desinviste súbitamente, por decirlo así, en medio de la comunión.

Por supuesto, ahora se requiere una completa actitud nueva hacia la "modulación" de la misa. Esta actitud está implícita en el nuevo rito; pero uno debe sentirla y manifestarla. Uno necesita ver la misa celebrada por sacerdotes que han reflexionado las nuevas implicancias y han experimentado su significado. Hasta aquí, después de todo, son apenas cuatro días; aquí parecemos estar exponiendo obedientemente los fragmentos desnudos de una liturgia con un nuevo ordenamiento, sin haber atrapado el significado orgánico de lo que está sucediendo.

Después de cuatro o cinco días feos, húmedos, fríos y oscuros, súbitamente tenemos una brillante primavera. Un cielo azul, fresco y claro, con muy pocas nubes, limpias, lavadas, tenues y llenas de luz. La tierra mojada está primaveral. El moho verde se muestra en la corta hierba bajo los pinos. Las ranas cantaron durante un momento, pero todavía hace frío. Los capullos están comenzando a abultarse. Un papamoscas estaba jugando en los árboles cercanos al portillo, mientras yo me aproximaba, y el pájaro carpintero *pileatus*, acicalado, hecho una saeta, oscilaba de arriba hacia abajo sobre el campo hacia el este.

Todo el día estuve incómodamente consciente de lo errado que hay en mí. El inútil lastre de orgullo que me condeno a cargar, y todo lo que viene con ese cargamento. Sé que me engaño a mí mismo como monje y como escritor, pero no puedo atraparme en ese acto. No veo dónde reside exactamente el engaño. Quizás sea una cuestión de tratar de hacer cosas que están más allá de mí, o tratar de tener algo para decir sobre todas las cosas. No tengo suficiente desconfianza de mi propia opinión. Fuera de ello, está mi insatisfacción rebelde y desagradable con todo: con el país, con la Iglesia, con el monasterio, aunque no mucho con el monasterio ahora.

Lo estoy aceptando más pacíficamente y veo lo tonto que resulta rebelarse contra lo que es, después de todo, humano, normal y únicamente previsible. Estoy, desafortunadamente, muy impaciente ante los vagos y uniformemente benignos pronunciamientos públicos del papa Pablo VI, como si él pudiera ser otra cosa. Tal vez él esté tratando honestamente de hacer algo sobre Vietnam. Estoy impaciente con las biografías de los nuevos cardenales, leídas en los periódicos del refectorio.

En la raíz de todo eso, hay una mezquina e infantil impaciencia conmigo mismo, y no existe modo de dignificarla como una protesta válida.

## 14 de marzo, segundo domingo de Cuaresma

El sentimiento de error sigue conmigo todavía. Veo ahora el lado negativo y débil de mis intenciones al escribir *Semillas de destrucción*, un elemento que antes era invisible para mí, como si quisiera asegurarme de que yo también era parte de la raza humana y me preocupaban sus preocupaciones. Bueno, lo soy. No hay nada errado en ello. Pero por variadas razones no lo entiendo y, debido a todas las ambigüedades usuales, ando demasiado angustiado y excitado, especialmente desde que quedé fuera de contacto con lo que está pasando.

Debido a esto, el libro, o por lo menos la parte sobre lo racial, falla en alcanzar un sentido completo. En la situación actual no es plenamente útil. Pienso que la parte sobre la guerra posee un valor mayor. En algunos casos, las cartas pueden estar bien, pero también demuestran la tontería y la futilidad en las que me metí con toda mi correspondencia. Sin embargo, honestamente no puedo decir que he deseado todo esto para mí. Las cartas que llegan *imponen* cierta obligación por sí mismas. Debo tratar de contestar algunas de ellas y, por cierto, no anduve por allí buscándolas.

## 15 de marzo

Ayer por la tarde estuvo frío y lluvioso. Leí un poquito del ensayo de Eric Colledge sobre Mechthild de Magdeburgo bajo los altos pinos detrás de la ermita, antes de ir a afeitarme y dar mi conferencia —la última sobre Ephrem— y luego cantar vísperas.

Amo los himnos de Cuaresma, todos los himnos. Qué pérdida será si los arrojan afuera.

Al anochecer aclaró, hizo frío. Regresé a la ermita con el sol que se ponía y la luna que aparecía. Miré hacia afuera por la ventana del dormitorio y vi dos venados que pastaban con calma en el campo, bajo el tenue crepúsculo y la luz lunar, a unos seis metros de la cabaña. De vez en cuando, miraban hacia la casa con sus enormes orejas extendidas. Cualquier movimiento pequeño los llevaba a eso, pero finalmente caminé con calma hasta el pórtico, me detuve allí, y ellos permanecieron allí quieta y pacíficamente, hasta que finalmente se desplazaron. Entonces, alzaron las banderas blancas de sus colas e iniciaron un maravilloso, silencioso y decidido recorrido por el campo sólo para detenerse a unos noventa metros de distancia. No sé qué sucedió con ellos después, era mi hora de acostarme y no había leído mi fragmento del Génesis (sobre el sueño de Jacob), así que leí y me metí en la cama.

## 19 de marzo, san José

Luna llena brillante, noche fría. La luz lunar está maravillosa en los pinos. Silencio absoluto en el valle iluminado por la Luna. Es el vigésimo-primer aniversario de mis votos simples.

Anoche fui convocado a la casa de huéspedes para una conversación con el padre Coffield, que está de regreso de la marcha en Selma y rumbo a Chicago. Es uno de los que dejó Los Angeles como protesta contra el cardenal McIntyre.

Narró las tensiones y la excitación en Selma, y describió cómo es estar alineado frente a la policía a las tres de la mañana.

Hubo una marcha legal y oficial en Montgomery. Aunque todo no terminó todavía, parece que se produjo un avance sensacional, y la violencia de los pelotones parece haber contribuido mucho a generarlo. La protesta está dándose en toda la nación. Es muy articulada, y el Congreso tiene la intención de que se haga algo al respecto. Esto se debe, en gran parte, al hecho de que todo el mundo lo vio por TV. De aquí en adelante, seré más cuidadoso en todo lo que diga contra la TV.

El padre Coffield se refirió a John Griffin, que ha estado muy enfermo y volvió de nuevo al hospital.

## 21 de marzo, tercer domingo de Cuaresma

En la tarde de san José, volví al valle de Edelin con algunos novicios y fui a explorar por mi cuenta un par de cañadas espesamente arboladas sobre los riscos al sur de

Bell Hollow. Las dos son excelentes hoyos de víboras y no quisiera andar por allí en el verano. Al volver por el risco hacia Bell Hollow, en medio de matorrales densos, una rama joven me pegó en un ojo. Lastimó la córnea y, durante dos días, no pude ver bien con ese ojo. Está apenas un poquito mejor hoy, si bien molesta menos, con ese ungüento y los lentes oscuros.

Pude trabajar muy poco ayer salvo cocinar, juntar madera, etc. Recé el oficio, traté de leer algo con el ojo izquierdo, y le escribí una carta a Nicanor Parra.

## 23 de marzo

Hausherr destaca que en las épocas patrísticas la teología del bautismo era también la teología de la perfección, es decir, se trataba de una teología espiritual. Ésta es una observación más profunda de lo que parece a primera vista. Por el bautismo, el hombre se vuelve otro Cristo y su vida debe ser la de otro Cristo. Por lo tanto, la teología del bautismo nos enseña quiénes somos. Las consecuencias son fáciles de deducir. El santo, o *hagios*, es quien es santificado en el sentido del sacrificio. Comparar Juan 17, 19.

En otras palabras, el martirio es la respuesta perfecta para la vocación bautismal. (Comparar san Ignacio de Antioquía.)

Al mismo tiempo, Orígenes, en el genuino espíritu de la no violencia, advierte contra el motivo impuro del amor propio, que nos lleva a cortejar a la muerte sin considerar el pecado de quienes podrían destruirnos. También debemos considerar la importancia de recordar el bienestar espiritual del propio acusador. Esto tiene que tomarse en cuenta. La experiencia racial en el Sur profundo de Estados Unidos demuestra que la muerte del mártir no redime ni convierte automáticamente al acusador.

En cualquier caso, el martirologio jamás puede ser una simple improvisación. La única preparación para el martirio no es algún entrenamiento técnico especial sino la vida cristiana misma. En este caso, finalmente una vida auténticamente cristiana, digna de ser consumada en el martirio, es tratada como casi equivalente a él. Entonces se logra el ideal del confesor y del monje. Esta es simplemente la vida del discipulado genuino.

La marca de tal discipulado es el amor perfecto del Salvador y de la voluntad del Padre. Quien no vive de acuerdo con su bautismo y su discipulado está viviendo como un renegado potencial del martirio.

Mi ojo mejora muy lentamente. Durante un par de días fueron necesarios ungüentos y un parche. Sólo hoy me fue posible leer de nuevo con él y produce un ardor. Pero ha sido una gracia. Ello me ha llevado a la sobriedad. ¿Qué estaba haciendo yo a través de los árboles de aquel cerro olvidado? Tratando de ver si lograba salir donde salí. Muy bien, pero fue inútil sin embargo. Me hubiera ido mejor con una plegaria tranquila, como hice ayer por la tarde en aquel lindo vallecito al que solía ir hace doce años.

Estaba preparando el sermón sobre san Benito, que debía predicar ayer, y estaba muy impactado por la idea del juicio de Dios. Caló hondo en mí el pensamiento de que lo que importa en nuestras vidas no son los ideales abstractos sino el amor profundo y la sumisión a los juicios concretos de Dios. Ellos son nuestra vida y nuestra luz. Fuentes inagotables de pureza y fortaleza, pero podemos ignorarlas, y esto es lo más triste de todo.

## 23 de marzo, anochecer

Mi ojo está levemente mejor pero no sanó todavía. Hubo vientos fuertes durante todo el día. Es mi día libre en la ermita y en el medio de la tarde alguien golpeó la puerta. Era mi vecino, Andy Boone. Quería conversar sobre la cerca en la que está trabajando y mucho más sobre tres robles blancos que quiere talar. Me ofreció veinticinco dólares por mes para que sus vacas pasten en el campo próximo a la ermita y le dije que no, en base a las semillas antilangosta que plantamos allí durante la última primavera, y cosas así. Algo muy bueno salió de ello.* Me dijo que allí existía un excelente manantial que había sido taponado y enterrado algunos años atrás. Se encuentra sólo a unos cincuenta metros más o menos detrás de los espesos matorrales de la ermita. Yo conocía el lugar pero desconocía que hubiera allí un manantial, si bien ahora corre agua por ese lado. Lo despejaremos para tal vez bombearlo hasta la ermita. De cualquier manera, despejaríamos.

Fui hasta allí y vi una docena de lugares en el matorral espeso donde los venados habían estado durmiendo. Son mis vecinos de dormitorio más cercanos: a treinta o cuarenta metros de mi propia cama o tal vez menos. ¡Que hermoso!

Andy Boone estaba repleto de todo tipo de información e historias. En una de ésas, dijo que el agua de todos esos manantiales proviene del lago Knob. Eso se lo dijo un geólogo. ¡Tuvo aquí a un geólogo que buscaba uranio!

Tiene montones de historias sobre echar de los bosques a gente de Elizabethtown, cuando vienen a efectuar fiestas salvajes de noche, cerca del lago Dom Frederic. Habla sobre cazadores muy perezosos para salir de sus autos, que se sientan en ellos al margen del camino y les disparan a las marmotas de nuestro campo. Cuenta cómo llegó Daniel Boone a Kentucky por primera vez, esparció gente en torno de todo lugar donde había agua, y después él mismo se fue a Indiana. En Indiana, tenía un agujero donde se

* *No fue bueno idea en absoluto. ¡Fue una muy mala idea! Como lo probaron los resultados. T. M.*

escondía cuando los indios lo perseguían. Se metía en él, tironeaba una roca para taparlo, y ellos nunca lo encontraban. La excavación tenía doce kilómetros de largo, tres metros y medio de altura y dos metros setenta de ancho, con un arroyo adentro y, cuando se contruía una fábrica de pólvora en la cual Andy había trabajado antes de la Segunda Guerra Mundial, una topadora desapareció en el agujero y de ese modo lo descubrieron.

Todo esto es la charla típica de Andy Boone. Andy Boone es un viejo granjero que ha vivido aquí toda su vida, en la granja vecina a la propiedad donde yo vivo. Anda siempre alrededor del monasterio, sabe mucho sobre los monjes y tiene un fondo inagotable de historias que solamente un loco podría tomar en serio. ¡Yo sé lo que cuesta creerle!

## 26 de marzo

Lluvia vil y neblina.

Subí anoche con la densa lluvia y el comienzo de un resfrío. A medida que permanezco en la ermita y mantengo activo el fuego, el frío no es tan terrible. En la comunidad, donde hay gripe, todo estaba un poco fastidioso. El coro se encuentra sobrecalefaccionado. Uno transpira y después se hiela. Simplemente, me gustaría permanecer aquí en la ermita y oficiar misa en este lugar.

Tengo jugo de pomelo en la heladera y esto es de gran ayuda. Esta mañana decidí comer algo de pan con mi café, en vez de ayunar sólo con café hasta la comida principal. El pan de centeno está bueno y el café también.

Hoy Dan Walsh da su conferencia trascendental en la Universidad Católica y yo prometí que oficiaría una misa del Espíritu Santo por la canonización de Duns Scoto. Su charla es ostensiblemente sobre Duns Scoto y Anselmo pero también, y sobre todo, consiste en el desarrollo de sus propias ideas sobre la metafísica de la fe. Me resultará muy interesante escucharla cuando él regrese.

Atardecer. El tiempo continuó muy desagradable todo el día. Es un clima calamitoso. En toda la jornada no pude ver a través del valle. Mi resfrío está un poco peor, pero no mucho.

Me senté a solas fuera de la misa conventual, en la parte trasera del coro de los hermanos, y pude ver a un par de padres con miradas desaprobadoras desde el coro de monjes, como si fuera un mandamiento divino sentarse con los demás inválidos en el crucero cuando uno tiene un resfrío. En realidad, fue bastante impresionante seguir la misa desde allí atrás: algo que nunca hice antes. La razón principal fue que allí estaba completamente solo. Supongo que eso es lo que los ofendió a todos.

Después regresé a la ermita; Andy Boone apareció con un cheque de ciento veinticinco dólares por los árboles que derribó en el trazado de la cerca y habló un poco más. ¿Voy a estar en conversación perpetua con este hombre? Hablaba sobre la conexión de los árboles de cornejo con la pasión de Cristo. Y uno de sus tópicos favoritos: cómo determinar el sexo de los cedros. Dice que sólo "las árboles" son buenos árboles de Navidad. Proclama que nuestra plantación de semillas del pino *loblolly* atrajo a los escarabajos que están matando los cedros y los pinos de Virginia. Esto bien puedo creerlo.

## 27 de marzo

Salió la luna, el cielo se aclara por fin. El aire está más seco y fresco. Hay una delgada película de hielo sobre el agua de los baldes. Punto final de la vieja luna. La luna nueva será la luna de Pascuas.

## 29 de marzo

La esperanza de un tiempo mejor y más seco murió velozmente ayer. El cielo se oscureció y a la noche hubo truenos, relámpagos, lluvia pesada que golpeaba abajo y, medio despierto, recordé que había dejado mis botas de goma abajo en el edificio y pensé en mi resfrío, que no mejora. Afortunadamente, en la ermita tengo una capa de lluvia.

La alarma de incendios del monasterio sonó a eso de las 5.30 y la lluvia disminuyó, así que descendí. Era una falsa alarma. Se había filtrado agua en el sistema de seguridad. Siguió lloviendo toda la mañana.

Después recibí una carta anónima de una lectora de Alabama que deseaba probar su sinceridad diciendo que era madre y abuela, y que decía que mi libro *Semillas de destrucción* era aterrador, escrito "aterador". Incluía algunos recortes de los periódicos de Alabama. Nada salvo indignación y ultraje a la virtud. De hecho, la misma irracionalidad, la misma ferocidad que uno veía en la prensa nazi de hace veinte años. Un sólo tema: que algunas personas degradadas y despreciables, "agitadores de afuera", estaban simplemente profanando, insultando y provocando gratuitamente a la buena gente de Alabama; que tales cosas estaban simplemente más allá de la comprensión y del perdón; que el pensamiento de considerar alguna razón aparente tras ellas era totalmente inaceptable; que Alabama no podía estar equivocada. Fracaso completo para enfrentar la realidad.

Otro asesinato tuvo lugar la semana pasada después de las marchas en Montgomery (Alabama).*

## 31 de marzo

Tiempo mejor ayer.

Estos días, mi mayor distracción es Andy Boone, que obtuvo de mí cierto acuerdo sobre que él debía talar varios robles en el tope del campo al este de la ermita. Sus hijos han estado por allí con motosierras, haciendo un estrépito espantoso y abatiendo los robles mayores (naturalmente), uno encima del otro. En el último anochecer, los bosques eran una enorme calamidad, con un árbol enorme colgando de otro y un tercero colgado del que colgaba. Ayer lo persuadí para que dirija su atención hacia otra parte y que corte los árboles muertos en torno del manantial para que podamos entrar allí y hacer una limpieza.

Pero mi resfrío está mejor y estoy tratando de regresar a alguna meditación seria. Seriamente, no deambulando en derredor quieta y melancólicamente. Aquí también hay un manantial que debe ser clarificado, y en estos días no estoy yendo con la profundidad suficiente.

## 3 de abril

Esta mañana terminé el apéndice del *Estudio del bien* de Nishida Kitaro, que aporta alguna idea sobre el pleno alcance del pensamiento de Nishida. Es muy satisfactorio. Felizmente, al menos uno de sus libros está en inglés. El *Estudio del bien* es el primero. Desde aquí el desarrollo no es lineal, sino una especial profundización de su intuición básica de la expe-

* *Fue probablemente el asesinato de Viola Liuzzo. T. M.*

riencia pura, que se vuelve "nada absoluta como el lugar de existencia", y "vida cotidiana escatológica", en la que la persona como foco de contradicción absoluta (nuestra propia experiencia abierta hacia la muerte es una contradicción) puede decir con Rinzai: (Donde me encuentre está toda la verdad." Esto me pegó con enorme fuerza. Mi meditación viene construyéndose sobre esto. Darse cuenta, por ejemplo, de que la duda emana hacia el futuro desde la proyección del yo, o desde la retrospección que no percibe el presente. Quien *aferra* el presente no tiene dudas.)

Estar abierto a la nada que soy es atrapar el Todo en el que soy.

Ayer marqué los árboles que Andy Boone tiene que cortar y debo ver que corte sólo los árboles que están marcados. Están en la cañada posterior a la ermita, donde se encuentra el manantial. ¡Que maraña de breñas, brotes jóvenes, enredaderas, árboles caídos y madreselvas! Rastros de venados por todas partes. Un incendio allí sería un desastre. Espero que podamos lograr un espacio de más o menos media hectárea, bueno y claro entre este sitio y el manantial, para mantenerlo despejado y usar el manantial, pues lo necesito.

Toda esta área salvaje es el inconsciente geográfico de mi ermita. Hacia el frente, la mente consciente, los campos ordenados, el amplio valle, los bosques domesticados. Hacia atrás, el inconsciente, la enmarañada exuberancia de la vida y la muerte, llena de peligro, donde sin embargo se mueven cosas bellas, los venados, y donde está enterrado un manantial de pura agua dulce.*

* *¡Resulta sombrío reflexionar que el manantial no era tan puro! T. M.*

## 4 de abril, domingo de Pasión

Lluvia leve la noche entera.

La necesidad de seguir trabajando en la meditación y llegar a la raíz. En este punto, la simple pasividad no ayudará mucho, pero el activismo tampoco. Una época de profundización sin palabras para capturar la realidad interna de mi nada en Él, que es.

Hablar sobre eso en tales términos es absurdo, nada que ver con la concreta realidad que debe captarse y es captada. Mi oración es paz y batalla en silencio, estar atento y auténtico, más allá de mí mismo. Salir por la puerta de mí mismo, no porque *quiero* sino porque soy *llamado* y debo responder.

## 6 de abril

Día lluvioso, húmedo y sofocante, tan cálido como en verano. Debí ir a la ciudad para ver al oculista. Mi ojo sigue lastimado por aquel golpe que me dio la rama el 19 de marzo. Vi al doctor Flowers. Es la primera ver que concurro a las nuevas Medical Towers cercanas a todos esos hospitales nuevos, que transformaron tanto la calle Gray, que hace diez años era una perezosa calle del sur.

Las ventanas del Seminario Presbiteriano están tapiadas. El seminario se mudó desde ese viejo y falso edificio gótico, escocés-victoriano Tudor o lo que fuera. Están ahora en el parque Cherokee.

Así que transpiré en la sala de espera del doctor y leí ejemplares de la revista *Life*, uno más tedioso que otro. Mucho énfasis en la calamidad de Vietnam, tratando de hacerla parecer buena, honesta, razonable y todo eso, lo cual no es.

El senador Cooper hizo un buen discurso en el Senado contra

la ampliación de la guerra y recibí una carta de él en respuesta a la que le había escrito sobre eso. Parece serio y cuerdo al respecto.

## 9 de abril, fiesta de Nuestra Señora de los Dolores

Viernes de la semana de la Pasión.
Comienza el amanecer (5.30) de una suave mañana de primavera. La Semana Santa está por comenzar y nunca estuve tan consciente de su solemnidad y su importancia. Soy cristiano y miembro de una comunidad cristiana. Mis hermanos y yo ponemos de lado todo lo demás y reconocemos que pertenecemos, no a nosotros mismos, sino a Dios en Jesucristo, que hemos hecho un voto de obediencia encaminado a unirnos en Cristo, obedientes hasta la muerte, inclusive la muerte en la cruz. Que, sin nuestra escucha, atención y sumisión con renunciamiento total y amor a la voluntad del Padre en unión con Cristo, nuestra vida es falta y carente de significado.

Pero, hasta donde deseemos con Cristo que la voluntad del Padre se realice en nosotros, como en el Cielo y en Cristo, entonces hasta la más pequeña y más ordinaria de las cosas se vuelve santa y grandiosa. Entonces, entre todas las cosas, el amor de Dios se abre y florece. Entonces, nuestras vidas son transformadas. Esta transformación es una Epifanía y un advenimiento de Dios en el mundo.

Resulta infortunado que mucho de la obediencia monástica se haya vuelto meramente formal y trivial. Lamentarlo no ayuda para nada pero, sin embargo, en esta área la renovación debe significar, sobre todo, una recuperación del sentido de *obediencia a Dios en todas las cosas* y no sólo obediencia a reglas y superiores cuando la obediencia es *exigida*; y después de todo, ¡ir a recoger lana donde haya que hacerlo!

Una cosa triste de la obediencia formal o la no desobediencia es un recurso que, en la práctica, justifica nuestra propensión a las cuestiones inocuas y fútiles. En este caso nuestras vidas, de hecho, son totalmente absorbidas por futilidades, que son lícitas y que no están sujetas al control formal. En vez de imitar a Cristo, nos contentamos con parodiarlo.

Uno de los frutos de la vida solitaria es un sentido de la importancia absoluta de *obedecer a Dios*, el sentido de una necesidad de obedecer y *procurar su voluntad*, de elegir libremente, de discernir y aceptar lo que proviene de Él, no como un último recurso sino como el pan cotidiano supersubstancial de cada uno. Esto significa una liberación de la obediencia automática en pos de la seriedad y la importancia de la *libre elección de la sumisión*; pero no siempre resulta fácil ver dónde y cuándo.

## 13 de abril

Martes de Semana Santa.

En el Domingo de Ramos todo iba bien y yo me estaba involucrando en cantos de la misa cuando de pronto la Pasión, en vez de ser solemnemente cantada en el tono antiguo del latín, fue leída en la extremadamente vulgar y pedestre versión en inglés que ha sido aprobada por los obispos estadounidenses. Para mi mente, el efecto fue un paso de lo sublime a lo ridículo, una carencia total de nobleza, de solemnidad, o de cualquier estilo. Se volvió un acto absolutamente trivial. No pude apartarme de la impresión de una comedia. ¡No porque el inglés no sea capaz de un serio uso litúrgico, sino por la ausencia total de imaginación, de creatividad, de algún sentido de veneración en esta pedestre versión! Sin embargo, algunos de la comunidad quedaron deleitados, incluyendo al profesor de liturgia.

Durante la conferencia del atardecer, diserté (tontamente) sobre Angela de Foligno y luego regresé a Filoxeno.

Tras la cena y la instrucción, fui a la cama en la ermita, no sintiéndome bien. Desperté después de una hora de sueño con una diarrea violenta y vómitos, que siguieron durante gran parte de la noche. Afortunadamente, la noche estaba cálida e iluminada por la Luna. Ayer estuve todo el día débil y con náuseas. Comencé a sentirme mejor al atardecer y comí algo durante la cena. Anoche dormí en la enfermería y lo hice bien. Tuve un buen desayuno con huevos fritos y café. Me sentía un poco débil esta mañana, pero en general parece que vengo bien, salvo que vuelva a suceder después de la cena, cosa que supongo posible. Mientras duró, fue una experiencia desdichada.*

## 15 de abril, Jueves Santo

Obediente hasta la muerte.

Tal vez, hoy el aspecto más crucial de la obediencia cristiana a Dios se refiere a la responsabilidad del cristiano, en la sociedad tecnológica, hacia la creación y la voluntad de Dios para su creación. Obediencia a la voluntad de Dios para la naturaleza y el hombre; respeto por la naturaleza y amor al hombre; conciencia de nuestro poder de frustrar los designios de Dios para la naturaleza y los humanos, de corromper y destruir los bienes naturales radicalmente mediante el mal uso y la explotación ciega, especialmente los desechos criminales.

El problema de la guerra nuclear es sólo una faceta de una inmensa y compleja cuestión.

Un teólogo escribe: "Es deber del cristiano conducir el mundo de la naturaleza hacia su perfección natural." Y esto es cierto en un sentido, pero está escrito con un tono e implicancias que quizás

* *Primera indicación de lo que había en el agua del "puro" manantial. T. M.*

resultan engañosas. Presume que la tecnología está obviamente haciendo algo para perfeccionar la naturaleza; no considera que la tecnología podría estar dilapidando y abusando de la naturaleza del modo más irresponsable.

Entonces, están los graves problemas de las implicancias de cierto tipo de perspectiva cristiana del mundo. Lo esencial del asunto parece ser hasta qué punto un pensador cristiano puede preservar su independencia de modos obsesivos de pensamiento sobre el progreso secular, detrás de la cual reside la ansiedad por nosotros y por la Iglesia para ser aceptables en una sociedad que nos está dejando atrás en una nube de polvo.

En otras palabras, ¿dónde está nuestra esperanza? Si, de hecho, nuestra esperanza está en un mesianismo temporal y secular de progreso tecnológico y político, nos encontramos, en nombre de Cristo, uniéndonos a la estupidez y la barbarie de quienes están arruinando su Creación a fin de hacer dinero o para conquistar el poder para sí mismos. Pero nuestra esperanza debe estar en Dios.

Ayer salí de la enfermería por requerimiento propio, tal vez demasiado rápido, pero me sentía mejor y quería volver a la ermita, aunque me cansa venir hasta aquí.

Anoche estaba inquieto y afiebrado, transpiraba mucho, y tuve que cambiar de camisa tres o cuatro veces. Al final de la noche, tuve algunos sueños más bien bellos y desperté a las tres. Mi meditación no fue muy buena, pues me sentía enfermo. Pero un té soberbio que me dio Jack Ford, Lapsang Souchong, me hizo sentir mucho mejor. Es la medicina más efectiva que he tomado en esta enfermedad, un té maravilloso. Eso, con una rodaja de limón y un par de trozos de tostadas de centeno, constituye un buen desayuno, y tras leer un poco, estuve muy alerta y animado. Pero, como la lluvia intensa comenzó a las 4.30, no bajé al monasterio para la asamblea y algunas de las ceremonias.

La lluvia se está apaciguando ahora, a las 7.15. El valle está oscuro y hermosamente mojado. Se puede ver cómo crecen la hierba y las hojas que emergen de los álamos. Hay flores pequeñas en mis ciclamores, y los capullos del cornejo comienzan a engrosarse.

Para mí no hay dudas de que mi única labor como monje es vivir esta vida ermitaña en simple contacto directo con la naturaleza, primitivamente, quieto, escribiendo un poco, manteniendo tales contactos según la voluntad de Dios y dando testimonio del valor y la bondad de las cosas y las costumbres sencillas, amando a Dios en todo ello. Estoy más convencido de esto que de cualquier otra cosa de mi vida, y estoy seguro de que esto es lo que Él me exige. Sin embargo, no siempre respondo con perfecta simplicidad.

## 16 de abril, Viernes Santo

Hoy, Dios discute con su pueblo. Uno de los raros momentos en que argumenta con el hombre, entra a la corte y defiende su propia causa. Oh pueblo mío, ¿qué te he hecho? El hombre culpa a Dios por el mal, pero sale a luz que todo el mal del mundo ha sido hecho a través del hombre por el misterioso adversario de Dios. Y todo el mal le ha sido hecho *a* Dios. Él, que no precisaba tomarlo sobre sí mismo, lo ha hecho a fin de salvar al hombre del mal y de su adversario. El adversario, y el hombre aliado con él, trata de "ser" declarándose real, y a Dios menos real o irreal, tratando de reducir a Dios a la nada en la cruz. Pero Dios, el abismo de estar más allá de toda división entre el ser y la nada, no puede ser forzado a ser ni reducirse a la nada.

El juicio: quienes han dirigido su odio hacia Dios en realidad se han destruido al esforzarse, a su manera, para afirmarse a sí mismos. Entonces, el camino al "ser" es el camino de la no afirmación. Es el camino de Dios. No es que Él sea un camino en sí mismo, sino que es el camino en que se nos ha revelado, revelándose como el Camino. "Yo soy el Camino", dijo Cristo. Y anoche salimos del Capítulo hacia la iglesia para la concelebración.

## 17 de abril, Sábado Santo

El pecado más grande, la fuente de todos los demás pecados, es la idolatría, y nunca ha sido mayor, más prevaleciente que ahora. No obstante, se la desconoce casi por completo porque es inmensamente abrumadora y total. Se introduce en todo. Fetichismo del poder, máquinas, posesiones, medicinas, deportes, ropas, etc., todo mantenido en marcha mediante la codicia de dinero y poder. La bomba no es sólo un aspecto accidental del culto. Sin duda, la bomba no es lo peor. Debemos estar agradecidos por ella como una señal, una revelación de todo a lo cual el resto de la civilización apunta. La autoinmolación del hombre en su propia codicia y su propia desesperación. Y tras todo ello están los principados y los poderes que el hombre sirve en su idolatría.

Cálido, rutilante día primaveral. Vi un pájaro cantor de la palma en el pequeño fresno detrás de la ermita, con su copete rojimarrón y su cola enrrollada. Está sólo de paso en su camino hacia el norte de Canadá. ¿Por qué lo llaman cantor de la palma?

## 18 de abril, domingo de Resurrección

¡La paz y la belleza de una mañana pascual! Salida del sol, hierba verde profunda, vientos leves, árboles reverdeciendo sobre las colinas a través del valle y también aquí.

Me levanté, recé el antiguo oficio de laudes y hubo un tordo de los bosques que cantó los misterios del Cuarto Tono en el hondo y sonoro macizo de pinos, el bosque inconsciente detrás de la ermita. (El bosque inconsciente tiene un largo momento de claridad al amanecer. De estar oscuro y confundido, se enciende por el este, se vuelve todo claridad, todo distinto, parece ser un lugar de silencio y paz con su propio orden y desorden. Los árboles caídos no importan. Son parte de ello.)

Anoche descendí bajo la luna llena para el oficio de la vigilia pascual, los bosques perfectamente silenciosos y la Luna tan intensa que casi ni se distinguían las estrellas. Después de la comunión, me senté en el pórtico para hacer mi propia acción de gracias. No concelebré, solamente asistí a la comunión.

## 19 de abril, lunes de Pascua

El estudio de la exégesis medieval es una manera de ingresar a la experiencia cristiana de aquella época, una experiencia de lo más relevante para nosotros pues, si la omitimos, desatendemos parte de nuestra propia totalidad. Pero no debe estudiarse desde afuera. La misma idea está en Nishida sobre la cultura japonesa y la visión japonesa de la vida.

Tengo una sensación real, en esta Pascua, de que mi propia vocación exige un estudio profundizado y experiencial desde adentro sobre la tradición medieval así como, en cierta medida, de la tradición y las experiencias asiáticas, en particular la japonesa y en especial el zen, o sea, con la captación de una necesidad y una aspiración comunes con estas generaciones pasadas.

## 23 de abril, viernes de Pascua

Ya hace tanto calor como en el verano. Todo está desbordante de hojas, y los insectos que plagan los pinares ya están encima de los pinos jóvenes. Este año no tenemos visitantes. (Dom Columban acude usualmente de visita al monasterio el viernes de Pascua. Viene desde nuestra Casa Madre en Melleray, Francia.)

Este año, el Capítulo general se inaugura la semana próxima y Dom James partirá el domingo.

Esta mañana me senté en el sillón del dentista para la limpieza de mis dientes y una radiografía, mientras los estudiantes martillaban y percutían al otro lado de la puerta, demoliendo la biblioteca antigua.

Ahora, las mañanas, temprano, son completamente hermosas con la luna de Pascua en su cuarto final, alta en el cielo azul, y la luz del amanecer se expande triunfalmente sobre el amplio, verde y fresco valle. Ésta es la estación del paraíso.

Fui hondamente conmovido por Tertuliano. ¡Qué latín magnífico y qué concepto de la dignidad del hombre y del cuerpo! Vean su tratado sobre la Resurrección, capítulos 6 y 7.

Ayer llegó el nuevo libro de Flannery O'Connor [*Todo lo que se eleva debe converger*]. Ya estoy bien metido en él. Es abrumador y poderoso. Una escritora inexorablemente perfecta, plena de tragedia e ironía. ¡Pero qué escritora! Y conoce cada aspecto de la perversidad, la violencia y la frustración estadounidense; sobre todo, la lucha sureña de la voluntad contra la inercia.

Un pájaro cantor de los pinos quedó atrapado en el escritorio del noviciado y golpeaba contra la ventana; le eché una buena mirada y le permití salir. Una pareja de pinzones está siempre activa cerca de la ermita.

## 25 de abril, domingo de Cuasimodo

Me pregunto si el poder singular de la obra de Flannery O'Connor, su horror y su fascinación, no es básicamente religioso de un modo completamente tácito. No hay una expresión positiva y evidente de catolicismo. Por cierto, ninguna expresión de optimismo y esperanza religiosa, sino quizás una confrontación negativa, directa y brutal con Dios en lo terrible y en lo cruel. Por ejemplo, vean al toro del cuento "Greenleaf", como el amante y el destructor. Ésta es una afirmación de lo que el cristianismo popular siempre lucha para evitar a toda costa: el rostro oscuro de Dios.

Pero ahora y sobre todo, en el Sur, el que mira hacia Estados Unidos es el terrible y oscuro rostro de Dios. Los demenciales personajes religiosos deben tomarse seriamente porque su religión es insana e inadecuada.

5.40 de la mañana. Truenos en el valle. Relámpagos bifurcados y lluvia muy oscura más allá del monasterio. Todos los pájaros cantan, especialmente el zorzal de la madera en un cedro. La lluvia empieza a caer sobre la ermita.

## 27 de abril

Estuve pensando sobre las ideas que Dom James puede tener o no sobre Bell Hollow y que podría expresar, tal vez hasta en el Capítulo General, hacia el que partió temprano el domingo. Rehúsa decir algo explícito sobre ello. Sé que él quiere comenzar algo allí, pero cada vez siento más repugnancia y recelos sobre el modo en que parece planearse.

Por ejemplo: un grupo de gente habitando casas rodantes, con comodidades compactas y *confort* moderno. Por cierto, eso es práctico, y él está pensando sobre su propio deseo de vivir allí. Pero eso es simplemente lo que no necesito procurar. En conjunto, me convenzo más de que estoy mucho mejor afuera, en la ermita que ocupo ahora. Estoy resuelto a no involucrarme en ningún plan de Dom James que llegue a concretarse en Bell Hollow.*

Hoy es la primera vez desde la Semana de la Pasión —es decir, en tres semanas— que tengo noticias sobre lo que viene sucediendo en Vietnam. Las cosas están incomparablemente peor. Si bien hubo una enorme manifestación por la paz en Washington durante el Sábado Santo y aunque el Departamento de Estado, evidentemente por pedido de Johnson, le escribió una nota conciliatoria al FOR [Fellowship of Reconciliation] sobre su inmenso aviso de protesta; aunque los surviednamitas y especialmente los budistas están tratando desesperadamente de lograr un gobierno que sea más independiente del Pentágono y más representativo de todos, más abierto a la idea de paz. Todavía el bombardeo de

* *Como hecho real, fue en este Capítulo General donde Dom James efectuó una apelación muy enérgica sobre permitir ermitaños en nuestra orden y, contra cierta cantidad de oposición, lo llevó a cabo debido a su propio deseo de ser un ermitaño en el valle de Edelin. Como resultado de la aprobación oficial del Capítulo General sobre los ermitaños, yo mismo fui oficialmente autorizado para dejar la comunidad en agosto de 1965 y vivir completamente como un ermitaño. T. M.*

Vietnam del Norte se vuelve más y más intenso. Van a ser enviados otros millares de soldados estadounidenses. Johnson dice que quiere la paz y, cada vez que lo dice, amplía la guerra. Su único concepto de paz es tener al "enemigo" con la cara achatada a su frente, en estado de rendición incondicional, y pidiendo sólo ser mandado por el poder estadounidense.

Ello brinda una idea extraña y vedada de lo que hemos pasado a ser en este país. Esto, y todas las demás cosas: los gordos alguaciles de Mississippi sonriéndole a la cámara, sabiendo que pueden asesinar gente y salir indemnes; graves dudas sobre el asesinato del presidente Kennedy (que la comisión Warren nunca explicó realmente); el país repleto de truhanes y extremistas de la sociedad John Birch, por no mencionar a los demás. Súbitamente, comenzamos a parecernos a los nazis, los imposibles, moralmente los muertos en un paisaje de condenación. ¿Qué se puede hacer al respecto? He ahí la cuestión.

Mucha gente del país parece carecer de la comprensión de que esto viene sucediendo. Simplemente cree lo que le dicen y no pueden ser culpados por hacerlo. ¿Cómo podrían saberlo mejor?

Confían en los medios y las fuentes oficiales de información, sin advertir lo mucho que les proporcionan un cuadro dudoso y distorsionado de lo que realmente está sucediendo.

Recibí una copia de los *Cuadernos* de Jacques Maritain desde París, y ya leí el interesante y a ratos divertido capítulo sobre La Salette: se refiere a sus intentos para obtener sus manuscritos sobre las apariciones aprobadas por Roma en 1918.

Hay algunas páginas muy bellas sobre la naturaleza del lenguaje profético, el lenguaje de las revelaciones celestiales. Lo que más impresiona de todo, por supuesto, es la simplicidad y la probidad del propio Jacques, y su obediente lealtad a la Iglesia. Es muy edificante.

Adoro las fotos de Raïssa y Vera [Maritain]. Aunque en realidad nunca me encontré con ellas, sé que son dos personas que me amaban y a quienes he amado a través de nuestros escritos, y la calidez y la cercanía que en cierto modo me ligó a Jacques y a ellas. Es realmente una especie de afecto familiar, que también alcanza al buen Dom Pierre Van de Meer, que escribió recientemente sobre el artículo surgido de la visita que nos hizo La Pira, y su recapitulación entusiasta sobre su estadía en Getsemaní.

## 1 de mayo

Tiempo primaveral perfectamente hermoso. Todo el día, un cielo sin nube alguna. Pájaros que cantan alrededor de toda la ermita. Hierba de verde intenso.

Cuando estoy aquí todo el tiempo, los pinzones y los tanagras están en paz, nada preocupados. Y, con su canto constante, siempre sé donde se encuentran. Es una maravillosa compañía tenerlos constantemente dentro del pequeño círculo de árboles que es su área y la mía, donde ellos tienen sus nidos y yo el mío. A veces, el pinzón del bosque se aproxima pero sólo en ocasiones muy especiales, como el atardecer del día de san Roberto.

Anoche, interrumpí mi meditación para observar a media docena de gorriones Savannah al otro lado de la ventana de mi dormitorio.

Hoy terminé el primer borrador de un artículo sobre la contemplación y el ecumenismo, para una revista dominica de California.

Llegó una copia de *Revolución negra* en catalán. Ya apareció en los siguientes idiomas y en este orden: uno, francés; dos, inglés, tres, alemán; cuatro, ¡catalán!

Hay rumores por el monasterio sobre un conflicto en Santo Domingo. Johnson envió tropas estadounidenses. Parece ser otro pretexto para la escalada de la guerra.

Hoy leí una fotocopia del artículo de Herman Kahn sobre la "Escalada" en un número reciente de la revista *Fortune*. Su vocabulario peculiar le da una cualidad grotesca, cómica. Una parodia del doble lenguaje tecnológico de los equipos de pensadores difícilmente sería más extraña. En nuestra época han salido a luz nuevas expresiones que no pueden ser parodiadas: son parodias de sí mismas. Pero esto no es gracioso: lejos de ello, es por cierto muy serio, mucho más dado que Kahn está cerca de expresar la mentalidad de los oficiales del Pentágono en muchos asuntos. O con certeza tiene muchos seguidores allí, para quienes su palabra es como un evangelio.

¡La desapasionada jerga "científica" de la teoría de los juegos de guerra! En ningún punto Kahn sugiere que las megamuertes con que juega podrían involucrar a *personas*. El asesinato en masa es simplemente un lenguaje, un medio de regateo: la osada negociación militar vernácula. Se evacúa una ciudad. Se toman dos ciudades enemigas, como peones de un juego. Se colocan algunas fichas, se alzan los naipes, y se pone cara de póquer mientras cincuenta millones de tus ciudadanos se convierten en humo para probar que hablabas en serio, que eres un sujeto sagaz, que sabes muy bien cómo se juega el póquer nuclear.

Y, por supuesto, el juego se vuelve muy interesante: "guerra contra la propiedad en cámara lenta", "salva de reducción de fuerzas coactivas", "ataque coactivo para desarmar" en una escalada que lleva a la "guerra contra la ciudad en cámara lenta", en la cual el juego toma algo de la seducción del *strip-tease*, una manera atormentadora de desposeer al mapa de sus poblaciones. "Trata de ciudades." ¡Qué divertido! Nos recuerda también que es una linda "prueba para los nervios".

Quiere vendernos su juguete. Todo esto es perfectamente "pensable" y todo lo que le resulte pensable a Herman debería ser correcto para los generales y también para todos los demás. Puede hacer que alguna gente vomite, pero porque tienen estómagos débiles, no científicos; eso es todo.

Lo que en verdad cuenta es el *control.* Mientras todo sea *controlado*, no hay problema, resulta racional, científico, eficiente, y por lo tanto (deje su mente en reposo) es *moral.* Mientras no alcance el último y no permisible paso del "espasmo o guerra insensata", es algo "controlado" y moral. Eso será suficiente para apaciguar los escrúpulos, si los hay, de la mayoría de los teólogos morales católicos. ¡La teología moral del infierno! (Como si la guerra en Vietnam ya no fuera "insensata".)

Su argumento es que allí "debe haber una alternativa entre el cataclismo y la rendición". ¿Oyó él algo sobre hacer la paz?

Mi conclusión de su artículo es que Washington va a comenzar a subir por la escalera de Herman, y lo hará con arreglos breves, confiando en que Rusia lo entenderá y jugará de acuerdo con las reglas más esotéricas. No tengo duda alguna de que este artículo fue leído con muchísima atención en el Kremlin.

## 10 de mayo

Ya se ha ido la más hermosa semana de mayo. Parte de ella estuve enfermo con el mismo bicho que me llevó a la enfermería después del Domingo de Ramos. Esta vez, finalmente me dieron un antibiótico que parece haberlo despachado. La vez anterior se quedó conmigo y no pude librarme de él.

James Laughlin estuvo aquí el lunes pasado (3 de mayo) y el martes fuimos a ver a Victor Hammer, un paseo agradable; llevé algunas fotos de graneros viejos.

Por el camino de regreso, paramos en Shakertown: lo están limpiando y en cierto punto está abierto al público. Pero allí, si bien disfruté las grandes salas soleadas y llenas de lindos muebles, ya empecé a sentirme mal de nuevo con mi bicho. A la hora que llegamos a Bardstown, ya no disfrutaba más las cosas y la cena me desbarató.

El de ayer, tercer domingo después de Pascua, es uno de mis favoritos. La tarde fue cálida y gloriosa con el nuevo verano, el verano flamante, el trigo ya alto y meciéndose al viento, grandes nubes *cúmulus* y todas las cosas que ni pueden comenzarse a describir. Una nueva conciencia: no soy el "objeto" que "ellos" piensan, o siquiera el que yo pienso; y el yo no es el yo-todo y en todos; y el otro-yo no debe hacerse valer más, debe contentarse con desaparecer; y entonces cesa la división entre ellos, así como no hay división entre la superficie del estanque y el resto de él. Lo que parece darle otro ser son los reflejos de la superficie.

Hay un búho en el bosque, una especie de chotacabras que dice "¿Dónde está la ventana? ¿Dónde está la ventana?", y lo dice repetidamente, de un modo muy perentorio.

## 11 de mayo

Si yo estuviera más atento plenamente a la palabra de Dios, estaría mucho menos preocupado y perturbado por los acontecimientos de nuestra época. No es que me volvería indiferente o pasivo, pero podría lograr la fortaleza de la unión con las corrientes más profundas de la historia, las corrientes sagradas que la mayor parte del tiempo corren opuestas a las de la superficie.

## 15 de mayo

Una semana atareada. Ayer, estuvieron aquí el padre Xavier Carroll y Edward Noonan, arquitecto de Chicago. La abadesa de Poor Clares de Chicago quería que ellos debatieran conmigo los planes para su nuevo monasterio que, de hecho, luce bastante atractivo e involucra algunos cambios notables en su abordaje de la vida contemplativa.

El jueves, estuvo aquí la hermana Luke y conversamos spbre el esquema revisado para los religiosos que, como observadora del Concilio, ella obtuvo de uno de los obispos, pero no de un obispo estadounidense.

El miércoles, tuve la visita breve de Dom Philip, prior de Vallyermo en California. Tenía algunas cosas estimulantes para decir sobre el monaquismo en África y sobre el grupo de la isla del lago Kivu (África), que suenan bien.

No es del todo fácil hacer un acto de fe sobre que toda la historia está en manos de Dios; no en este punto y en el nivel donde estuve situado, en nivel de la opinión actual, ¡donde se piensa que la historia la hacen el presidente Johnson y sus asesores del Pentágono!

Pero la historia *está* en las manos de Dios. Las decisiones de los hombres, si bien desastrosas, conducen infaliblemente a la expresión plena de lo que está realmente oculto en nosotros y en nuestra propia sociedad. Nuestras elecciones pueden ser muy idealistas —o parecen serlo— pero su significado real es evidenciado por sus resultados.

Las acciones de Estados Unidos en Asia son el juicio de Dios sobre Estados Unidos. Hemos decidido que seremos la policía del mundo con las mismas tácticas que usa la policía de Alabama: apalear la cabeza de la otra gente porque creemos que tenemos un derecho y un deber para hacerlo porque son inferiores. Al final, será exigida una rendición de cuentas.

Tenemos que ver la historia como un libro sellado que es abierto por la Pasión de Cristo. Pero preferimos leerlo desde el punto de vista de la Bestia. Miramos la historia en términos de arrogancia y poder; en los términos de la Bestia y sus valores. Cristo continúa sufriendo esta pasión en los pobres, los indefensos, y su Pasión destruye a la Bestia. Quienes aman el poder son destruidos junto con lo que ellos aman. Entretanto, Cristo está en agonía hasta el final de los tiempos.

## 20 de mayo

El tiempo pascual se va muy rápido. Ya estamos en su cuarta semana. Hubo más lluvia la otra tarde y todo está muy verde.

Por una vez, las contradicciones de mi vida, que usualmente no me perturban, son repentinamente dolorosas y veo que debo hacer realmente algo sobre ellas. Por ejemplo, la cuestión de tener demasiados visitantes. No puedo detener las visitas por completo, pero debo interrumpirlas de alguna manera; todas excepto algunas que sigan siendo realmente necesarias y bien espaciadas.

## 22 de mayo

Amanecer gris, un furioso sol rojo como la sangre sobre los pinos. Aquel condenado mastín negro ladra por la hondonada detrás de un conejo que jamás atrapará. Hierba alta en los campos, oscuros y verdes bosques a la inglesa (pues tuvimos grandes lluvias). Siguen los bombardeos en Vietnam. Me pregunto si todo el pensamiento del país sobre la guerra no se ha vuelto loco por completo: se basa en el mito de la fuerza. De que sólo la fuerza puede ser efectiva, que sólo la violencia "funciona" y que nada de lo demás es "serio". Quizás eso no sea "lindo", pero uno debe ser realista y recurrir a ello; pero con justificativos morales, no como simples *gangsters*, como lo son "ellos". Pues "ellos" están obviamente equivocados y nosotros tenemos la razón, dado que Dios está de nuestro lado.

Así estamos decididos a cuidar de nuestros asuntos mediante la fuerza, porque al final la fuerza configura todo en lo cual creemos. ¿Puede evitarse una guerra con China? Tal vez, si China se mantiene *extremadamente* calma. Todo lo que necesitamos es otro Pearl Harbor y, si llega uno, no estaré sorprendido.

## 23 de mayo, quinto domingo después de Pascua

Un lindo amanecer tras otro. ¡Tanta paz! Meditación con luciérnagas, neblina en el valle, el cuarto final de la Luna, lechuzas distantes. Despertar interno gradual, centrado en la paz, agradecimiento, armonía, unidad. Le escribí al hombre de McGill que piensa que la contemplación es "regresiva". Justamente, no es tal cosa. Por el contrario, es el despertar completo de la identidad, unidad, concordancia; no inmersión, sino un pleno estar alerta del lugar de uno en el todo: primero, el todo de la creación; después, todo el plan de la Redención. Hallarse a sí mismo en el gran misterio de la unidad y la realización que es el Misterio de Cristo. *Consonantia*, no *confusio*.

## 25 de mayo

Bajé al monasterio sólo para la misa, y volví sin ir a votar en las elecciones del condado. (¿Por qué debía hacerlo? No sé nada de esa gente.)

Jack Ford me trajo un par de rebanadas de pan moreno del *delicatessen* judío de Louisville y algo de té fino, Twining's Earl Grey. Me los serví durante la cena, junto con una lata pequeña de mandarinas. Fresco y placentero.

Para la meditación: pasé parte de la mañana sobre los libros sapienciales y después, al atardecer, anduve por el Apocalipsis en griego, como lo vengo haciendo últimamente. Tengo un buen librito sobre Camus para la lectura leve, y finalicé el volumen primero de *Exégäse Médiévale* de Lubac. Mañana, Vigilia de la Ascensión, es el décimosexto aniversario de mi ordenación. Ofreceré una misa por Vo Tanh Minh, que viene ayunando en Brooklyn desde marzo como protesta contra la guerra. Puede hacerlo hasta morir y eso no le significará nada a ninguno en Washington.

## 28 de mayo

Mañana fresca y bonita, cielo claro, ¡cada cambiante frescura de los bosques y del valle! Hay que estar en el mismo lugar todos los días, observar el amanecer desde la misma ventana o pórtico, oír los idénticos pájaros cada mañana para verificar lo inagotablemente rica y diversa que es esta "mismidad". La bendición de la estabilidad no es plenamente evidente hasta que se la experimenta en una ermita.

## 30 de mayo

Días maravillosos. Clima fresco, rutilante. Cielos claros y colinas verdes.

Hoy terminé mi borrador de los poemas de Chuang Tzu,* si se los puede denominar así. Los concluí ayer por la tarde y los repasé todos esta mañana alrededor del amanecer. Fui regocijado por el efecto acumulativo. Constituyen un buen grupo y nunca hubiera creído posible que el resultado fuese tan (relativamente) satisfactorio.

---

* *El camino de Chuang Tzu*, en esta misma colección. (N. del E.)

Estoy contento de que John Wu haya insistido en que hiciera este trabajo. Tomó un tiempo prolongado, pero la mayor parte del tiempo se empleó en merodearlo para hacerlo. Al comienzo, estuve lento y vacilante, el avance era doloroso. Últimamente fue muy divertido.

Los papamoscas, más y más tratables, juguetean entre las sillas y los canastos de mi pórtico frente a esta ventana. Son dominantes. También viene los abadejos, pero con menor frecuencia.

Mi estómago sigue alterado. No ha sido el mismo desde abril. El viernes iré a Lexington para algunas radiografías.

En el refectorio siguen leyendo la biografía de Newman por Meriol Trevor y nunca me canso de ella. Mi admiración por Newman crece sin cesar, cuanto más conozco los detalles de su vida y todo el disparate que debió sufrir de casi todos, especialmente de la jerarquía de la Iglesia. ¡Con qué buen tino y paciencia lo tomó después de todo!

## 3 de junio

Esta tarde terminé [de escribir] la introducción a *Chuang Tzu*. Calor y neblina. Hay truenos a la distancia. Canta un cardenal en la tarde quieta.

Dan Berrigan estuvo aquí el lunes con Jim Douglass y Bob McDole. Conversamos un poco sobre el Esquema 13 y las alteraciones que hicieron en el artículo sobre la guerra. Después de todo, parece que algunos de los obispos quieren aprobar oficialmente la bomba. En cierto modo es gracioso, aunque yo no debería decir tal cosa, pero me pregunto si detrás de todo no hay una ironía apocalíptica. Con todo, debemos hacer lo que podamos para prevenir una desgracia y un escándalo de tal magnitud.*

## 6 de junio, Pentecostés

El viernes, fui a Lexington para que me examinaran en la clínica del doctor Fortune. Se suponía que regresara aquella tarde pero me quedé a dormir en el hospital para más exámenes ayer a la mañana. Con enemas, proctoscopías, enemas de bario, etc., pasé un momento desdichado. Cuando comencé con estos exámenes diez o quince años atrás, eran desagradables pero tolerables. Desde entonces, mis entrañas se han vuelto muy sensibles, son un tormento real. Sin embargo, no hay cáncer y no hay úlceras, sólo muchísima inflamación y sensibilidad. Los resultados de los exámenes no salieron todavía.

Las usuales imágenes y confusiones hospitalarias. Me alegra salir tan rápidamente.

En la clínica, no parecía ser posible atrapar otra cosa que la revista *Life* y estaba llena de helicópteros en Vietnam, mercenarios blancos en el Congo y *marines* en Santo Domingo. El cuadro entero de una civilización blanca enormemente equipada y autocomplaciente en combate con un enorme y desparramado mundo colorido y mestizo, que es mayoría, armado con todo lo que puedan cargar en las manos.

La presunción implícita tras ello, en cuanto a *Life* y a todos los

* *En verdad, lo que temíamos no sucedió y la constitución fue bastante clara contra la bomba. T. M.*

aparentemente preocupados, es que los lastimados somos "nosotros". Estamos tratando de preservar la paz y el orden, mientras "ellos", instigados por demonios comunistas, simplemente causan confusión y caos sin algún motivo razonable, sea lo que fuere.

De ahí, nosotros —siendo atacados y Dios y la justicia también atacados en nosotros— tenemos que defendernos, y a Dios y a la justicia, etc. Ocuparse de esta gente inferior se vuelve un problema técnico, algo así como exterminar una plaga.

En una palabra, la psicología de la policía de Alabama se convierte, de hecho, en la psicología de Estados Unidos como policía mundial. Hay una revolución mundial en marcha, donde están involucradas naciones enteras, razas íntegras.

Algunas de estas naciones son ricas y aristocráticas, todo le resto son pobres. Rusia está en una posición muy ambigüa, como nación rica que todavía proclama que está del lado pobre pero no lo está. Estados Unidos simplifica todas las cuestiones, reduciéndolas a términos que sólo tienen sentido para nosotros y para nadie más, esperando que los otros vean las cosas a nuestro modo, dado que nuestro modo es, por definición, el único razonable. De ahí, una quiebra total de comunicación, que hoy es el mayor problema del mundo.

Las esposas de los astronautas hablan por radio con sus maridos en el espacio exterior.

Un sacerdote de San Meinrad, desde Perú, puede llamar a Jim Wygal y conversar con él por el teléfono que tiene en su auto mientras maneja alrededor de Louisville. ¿Y qué tienen para decirse? Nada más que "Hola, es un lindo día, espero que te sientas bien, yo me siento bien, los chicos se sienten bien, el perro se siente bien", etc.

Vuelvo a casa desde el hospital a través de Shakertown, Harrodsburg, Perryville y Lebanon: hermosa campiña de junio, hierbas altas y heno, malezas en flor, altas nubes *cúmulus*, maíz de treinta centímetros de alto hermosamente verde, el tabaco tratando de salir. Me gusta mucho el antiguo camino entre Perryville y Lebanon, que serpentea entre granjas pequeñas y graneros antiguos con cercanos montículos arbolados.

Después de Lebanon, pasamos por tormentas de truenos, lluvia espesa y un cielo negro sobre los campos hacia el norte, con muchos relámpagos. Gente de campo en las calles de Lebanon el sábado por la tarde. Fue un lindo paseo.

Al atravesar Pleasant Hill sin parar, vi nuevos aspectos de las hermosas casas antiguas de los Shakers. ¡Inagotable variedad y dignidad en la igualdad! La antigua colonia Shaker en Pleasant Hill, justo a este lado de la garganta del río Kentucky, es un lugar que siempre me impresiona con temor reverente y crea en mí un sentimiento de alegría tranquila. Amo esos viejos edificios y amo el modo en que el camino gira entre ellos. Están erguidos allí con inexpresable dignidad, simplicidad y paz debajo de los enormes árboles. Ahora están completamente vacíos. No ha habido más Shakers allí durante un largo tiempo.

## 8 de junio

La gran alegría de la vida solitaria no se encuentra simplemente en la quietud de la belleza y la paz de la naturaleza, ni en la canción de los pájaros, ni siquiera en la paz del propio corazón. Reside en el despertar y en la sintonía del corazón recóndito con la voz de Dios: con la inexplicable, quieta, definitiva certidumbre interior del llamado de uno para obedecerlo, para oírlo, para adorarlo aquí, ahora, hoy, en el silencio y a solas. Es la comprobación de que ésta es la razón entera de la existencia de uno.

Este escuchar y esta obediencia vuelven fructífera la propia existencia y dan fecundidad a todos los demás actos de uno. Es la purificación y el rescate del propio corazón que ha estado mucho tiempo muerto en el pecado. No es simplemente la cuestión es estar a solas, sino de hacerlo con júbilo y entendiendo "el trabajo de la célula", lo cual es hecho en silencio, no de acuerdo con la propia elección o por la presión de la necesidad, sino obedeciendo a Dios, lo que es decir en obediencia a las simples condiciones impuestas por lo que *es* aquí y ahora.

La voz de Dios no es oída claramente en cada momento; y parte del "trabajo de la célula" es la atención, para que uno no pierda un solo sonido de esa voz. Esto significa, por lo tanto, no sólo atención a la gracia interna sino a la realidad externa y al propio yo como una parte completamente integrada a tal realidad. De ahí que esto también implica olvidarse de uno mismo como totalmente apartado de los objetos externos, despegándose de ellos; exige una integración de la propia vida con la corriente de la vida natural, humana y cultural del momento. Cuando entendemos lo poco que escuchamos, lo terco y grosero que es nuestro corazón, nos damos cuenta de lo importante que es este trabajo interno. Y vemos lo mal preparados que estamos para efectuarlo.

## 11 de junio

Mañana, los padres Timothy y Barnabas serán ordenados sacerdotes. Concelebraré con el padre Timothy el domingo de la Trinidad. Ha sido el más competente y confiable de todos mis subalternos en el noviciado. El padre abad ya está hablando de enviarlos a Roma este año y tenerlos rápidamente preparados para la fundación en Noruega. Vamos a votar sobre la fundación en Noruega esta mañana en el Capítulo.

Naturalmente, en la comunidad hay cierto recelo sobre esto. Se trata de un riesgo, y Dom James está obviamente tan entusiasmado por ello que lo promueve a gran velocidad con el deleite del operador que tiene algo bueno en marcha. De todas maneras, es algo bueno. Tenemos en Noruega el apoyo posible del obispo cisterciense de Oslo, el obispo John, y de todos sus amigos, pero más hombres se van de aquí y quedamos cortos de manos. Vienen pocos novicios. Spencer deberá cerrar por lo menos una fundación reciente. Tal vez cierren la que está en Chile. Espero que no cierren Snowmass.

Extraigo enorme deleite en un libro que le pedí prestado a Victor Hammer cuando estuve en el hospital, *El Tao de la pintura*, libro profundo y contemplativo. Lo leo lentamente conm gran beneficio. La autora, Mai-Mai Sze, se está volviendo uno de mis amores secretos.

Estoy descubriendo el canto ambrosiano. Tal vez los variados tonos de instrucción del rito ambrosiano se vuelvan una gran ayuda para la *Lectio divina*. Por ejemplo, el maravilloso tono apropiado para cantar lecturas del Génesis; lo probaré. Percibo, después de practicar el tono del Génesis, que suena bastante oriental.

Leo un poco de un sirio del siglo IX, Youssef Vousnaya, sobre la humildad, y posee extraordinaria profundidad y resonancia. El canto conduce estas cosas de la cabeza hasta el corazón, ¡la idea de los místicos hesicastas! Hace que el centro más recóndito de uno resuene con la verdad comunicada, en vez de registrarla apenas en la razón.

## 12 de junio, domingo de Témporas

Neblina temprana. Los árboles de Santa Ana apenas se ven a través del valle. Sobre un poste de la cerca, un papamoscas aparece en vuelo momentáneo, describe un súbito e indescifrable ideograma contra el vacío de la neblina; después, se esfuma.

A ambos lados de la casa, el runrún de las tanagras. Los dos lagartos que operan en el pórtico se escurren cuando llego, quietamente sin embargo; pero, cuando lo hago desde dentro de la casa, aunque me mueva enérgicamente, no se asustan y permanecen donde están.

Estar consciente de ambos extremos de mi vida solitaria, consuelo y desolación, entendimiento y oscuridad, obediencia y protesta. En un sentido, trasciendo la comunidad; en otro, soy proscrito de ella. En un sentido, soy recompensado, y en otro, soy castigado o puesto bajo coerción. Por ejemplo, no puedo ir al Asia para buscar en sus fuentes algunas de las cosas que vislumbro como de importancia vital: la base zen de todas las dimensiones de expresión y misterio en el arte del pincel con las caligrafías chinas; pintura, poesía, y todo lo demás. Éste es un aprisionamiento que acepto con total libertad. Lo que necesite me será traído aquí pero, no obstante, es una prisión y un confinamiento. Y así es aplicado por mi abad.

Sin duda, esto puede verse como un perfeccionamiento de mi vida monástica y también como una desilusión final con la vida monástica. Es un renunciamiento a la acción significativa y a la protesta por asuntos contemporáneos. Un darse cuenta de que la acción en sí puede ser ambigüa. El renunciamiento a la acción podría ser más claro y una protesta mejor definida que la expresada por la acción misma.

No tengo dudas ni titubeos por no formar parte del proyecto noruego, que fue aprobado ayer con escasos votos en contra. No obstante, puedo ver dónde, en otras circunstancias, yo podría verme involucrado en él total y fructíferamente. Sé que es mucho mejor no hacerlo, sin embargo. Por ejemplo, se daría la ambigüa situación de ser un converso famoso, de hacerme amigo del grupo artístico del obispo John en Oslo y todo eso. Es mejor quedar fuera de ello. Y, obviamente, el abad querría excluirme de este tipo de cosas y por lo tanto jamás me enviaría a Noruega.

Protesto obedeciendo, y protesto más efectivamente obedeciendo con una obediencia en la que no estoy sujeto a fantasías arbitrarias por parte de las autoridades, pero en las que yo y el abad percibimos, o creemos percibir, una obligación mayor y una exigencia de Dios: que mi situación haya llegado a este punto es una inmensa gracia.

Algunos dirán que llegué hasta esto perversamente, a través de mi propia culpa. Decir tal cosa es ver sólo aquellas "razones" que uno elige ver. No es difícil hacerlo. Se hace todo el tiempo.

## 14 de junio

Dos concelebraciones, ayer una por la primera misa del padre Timothy, hoy otra por el padre Barnabas. Probablemente, las mejores concelebraciones que hemos tenido hasta aquí. Fueron muy vivaces y jubilosas. Uno sentía que todos los concelebrantes estaban realmente en ella con todo su corazón. Ciertamente fue así.

Tiempo lindo y claro. Limpié el armario donde guardo la máquina de escribir y el papel. Mecanografié el poema sobre Orígenes que escribí tiempo atrás. Encontré un bello *Sanctus* ambrosiano.

El doctor Fortune envió los resultados de mis análisis en el hospital, que mostraron una infección de estafilococos en mis intestinos. Estuve tomando el antibiótico durante tres días y parece que ayudó bastante. Esta infección se debe obviamente al agua que bebí del manantial posterior a la ermita. Se hicieron pruebas con el agua y se verificó que está contaminada.

## 18 de junio

Ayer fue Corpus Christi. No concelebré. Fue un agradable día fresco. Le escribí a Marco Pallis en respuesta a una buena carta suya sobre una mía a lord Northbourne. Escribió John Wu y envió algunos capítulos de su nuevo libro sobre zen.

Corregí las pruebas del artículo sobre eremitismo, que saldrá en la revista de la orden, aunque hubiera preferido otro lugar. No quiero aparecer como publicitador de la soledad en la orden, mucho menos como un cruzadista de ello. Todo lo contrario. Es mejor que la gente de la orden no se excite sobre este asunto. Sólo lo convertirán en otro problema.

Sin embargo, dado que el padre abad se posicionó aparentemente con fuerza a favor de la vida ermitaña durante el Capítulo General, y puesto que éste aprobó los experimentos ermitaños en la orden, a esta altura de las cosas los editores de la revista están muy ansiosos por publicar mi artículo.

Para mí, la "soledad" se vuelve cada vez menos una especialidad, cada vez más sólo la "vida" misma. No busco "ser un solitario" o algo así, pues "ser" algo implica una distracción. Es suficiente "ser" de un modo humano corriente con el propio hambre y el sueño, el frío y la calidez de uno, el levantarse e ir a la cama, extender las mantas y quitarlas. Anoche usé dos mantas. Para ser junio, hace frío.

Hacer café, después beberlo; descongelar el refrigerador, leer, meditar, trabajar (debo terminar hoy el artículo sobre simbolismo) y orar.

Vivo como mis padres vivieron en esta tierra, hasta que finalmente muera, amén.

No hay necesidad de hacer una aseveración especial sobre mi vida o de declararla como "mía", aunque sin duda no es la de cualquier otro. Debo aprender a olvidar gradualmente el programa y el artificio. Al menos en mi mente esto lo sé y lo quiero en mi corazón, pero mis otros hábitos de conciencia (conciencia de cosas accidentales y triviales) permanece con fuerza.

## 22 de junio

Una mañana con neblina. Mucho ruido de las vacas de Boone.

Los padres Timothy y Barnabas irán a Roma, quizás el primero de septiembre. Esto significa un cambio de sub-preceptores en el noviciado y al mismo tiempo estoy tratando de persuadir a Dom James para conseguir un nuevo maestro de novicios. Está renuente, sin ninguna razón sólida. Insiste en que espere hasta enero; que es una "psicología mejor" y cosas así.

Hay una fantástica foto de uno de nuestros astronautas en el espacio, sobre la curva de la Tierra y el continente norteamericano, con el golfo de México debajo de él. ¡Un logro excitante! No niego la magnitud de este logro: aunque es inservible, tal vez posea algo de la utilidad del gran arte. ¿Quién sabe? De cualquier modo, no le encuentro sentido a permanecer ciego ante ello.

Tener conciencia de todo este asunto de la era espacial es darse cuenta de su tremenda importancia simbólica, no sé si para bien o para mal, y tal vez no me corresponda juzgarlo. Existe sencillamente el hecho de tales acontecimientos, y todo lo que implica el hacerlos posibles.

También estoy ampliamente impresionado por las inmensas armazones de Cabo Kennedy y el pasmoso salón donde los instrumentos muestran el rumbo del vuelo espacial. No cuestiono lo maravilloso de todo esto. ¿Tiene que ser necesariamente la grandeza de la Bestia? No lo creo. Lo sea o no, vilipendiarlo carece de sentido. Quizás yo, también, me vuelva indiferente como todos los demás.

## 26 de junio

El otro día después de la misa recordé súbitamente a Ann Winser, la hermanita de Andrew.* Ella tenía doce o trece años cuando yo solía visitar a los Winser en la rectoría de sus padres en la Isla de Wight. Recuerdo la calma en el sombreado valle de Brooke. Ella era la cosa más apacible del lugar. Una criatura oscura y secreta. Uno no se enamora de una niña de trece años y a duras penas recuerdo si pensaba en ella o la advertía; no obstante, el otro día me di cuenta de que nunca la he olvidado y de que me causó una profunda impresión.

El otro día, me quedé con una especie de sensación tipo Burnt Norton [Eliot] sobre la parte del jardín a la que jamás fui. El sentimiento de que, si yo hubiese girado hacia el otro lado del camino, podría haber terminado casándome con Ann. En verdad, creo que ellas es el símbolo de la mujer genuina (calma) con la que nunca me las arreglé en el mundo y, debido a ello, persiste en mí algo incompleto que no puede remediarse.

Cuando vine al monasterio, Ginny Burton persistió como el símbolo de la muchacha de la que debí enamorarme pero no lo

* *Amigo del colegio en Inglaterra. T. M.*

hice, y perdura como la imagen de alguien que realmente amé, con un amor de camaradería, y no de pasión.

Hay ahora más de una posibilidad de que el cambio en el noviciado se haga en septiembre y tal vez entonces me pueda mudar enteramente a la ermita.

Leyendo *Flight from Woman* de Karl Stern, encuentro un material fascinante, especialmente el capítulo sobre Descartes.

Vuelvo a la foto del astronauta que "camina" en el espacio, ahora en colores sobre nuestra cartelera de noticias en el claustro. Después de todo, los vuelos espaciales son un modo más bien caro de convencerse de que uno se libró de la madre. Veo la belleza de la inutilidad, y su inutilidad cabal. Por cierto este negocio espacial nunca llegará a parte alguna; ni a otro "dónde" en el que podamos pensar. Tendrá resultados trascendentales, ¿pero cómo y en qué? No creo que por ahora alguien lo sepa realmente. Pero para mí, precisamente, lo que importa no es el espacio sino la Tierra.

La Biblia habló sobre el Paraíso como el comienzo, la armonía del Cielo y la Tierra, del padre y la madre, no del hombre que desciende de un cielo de ideas del espacio exterior. ¿Qué estamos tratando de encontrar? ¿Qué guarismos? ¿A quién estamos tratando de contactar allí afuera?

La importancia real de Teilhard es su afirmación de la "santidad de la materia" y ésta es la razón real por la cual algunos cristianos son perturbados por él. Pero no me opongo a él en este terreno (la madre igual a la materia igual a la madre). Mi oposición es al teilhardismo ingenuo y no al propio Teilhard. No lo he estudiado lo suficiente pero me resulta, personalmente, una figura muy simpática.

## 28 de junio

El hermano Job hizo un "vino" que no es malo pero no alcanza por cierto la fortaleza que él proclama. El hermano Clement todavía está en Europa.

*The Critic* me solicitó un artículo sobre existencialismo y pienso que lo escribiré.

## 29 de junio

Ayer, después de mi misa, fui distraído, como sucede cada vez más ultimamente, por el miedo de que en la elección abadial me elijan como abad. Por cierto, no creo que este miedo sea enteramente racional, aunque tal vez me perturbe muy profundamente. De todos modos, ¡aquí no hay ninguna elección inminente!

Si yo fuera electo, por cierto rehusaría. Pero la distracción comienza aquí. Suponiendo que por alguna razón yo *no rehusara*. Suponiendo que me forzaron. No creo que alguien pueda ser forzado a ello, pero se supone de algún modo. En este punto de la distracción, me descubro agobiado por tentaciones que me llevan a la depresión y la desesperación. Difícilmente puedo imaginar una situación más imposible entre las probables de mi vida tal como es ahora.

Primero, estoy profundamente desilusionado de la vida cisterciense tal como va ahora. Por cierto, deseo obedecer a quienes alegan que la dirigen, pero conducir yo mismo una comunidad sería inconcebiblemente absurdo. No tengo interés en los objetivos que deberían ser los míos en caso de ser el abad. Yo no querría traicionar a los monjes, ¿pero cómo podría posiblemente hacer algo por ellos y cómo podría manejar a los descarrilados y los descontentos salvo expulsándolos del monasterio? Pero no se puede echar a los monjes que no se adaptan.

Me parece que, si yo aceptara la tarea, en tres años el monasterio se hallaría en estado de colapso, pero creo que mi colapso se produciría a los tres meses. Es así como va la distracción. Me causa mucha angustia.

Finalmente, en la misa conventual, fui conmovido por el Evangelio y el introito: "Cuando seas viejo, te maniatarán y te llevarán adonde no quieres ir." Por fin, pude aceptar la idea en paz. Suponiendo que el trabajo fuera real y obviamente la voluntad de Dios. Trataría de asumirlo con un espíritu de confianza y fe, y me olvidaría de mí mismo. Pero, en cualquier caso, pienso que mi voto sería respetado y no tengo miedos reales. Esta rendición interior me trajo paz real. Lo que importa no es el trabajo o el rechazo sino simplemente la voluntad de Dios y sus caminos. Su amor es suficiente.

Se aproxima otra situación dolorosa con Dom James. La junta de editores de *Collectanea*, la revista de la orden, piensa reunirse en Bélgica en septiembre. Pertenezco a esa junta y quieren que esté allí, dado que la revista se encuentra en crisis. Es probable. No es una revista muy buena. Así, aunque le conté al editor cuál es la situación, todavía intenta llevarme allí. Indudablemente, Dom James hará todo lo que pueda para impedirme viajar, por medios limpios o... No siempre es escrupulosamente honrado en tales asuntos. ¡Y los argumentos emocionales e iluministas que presentaría!

Me espanta tener que hablar con él sobre eso. Sin embargo, podría no verme envuelto en tal confusión. Él podría liquidar el asunto entero con una carta de cinco páginas al abad general y no habría siquiera una discusión por mi parte. Bueno, tal vez eso sea lo mejor. Simplemente es imposible hablarle en términos racionales sobre asuntos así. Con él no hay comunicación.

Pero, entretanto, el hermano Clement ha estado en Europa durante dos meses. Concluyó sus tareas en Noruega hace un mes.

Otros recibieron permiso para prolongar su ausencia una y otra vez, cosas por el estilo.

Bajé al monasterio para encontrar una carta vituperadora de un postulante al que rechazamos en diciembre, acusándonos de tratamiento injusto, diciendo que le dimos un trato expulsivo, de vagabundo, etc. Considerando esta carta, me alegra que lo hayamos rechazado. También, el otro día, recibí una carta de un paranoico que escribe con frecuencia.

Me alegra estar de regreso en el silencio sanador de la ermita, los pinos altos de la cañada donde el hermano Colman y los novicios han estado limpiando las copas de pinos dejadas por Andy Boone después de su desaliñada operación de tala, la Cuaresma pasada.

Sin embargo, no todo venía mal en el monasterio. Hubo una buena carta de Donald Allchin desde Pusey House, en Oxford, y un buen sermón sobre las misiones, pronunciado por el padre Romanus.

## 30 de junio

Tiempo húmedo y caluroso, como es propio de esta estación. Ayer estuvo cálido y quieto, hubo una sucesión de lloviznas con truenos. Una a la hora de la comida principal, una temprano a la tarde, otra hacia la cena. La segunda fue la más larga y la mejor. Muchas nubes y un denso chaparrón. Llené todos mis cubos con agua para el lavado. Durante parte del tiempo, Andy Boone anduvo por allí en busca de permiso para cortar más pinos y contando todo tipo de viejas historias sobre los días antiguos, brujas del agua y adivinadores de oro. (¡Hubo uno que sólo parecía capaz de adivinar el oro de Fuerte Knox!) También habló sobre las guerrillas de la Guerra Civil, sobre la gran fortaleza de nuestro ex hermano Pius, sobre los monjes que extrajeron hierro de Gap Hill para hacer las chavetas del primer edificio, y cosas así.

Andy Boone es alguien cuyos testimonios no deben tomarse en serio. Lo sé a mi costa, después de creerle acerca del manantial. También me negué a darle permiso para tocar un sólo árbol en nuestros bosques de aquí.

Tras la cena fui al monasterio y tomé mi turno en la vigilia nocturna. Regresé por los oscuros bosques del verano con algunas luciérnagas. Por la noche hubo otra tormenta, pero casi ni la escuché.

## 5 de julio

¿Acaso mi soledad alcanza los parámetros establecidos por mi muerte próxima? No, me temo que no lo hace. Esta posibilidad, que es de lo más íntima, aislada y sólo mía, no puede ser compartida o descrita. No puedo disparar mi vista hacia ella como un experimento que pueda analizar y compartir. No es algo para entender o disfrutar. "Entender plenamente" y contemplar objetivamente la muerte de antemano es una real impostura. ¿Pero la vida solitaria podría participar de la seriedad y la incomunicabilidad de la muerte, o debería hacerlo? ¿Es algo demasiado frígido y demasiado absoluto como ideal? En todo caso, ambas parecen ir juntas. La soledad no es la muerte, es la vida. No apunta a una muerte viviente sino a cierta plenitud de la vida. No obstante, es una intensidad que proviene de encarar la muerte honesta y auténticamente, y de aceptarla sin cuidado, es decir, con fe y confianza en Dios. No con algún justificativo social especial, no con cierta confianza en algún logro que sea aprobado o por lo menos comprendido por otra gente. Desafortunadamente, aun en la soledad, aunque no lo intento y a veces no lo reclamo, todavía dependo emocionalmente demasiado de la idea de ser aceptado y aprobado, y de tener un lugar en la sociedad. Pero obviamente no existe cosa tal como la soledad absoluta. Inclusive mi soledad es mi lugar en la sociedad. Esta soledad es, en cierta medida, reconocida, pero aunque no sea reconocida, sigue siendo un "lugar".

Ahora bien, es cierto que en mi vida el testimonio de soledad sería significativo quizás, pero hay un peligro aquí. Éste es un punto en el que veo mi propia indefensión, mi fragilidad, mi capacidad para simular, mi tendencia a ser insincero conmigo mismo. Debo aprender a encarar mi falsedad en la soledad, en la preparación de la terrible experiencia de enfrentarla irrevocablemente al morir sin más esperanzas en algo terreno, sólo en Dios. Debo aprender a hacer esto sin apelar a otros para reasegurarme de que después de todo no soy falso. ¿Cómo distinguen ellos una cosa de la otra? ¿Qué pueden decirme? Todos somos igualmente pecadores, todos necesitamos igualmente la misericordia de Dios. Ellos no pueden justificarme más de lo que yo pueda justificarme.

Por cierto, simplemente hay bastantes evidencias en este Diario como para destruirme para siempre no bien muera. Pero ahí está el punto: no vivir como alguien que puede ser destruido así. Esto significa no descubrir ingenuamente métodos infalibles de ser "auténtico" a los ojos de los otros y de la posteridad, si hay alguna, sino de aceptar mi falsía y la intransferible angustia que es característica de la muerte, dejándole todo justificativo solamente a Dios. Todo lo demás no es otra cosa que cólera, ardor, tormento y enjuiciamiento.

El mayor consuelo debe buscarse precisamente en los Salmos, que enfrentan la muerte tal como es, bajo el ojo de Dios, y nos enseñan cómo podríamos enfrentarla. Nos ponen, al mismo tiempo, en contacto o mas bien en comunión con todos aquellos que han visto la muerte y la aceptaron antes de nosotros. Más que todos, el Señor mismo, que rezó los Salmos en la cruz.

## 9 de julio

Por el modo con que Dom James habla ahora, parece dispuesto a realizar el cambio de los maestros de novicios* cuando el padre Timothy vaya a Roma en septiembre, en cuyo caso probablemente me quedaré en la ermita para siempre y comenzaré mi adaptación real a la soledad. Hasta dormir aquí es sólo una solución a medias. Cortar finalmente el lazo con la comunidad, sin tarea y sin lugar oficial en ella, eso será trascendental para mí. Entonces, emerge todo el asunto del correo, las publicaciones y cosas por el estilo, pero pienso que eso se resolverá a sí mismo.

Mi única dificultad real con la fe está en aceptar realmente la verdad de que la Iglesia es una comunidad redimida, y estar convencido de que acompañar la mentalidad de la Iglesia es estar libre de la mentalidad de la sociedad caída. Idealmente, yo *veo* esto, pero de hecho hay mucho que no está "redimido" en el pensamiento de quienes representan a la Iglesia.

Para mi mente, la idea de aprobar oficialmente la bomba [atómica] en el Esquema 13 no es exactamente una demostración convincente de la santidad y la guía del Espíritu. Me pregunto qué harán realmente. En verdad, debo orar y pensar mucho más sobre la cuestión de la Iglesia para verla con mayor profundidad de la que alcanzo. Por cierto, no puedo aceptar un cristianismo meramente individualista, es decir, verlo como la posibilidad de una genuina vida cristiana para los individuos pero no para la comunidad cristiana. Por otra parte, una perspectiva tan externa de la Iglesia sería algo bastante errado. ¿Quién es realmente la Iglesia, esta

* *Retrospectivamente, estoy bastante convencido de que una de las razones principales de por qué Dom James consintió tan fácilmente en permitirme ir a la ermita esta vez, fue que le resultaba la mejor manera de cortar en la base todas las discusiones sobre asistir al encuentro de los editores de la revista en septiembre.*

"esposa de Cristo", tan brillante y esclarecida? Bueno, la Iglesia católica, ¿pero entonces...?

¿Qué sucede con la vida de Newman, que todavía prosigue en el refectorio? ¡Es tan inagotablemente importante y está tan llena de significados para mí! ¡Vean lo que le hizo la jerarquía! La cosa entera está allí existencialmente, no explícitamente, y resulta posible atraparla. La realidad está en esta especie de obediencia y en esta especie de rechazo. Completa obediencia a la Iglesia y completo, aunque humilde, rechazo del orgullo y la chicanería de los clérigos.

## 14 de julio

Un día de mucho trajín. A la tarde, Jim Douglass y su esposa Sally, con el padre John Loftus, llegaron desde el colegio Bellarmine. Fuimos hasta el lago, nos sentamos bajo los jóvenes pinos y bebimos Coca-Cola. Algunos niños del lugar nadaban en el lago. Estaba nublado pero no llovió hasta la hora de la cena.

Jim dice que se conversa mucho sobre que el papa Pablo vendría a la ONU este septiembre. Le di copias de las cartas de La Pira a Robert Kennedy. La Pira está trabajando honestamente por el desarme, pero no hay muchos signos sobre el desarme de este país. La guerra en Vietnam ha mostrado la completa estupidez de Johnson, de un modo que todos pueden apreciar, excepto el estadounidense promedio. Jim dice que las encuestas revelan un 70 por ciento de partidarios de la guerra. Eso es todo lo que le importa a la gente como Johnson.

Regresé a la ermita no sintiéndome con voluntad de ir a la cama. Bruma sobre el campo después de la lluvia, sonido difuso de grillos en el crepúsculo.

Me senté en el pórtico y llegó desde el campo el extraño grito de un venado asustado. Vi la cola blanca corcoveando hacia la neblina. Ahora suenan las nueve en punto. Es mejor pensar sobre meterse en la cama.

## 18 de julio, domingo

Hay una paz especial y una sensación de bendición en la mañana del domingo, aunque todas las mañanas son igualmente tranquilas aquí en la ermita y siempre cantan los mismos pájaros. Esta paz especial se siente hasta cuando no hay señales de domingo como la difusa campana de misa desde la iglesia de la aldea de New Hope, lejos a través del valle. Hoy la paz es todavía mayor debido a la tormenta y a la limpieza durante la noche. A eso de la una irrumpió una violenta tormenta eléctrica, con relámpagos continuos y truenos ininterrupidos durante casi una hora. Dormí a través de una así algunas semanas atrás, pero no como ésta. El relámpago tocó el mástil de mi sistema eléctrico, que lo mandó a tierra, pero sentí el chasquido a través de la casa entera y hasta sentí como si la electricidad saliera por mis pies en la cama.

Advierto cada vez y más que la comprensión de mí mismo y de mi vida siempre ha sido inadecuada. Ahora que quiero *ver* más que nunca, verifico lo difícil que resulta. Indudablemente, aunque en la soledad hay peligro, me doy cuenta como nunca antes de que aquí, para mí, hay una confrontación con la palabra, con Dios y con las únicas posibilidades que son totalmente reales; o, al menos, con las que son más reales para mí. Obviamente, hay mucho que es real en la comunidad, pero cada vez más, mientras desciendo hacia ese lugar, siento que allí la realidad está atenuada y es sustituida por las palabras. No obstante, mi tarea y la de la Iglesia sigue siendo ésta: despertar en mí y en los otros el sentido de la posibilidad real, de la verdad, de la obediencia a Él, que es santo, un rechazo de las simulaciones y las servidumbres, sin arrogancia ni orgullo, y sin ningún idealismo engañoso.

## 19 de julio

Un inmenso avión de propulsión desciende hacia Louisville en el cielo del amanecer. Un bello pez enorme con una gran cola y un largo cuerpo que, durante sólo un momento, se insertó bajo el claro reflejo de oro broncíneo de la salida del sol. Después se deslizó hacia abajo detrás de mis negros pinos.

El padre abad dijo ayer que el 20 de agosto, fiesta de san Bernardo, hará los cambios en el noviciado y a partir de allí quedaré en libertad para vivir en la ermita el tiempo entero, sin otra responsabilidad excepto dar una conferencia una vez por semana, en el noviciado, los domingos. El padre Baldwin será el nuevo maestro de novicios. El padre Timothy viajará pronto a Roma después de eso.

Ésta fue una muy agradable sorpresa y me puso muy feliz. Quedé muy conmovido y muy agradecido. Cosas como ésta hacen que me avergüence de mis temores, preocupaciones y sospechas.

La concelebración posterior a ello fue una experiencia motivante, de humildad y consuelo. Creo que no tendré más sentimientos idiotas sobre las concelebraciones. Agradezco a Dios la luz suficiente para distinguir mis niñerías.

Tarde en la misma cañada tranquila detrás de la ermita, el bosque "inconsciente". Estudié algunos dichos de los Padres del Desierto, y pensé seriamente sobre el cambio que se avecina y que es tan trascendental para mí. Una de las grandes misericordias de Dios en mi vida entera y la respuesta a tantas oraciones.

Sin embargo, aquí uno ve que todo ha estado realmente conduciendo directamente hacia esto, incluso cuando parecía irrealizable. Me alegra haber permanecido en el sendero que seguí todo el tiempo y no haber podido salirme de él, si bien, por la gracia de Dios, mis esfuerzos para abandonar la huella fueron justamente los que me mantuvieron más genuinamente en ella. Y, si yo no hubiera tratado de ir a otra parte, por cierto ahora no me encontraría en esta ermita. Sin embargo, no lo propongo como una fórmula de trabajo para cualquier otra persona.

## 20 de julio

Gran paz durante el último par de días desde la decisión. Uno puede escribir "gran paz" cualquier día; pero esta paz es muy especial y posee una dimensión nueva, una tranquilidad que no se obtiene mediante el cultivo. Es concedida y "no como el mundo da, te la brindo". La paz no es un "ello", sino una confrontación con el "tú". Aquí, Buber tiene razón por cierto. Confrontación con el "Tú" de este mundo de soledad, debido ayer a esta única palabra. Todo se unifica por ella. Una voluntad, un mandato, un don. Una nueva creación de simplicidad celestial.

"Si un hombre oye el Tao por la mañana y muere por la noche, su vida no ha sido en vano." Creo que comienzo a percibir lo que esto significa.

## 21 de julio

Fui a ver al doctor Ryan. Por cierto, las cosas habían comenzado a mejorar un poco y él alivió las molestias considerablemente. Dispuse de cierta cantidad de tiempo libre y leí un buen artículo sobre ecología en *Daedalus*. El día y el paseo fueron agradables.

Como es usual, lo único sombrío provino de la revista de noticias en el consultorio del médico, incluido un espantoso caso de violación en *Newsweek* hace algunas semanas, en Los Ángeles.

En general, la guerra en Vietnam se da por sobreentendida, aunque aparece cierta oposición vocinglera. La guerra es trágica en el propio Vietnam, y aquí la guerra es mentalmente insensata, complaciente, vulgar, moralmente analfabeta.

En verdad, la mayoría de las noticias no son noticias. Es algo fabricado; una especie de reseña del puntaje acumulado (¡pura conjetura!). Tantos muertos nuestros, una estimación de tantos muertos de ellos. Estimados, porque nuestro bando suelta toneladas de bombas en zonas de la jungla y espera que alguna le pegue a alguien. O en cambio bombardeamos ciudades de Vietnam del Norte. Bueno, todavía no ciudades como tales, sino blancos que podrían estar en o cerca de ellas. Ya llegará finalmente el turno de las ciudades como ciudades. Ahora, los informes noticiosos parecen los de los nueve [primeros] meses de la Segunda Guerra Mundial.

## 25 de julio

Viernes y sábado muy calurosos. El primer tiempo de verano realmente opresivo que hemos tenido en esta extraordinaria estación.

Anoche estuve demasiado aletargado como para orar seriamente, pero sin embargo deambulé por ahí tratando de hacerlo. Preparé una naranjada para la cena y la metí en el refrigerador, de modo que accidentalmente descubrí la forma de hacer un buen helado.

Después de las once, tormentas toda la noche. Dormí durante la mayor parte de ella. Todavía prosiguen ahora, a media marcha, a las 7.15 de la mañana. Dado que llueve, no bajaré para prima pero lo haré más tarde para la concelebración.

## 27 de julio

Terminé el primer borrador de mi artículo sobre existencialismo para *The Critic*. Gracias a Dios, estoy sacando eso del camino. Ahora no tengo otra cosa para hacer salvo ordenar las cosas, despejar un montón de libros y prepararme para mudarme por completo del noviciado el 20 de agosto.

## 28 de julio

Debo ir al hospital para una revisación completa antes de hacerme ermitaño.

## 6 de agosto

Hoy regresé a la ermita después de una semana en el hospital Saint Anthony. En cierto modo, fue como intentar, al menos, una prueba de paciencia. Debí reposar, tomar medicinas y sentarme en un cuarto con maquinarias que iban hacia afuera y con aire acondicionado de día y de noche. El ruido constante del artefacto neutralizaba el tráfico pesado de la avenida Barret, y me sorprendió encontrarme durmiendo nueve horas seguidas por la noche a pesar de él. Evidentemente, era algo que me hacía falta; eso y la dieta.

Por fin, mi estómago se calmó. Supongo que en cierto modo lo disfruté. Hice algunas tareas. Concluí de ver las galeras de *Estaciones de celebración* y les hice algunos agregados. Traté de mantener en silencio mi presencia allí, pero el doctor Bizot asistió a mi misa dominical. Vinieron él y Jack Ford, también el doctor Roser.

Hoy regresé a casa con Jim Wygal a través de caminos campesinos sinuosos, Taylorsville, Bloomfield, tras cenar con él en la fonda Old Stone. Fue algo tremendamente bueno regresar al silencio del monasterio y especialmente a la ermita, recién pintada por uno de los novicios.

Faltan dos semanas para el gran cambio.

## 10 de agosto

La vida solitaria, ahora que la enfrento realmente, es algo intimidante, maravilloso, y veo que no poseo fortaleza propia para asumirla. Más bien, tengo un sentido muy hondo de mi pobreza y, sobre todo, una conciencia de los errores que cometí a la par de emprender este buen deseo. Todo ello está bien. Me alegra ser impactado por la gracia, despertar a tiempo y ver la gran seriedad de lo que estoy por hacer. Quizás estuve simplemente jugando con esto: y la vida solitaria no es algo con lo que se puede jugar. Al contrario de todo lo que se dice al respecto, no veo cómo la la vida realmente solitaria puede tolerar la ilusión o el autoengaño.

Me parece que la vida solitaria arranca todas las máscaras y todos los disfraces. No tolera las mentiras. Salvo la recta y directa afirmación o el silencio, todo lo demás cae bajo la burla y el juicio del silencio del bosque. "Deja que tu discurso sea sí, sí." La vida solitaria es detenerse en la verdad; de ahí la necesidad de orar, la necesidad del alimento teológico, de la Biblia, de la tradición monástica. La necesidad de ser enteramente definido por un vínculo con y orientado a Dios, mi Padre; es decir, una vida en calidad de hijo donde todo lo que distrae de esa relación es visto como fatuo y absurdo. Sobre todo, una obra de esperanza y no la desidia estúpida, relajada, autocompasiva. Una gran necesidad de honrar a Dios en la gracia personal de la soledad, mediante la verdad personal.

Un hermoso poema de Tung Shan, que encuentro en el manuscrito de John Wu:

*Para quién te has despojado de tu suntuosa vestimenta.*
*El canto del cuclillo urge el regreso a casa de los vagabundos.*
*Incluso después de la caída de todas las flores, proseguirá su llamada.*
*En la espesura del bosque entre los picos mellados.*

## 14 de agosto

Ayer estuve ocupado la mayor parte del día tratando de despejar la oficina del maestro de novicios: selección de lo que conservaré y de lo que descartaré. No bien volví a la ermita, para parte de la tarde, apareció el hermano Clement y permaneció una hora contándome sobre a su viaje por Europa.

La insana acumulación de libros, apuntes, manuscritos, cartas, papeles en la sala del maestro de novicios simplemente me consterna. Y al tratar de seleccionar mi estómago se altera.

## 17 de agosto

Ayer terminé finalmente la limpieza, selección y descarte de manuscritos, apuntes, cartas y todo eso. Me pregunto cuántos canastos de basura llené durante la última semana. Y con este absurdo ritual de tirar papeles se fue el desgarro de los intestinos.

## 18 de agosto

Ayer por la mañana, hubo una reunión del consejo privado para votar la aprobación del padre Baldwin como nuevo maestro de novicios. Luego salí y votaron sobre mi retiro a la ermita. El voto fue favorable (de hecho, unánime).

## 20 de agosto

En Hebreos 11, después de hablar sobre la fe y el sufrimiento de los santos antiguos, el autor concluye: "Y todos ellos, aunque alabados por su fe, no consiguieron el objeto de las promesas. Dios tenía ya dispuesto algo mejor para nosotros, de modo que no llegaran ellos sin nosotros a la perfección."

Al ingresar a mi nuevo camino, pienso especialmente en esto: que formo parte de la promesa y la realización por la cual muchos otros sufrieron y esperaron y, cuando me toque, todavía sufriré y esperaré, y prepararé el camino para otros. Al abandonar el contacto inmediato con la comunidad y la sociedad, ingreso a esta otra sociedad íntimamente tejida entre testigos invisibles, y estoy muy consciente de su presencia.

## 21 de agosto

Ayer, di mi conferencia final como maestro de novicios y dejé el noviciado. El día estaba fresco y pacífico. Pero todavía quedaban cosas para hacer a último minuto, como transferir mi alba y otros elementos a la capilla de la biblioteca para la misa, obtener una percha del lavabo de ese edificio, escribir y recibir notas de despedida, combinar cosas sobre ropas, y todo lo demás.

Esta mañana gris, una fresca paz. La incuestionable percepción de lo que acabo de hacer. Esto proviene de Dios y es obra suya. Lo inmediatamente perceptible es el inmenso alivio. La carga de la ambigüedad fue levantada y estoy sin cuidado. No tengo más ansiedad entre ser tironeado entre mi trabajo y mi vocación. Siento como si todo mi ser fuera un acto de agradecimiento. Hasta mis tripas están relajadas y en paz después de una buena meditación y de un prolongado estudio de un libro sobre san Ireneo.

## 25 de agosto, fiesta de san Luis

Los cinco días que he pasado en la soledad real fueron una revelación, y todos los interrogantes que pude tener antes han sido respondidos ahora. Una y otra vez, veo que esta vida es lo que siempre anhelé y siempre procuré. Por cierto, no es fácil. Siempre requiere un esfuerzo bendito y saludable, pero algo de esto se proyecta lejos. Todo lo de esta vida es recompensante.

Mi problema en el estómago se diluyó. Todo cae agradablemente en su lugar. Uno puede vivir con un ritmo bueno, apacible y productivo. Trabajo manual por las mañanas, escritura por las tardes. Muchísimo tiempo para leer y meditar. Y advierto que mi programa de lectura se simplifica a sí mismo y quiero permanecer más tiempo en una cosa sola. La desesperación y la agitación de aquellos días de antaño se están asentando con su propia armonía. Antes de ahora la vida del noviciado era increíble. Mis últimos meses no fueron razonables y el cambio es bienvenido.

Por supuesto, recuerdo el noviciado de hace dos, cinco y ocho años atrás como algo más real. Durante mi primer año como maestro de novicios había tensión; como si estuviese representando un papel que no quería representar.

Ahora me concentro en la tarea de la meditación y el silencio total. Me doy cuenta de lo poco que realmente deseo o necesito hablar simplemente con alguien. Por cierto, no por el gusto de hablar.

Resulta bueno andar al menos días enteros sin charlar, sin ver realmente a alguien excepto a mi servidor de misa, y a algunos monjes que encontré rumbo a la misa o en el refectorio de la enfermería.

## 1 de septiembre

Septiembre llegó con una inmensa caída de lluvia. Comenzó anoche a eso de la cena y prosiguió durante toda la noche. Fue especialmente densa alrededor de las 4.15, cuando salí para verla y escucharla. La lluvia crea un aislamiento doble y paz en la ermita. Su estrépito y su densidad alza un muro entre uno y el resto del mundo, y se sabe que nadie va a molestarse en caminar a través de los bosques con toda esta agua que cae.

## 6 de septiembre

Neblina magenta fuera de las ventanas. Un gallo canta en la granja de Boone.

Anoche, cuando la Luna se alzaba, vi el cálido y suave rojo de la hembra de un gamo en el campo. Todavía había luz suficiente, así que tomé los gemelos de campaña y la observé. Luego, un macho salió de los bosques y después vi una segunda hembra y entonces, brevemente, un segundo macho. No estaban temerosos. Miraban hacia mí de vez en cuando. Observé su lindo modo de correr, su pastoreo. Cada momento era completamente bonito, pero hay en ellos una especie de torpeza, algo que los vuelve todavía más lindos, como muchachas adolescentes.

La cosa que más me impactó, cuando se los observa directamente y en movimiento, es ver lo que vieron los primitivos pintores de cavernas. Algo que jamás se aprecia en una fotografía. Es algo que inspira un temor reverente. El *muntu* o espíritu se manifiesta en la carrera del venado. Una "ciervidad" que lo resume todo y que resulta sagrada, maravillosa.

Una intuición contemplativa, si bien perfectamente común, visible cotidianamente: algo que cada cual debería ver todo el tiempo. El venado me revela algo esencial, no sólo en él mismo, sino también en mí. Algo que está más allá de las trivialidades de mi ser diario, de mi existencia individual. Algo profundo. El rostro de lo que se encuentra tanto en el venado como en mí mismo.

Los machos son mucho más oscuros que las hembras. Son de un gris arratonado, o mas bien de un cálido marrón grisáceo, como ardillas voladoras. Podía sentir la suavidad de su pelaje marrón y me dieron ganas de tocarlo.

# Índice de nombres

*Se terminó de imprimir en el mes de junio de 1998*
*en el Establecimiento Gráfico* **LIBRIS S.R.L.**
MENDOZA 1523 • (1824) LANÚS OESTE
BUENOS AIRES • REPÚBLICA ARGENTINA